Über dieses Buch Alma Mahler, eine der faszinierendsten Frauen in der Künstlerwelt der ersten Jahrhunderthälfte, schrieb ihr erstes Buch über ihren ersten Mann: Gustav Mahler (1860–1911). Sie schrieb es als ein Zeugnis seines Lebens und Wesens und ihres Lebens mit ihm, schrieb es im Bewußtsein seiner Größe, doch auch im Bangen um das Weiterleben seines damals noch nicht von vielen in seiner vollen Bedeutung erkannten, von der Naziherrschaft unterdrückten Werkes. Das Buch, 1939 abgeschlossen, erschien im Kriege, 1940, bei Allert de Lange in Amsterdam, sodann 1949 im Bermann-Fischer/Querido-Verlag, Amsterdam. Den ersten Ausgaben waren Briefe Mahlers an die Geliebte, die Frau beigefügt. Die Sorge der Autorin hat sich längst als unbegründet erwiesen, ihr Glaube an die Kunst dieses Komponisten und Dirigenten sich längst bestätigt: Noch immer wächst Gustav Mahlers Ruhm, wirkt in der ganzen musikalischen Welt die Macht seines Werkes. Alma Mahlers Erinnerungen sind authentisch und temperamentvoll-subjektiv zugleich. Sie erzählt von ihren Erlebnissen mit dem Wiener Hofoperndirektor und von seinen letzten Jahren, seinem Dirigieren in den USA und seinem frühen, schweren Tod. Sie erzählt freimütig, nicht indiskret; in ihrem zweiten Buch, *Mein Leben* (FTV Bd. 545 und S. Fischer-Sonderausgabe, 1990), hat sie noch manches Private enthüllt. Inzwischen ist die Mahler-Literatur fast unübersehbar geworden – dieses Buch aus nächster Nähe bewahrt seine Gültigkeit und seinen Reiz.

Die Autorin Alma Mahler-Werfel, Tochter des Malers Emil Jakob Schindler, Stieftochter des Malers Karl Moll, wurde 1877 in Wien geboren. Sie wuchs in bewegtem künstlerischem Milieu auf, früh empfänglich für Größe von Kunst und Künstlern. 1902 heiratete sie Gustav Mahler, 1915, nach kurzer, leidenschaftlicher Beziehung zu Oskar Kokoschka, den Architekten Walter Gropius, 1929, in dritter Ehe, Franz Werfel, mit dem sie nach dem »Anschluß« Österreichs 1938 emigrierte. 1940 gelang, gemeinsam mit Heinrich, Nelly und Golo Mann, die Flucht über die Pyrenäen. Das Ehepaar ließ sich bei Los Angeles nieder, Werfel starb dort 1945, Alma Mahler-Werfel 1964 in New York.

ALMA MAHLER

GUSTAV MAHLER

ERINNERUNGEN

FISCHER TASCHENBUCH VERLAG

Fotografien

Frontispiz: In der Loggia der Wiener Hofoper, 1907; aufgenommen von Moriz Nähr

Seite 125: Mit Frau und beiden Töchtern in Mayernigg, 1905; Amateuraufnahme

7.–9. Tausend: April 1992

Veröffentlicht im Fischer Taschenbuch Verlag GmbH, Frankfurt am Main, Oktober 1991

Für diese Ausgabe

Das Buch, erweitert um einen Teil ›Briefe‹, erschien 1940

Umschlaggestaltung: Buchholz/Hinsch/Hensinger
unter Verwendung einer Zeichnung von Fritz Erler
Gesamtherstellung: Clausen & Bosse, Leck
Printed in Germany
ISBN 3-596-10715-6

INHALT

VORREDE

Ich habe dieses Buch vor vielen Jahren geschrieben, und zwar einzig und allein aus dem Grunde, weil niemand Gustav Mahler so gut gekannt hat wie ich und weil ich nicht wollte, daß gemeinsame Erlebnisse und wichtige Aussprüche in mir selbst in Vergessenheit geraten, was ja bei der Fülle und Schnellebigkeit unseres Daseins leicht hätte geschehen können.

Ursprünglich lag es nicht in meiner Absicht, dieses Buch bei meinen Lebzeiten zu veröffentlichen.

Nun aber hat sich die europäische Welt grundlegend verändert. Nichts steht mehr auf seinem alten Platz. Rodins Mahler-Büste, die ich der Wiener Oper geschenkt hatte und die feierlich vom letzten Bundespräsidenten Österreichs enthüllt wurde, ist jetzt von ihrem Standort entfernt worden. Die dem Andenken Gustav Mahlers geweihte große Straße in Wien heißt jetzt Meistersingerstraße. Die beträchtliche Summe, die in aller Welt für ein Denkmal Gustav Mahlers gesammelt wurde, ist ohne weitere Umstände einem der in dem annektierten Österreich üblichen Wohlfahrtsfonds zugeflossen. Auch ich fühle mich daher nicht mehr behindert, von Erlebnissen mit Menschen offen zu berichten, die heute noch im Dritten Reiche wirken und eine Rolle spielen. Die Türen sind zugefallen. Von beiden Seiten her. Alles was von Richard Strauss erzählt wird, beruht auf den frischen Eintragungen meines Tagebuches. Man darf nicht vergessen, daß dieser größte Meister der zeitgenössischen Musik im ersten Jahrzehnt unseres Jahrhunderts der einzige Rivale Gustav Mahlers war.

Was Mahler für Wien geleistet hat, das wissen jetzt nur mehr diejenigen, welche die glorreichen Jahre seiner Tätigkeit miterlebt haben. Deutschland muß heute auf seine Musik verzichten, und die Erinnerung an sein Wesen und Schaffen wird sorgfältig ausgemerzt. Im Ausland wirken die großen Dirigenten Willem Mengelberg, Bruno Walter und Otto Klemperer für ihn, und die besten unter den jüngeren Dirigenten folgen ihrem Beispiel. Sie halten die Flamme seiner Musik wach und geben sie weiter, so lange, bis die Türen des Vaterlandes wieder aufgehen werden und man sein Werk dort mit freudigem Willkomm neu empfangen wird.

Ich selbst lebe heute in einem völlig anderen Leben, und diese Blätter aus einer vergangenen Zeit sind für mich vergilbt. Werk und Gestalt Gustav Mahlers aber sind nicht vergilbt. So mögen denn diese Aufzeichnungen des einst in Schmerz und Freude Erlebten in die Welt hinausgehen, um für ihn zu zeugen.

Sanary sur mer, Sommer 1939 *Alma Maria Werfel-Mahler*

ERSTER TEIL

BEGEGNUNG

1901

Es war an einem Herbstnachmittag im November 1901, als ich, mit Freunden über den Ring gehend, unversehens dem Ehepaar Zuckerkandl gegenüberstand. Zuckerkandl war ein bedeutender Anatom und überdies ein großer Geist und voll Humor.

Er fragte sofort: »Mahler wird dieser Tage zu uns kommen, willst du nicht auch da sein? – Ich weiß, daß du dich für ihn interessierst.«

Ich antwortete »nein«, denn ich wollte Mahler in Wahrheit nicht begegnen, hatte ich es doch im selben Sommer, da es fast unausweichlich schien, verhindert, ihn kennenzulernen; so gewaltig war ich von dem Lügengewebe beeinflußt, das man um Mahler gesponnen hatte. Vor mir stieg der kleine, nervöse Mensch mit dem herrlichen Kopf auf, ruhelos und fahrig. Ich erinnerte mich der Gerüchte über seine unzähligen Protektionsliebschaften, und nicht zuletzt gedachte ich des kürzlich stattgehabten Konzerts, in dem Mahler seine Erste Symphonie aufgeführt hatte, die mir so gründlich mißfallen, ja die mich mit Ärger und Protest erfüllt hatte. – Als Dirigent war er mir wichtig, und ich kann es nicht leugnen, daß er immer eine geheime und starke Anziehungskraft auf mich ausgeübt hatte. Doch dies verbarg ich jetzt. Mein »nein« war kaum ausgesprochen, als Zuckerkandls Frau dazwischenwarf: »Es geht ja sowieso nicht, da ich Mahlers Schwester Justine absolutes Alleinsein versprechen mußte. Mahler verträgt keine fremden Menschen.«

Zuckerkandl aber rief: »Unsinn, ich will es.«

Aber auch ich wollte ja nicht, und so wurde nichts vereinbart.

Eine Woche später schrieb Berta Zuckerkandl, Mahler habe damals abgesagt, sich aber selbst für nächsten Sonntag angekündigt, der wie immer ihr Empfangstag sei. Sie habe Gustav Klimt und

Max Burckhard und mehrere andere Freunde eingeladen und bitte mich dringend zu kommen. Sie fühle sich Mahler gegenüber ihres Versprechens enthoben. Klimt, meine Jugendschwärmerei Max Burckhard, der Burgtheaterdirektor und Dichter, mein Lehrer und Erzieher! Ich war also unter Freunden, und ich sagte zu. Mit befangenen Sinnen ging ich hin. (Mahler hatte in Paris, wo er mit den Philharmonikern konzertiert hatte, in der österreichischen Botschaft Frau Sophie Clemenceau, die Schwägerin von George Clemenceau und eine Schwester der Berta Zuckerkandl, kennengelernt. Sie war eine hochkultivierte Kunstkennerin, und man hatte vereinbart, einander bei ihrem nächsten Aufenthalt in Wien im Hause Zuckerkandl zu treffen.)

Mahler wurde merkwürdigerweise sofort auf mich aufmerksam; nicht allein meines Gesichtes halber, das damals schön zu nennen war, sondern meines nervösen, herben Tones wegen. Er sah mich durch die Brille lang und forschend an. Die letzten Gäste kamen, und man ging zu Tisch. Klimt und Burckhard saßen zu meinen Seiten, und wir drei waren ein recht liederliches Kleeblatt und lachten viel. Mahler sah und hörte vom andern Tischende verstohlen erst, dann freimütig herüber und rief endlich neidisch: »Darf man denn da nicht mitlachen?« Für seine arme Tischnachbarin hatte er an diesem Abend wenig Aufmerksamkeit.

Unterdessen tauchte, etwas verspätet, ein Gast auf, der aus einem Virtuosenkonzert kam und voll Begeisterung von der Leistung Kubeliks sprach, die er eben erlebt hatte. Er schwärmte etwas vordringlich, so daß man sich zu äußern hatte. Ich sagte auf seine Frage, ob ich Kubelik schon gehört habe: »Solistenkonzerte interessieren mich nicht.« Und wieder war es Mahler, dem dieses Wort gefiel. »Mich auch nicht«, sagte er laut, vom andern Tischende her.

Nachdem man aufgestanden war und sich Gruppen gebildet hatten, kam das Gespräch auf die Relativität aller Schönheit. »Schönheit!« Und Mahler fand den Kopf des Sokrates schön. Ich gab ihm sehr recht und fand nun meinerseits, daß der Musiker Alexander von Zemlinsky schön sei. Mahler zuckte die Achseln und fand das sehr weit gegangen. Daraufhin wurde meine Kampflust angefeuert, und ich bog die Linie des Gesprächs in ein Spezialgespräch über Zemlinsky ein.

»Da wir gerade von ihm sprechen – warum führen Sie eigentlich sein Hofmannsthal-Ballett ›Das goldene Herz‹ nicht auf? Sie hatten es ihm doch versprochen?«

Mahler antwortete sofort: »Weil ich es nicht verstehe.«

Ich kannte den etwas verworrenen Symbolgehalt der Dichtung durch Zemlinsky selbst sehr genau: »Ich werde Ihnen den Inhalt des Buches erzählen und seinen Sinn erklären.«

Mahler lächelte: »Da bin ich aber gespannt.«

Worauf ich sagte: »Nicht eher, als bis Sie mir den Sinn der ›Braut von Korea‹ auseinandergesetzt haben.« (Dies war ein Ballett, in Wien ständig auf dem Repertoire, von nicht wiederzugebender Verworrenheit und Dummheit.) Nun lachte Mahler laut auf, mit seinen vielen blitzenden Zähnen. Daraufhin interessierte ihn nun mein Studium, und er erfuhr, daß ich Kompositionsschülerin von Zemlinsky war. Er bat mich, ihm Arbeiten von mir in die Oper zu bringen.

Längst waren wir aus der Menschengruppe getreten, oder die andern hatten sich entfernt. Es war um uns jener luftleere Raum, den Menschen sofort um sich erzeugen, die sich gefunden haben. Ich versprach ihm damals »irgendeinmal zu kommen, wenn ich etwas Gutes hätte«. Er lächelte mokant, so als ob er sagen wollte: »Da kann ich lange warten«, und bat mich und die jetzt dazutretenden Schwestern Clemenceau und Zuckerkandl, am nächsten Morgen zur Generalprobe von ›Hoffmanns Erzählungen‹ in die Oper zu kommen. Erst schwankte ich – meine Kompositionsarbeit für Zemlinsky war noch nicht fertig – dann überwog die Freude an der Sensation, und ich sagte zu. Vor dem Auseinandergehen hatte er noch die Möglichkeit, mir einiges rasch zu sagen.

»Wo wohnen Sie?«

»Hohe Warte –«

»Ich will Sie dorthin begleiten.«

(Ich aber wollte nicht zu Fuß gehen, es war spät in der Nacht, und ich war müde.)

»Also Sie kommen in die Oper? Bestimmt?«

»Ja, ja, wenn ich eine gute Arbeit geleistet habe.«

»Ein Mann, ein Wort?«

Der Abend war vorbei. Meine Laune war nicht gut. Ich hatte das bestimmte Gefühl, mißverständlich gewirkt zu haben. Eine unglückselige angeborene Schüchternheit ließ mich unter Menschen, unter Fremden, nie »Ich-selbst« sein. Entweder ich schwieg beharrlich, gab verwirrte Antworten, oder, so wie heute, kaschierte ich alles hinter einer krampfigen Dreistigkeit. Karl Moll (mein Stiefvater) sprach mit mir lange über die neue Bekanntschaft, die uns nicht unbedingt gefallen hatte. – Mahler hatte damals immer wie zu einer versammelten Volksmenge gesprochen. »Ja, aber ich sage euch«, so und ähnlich waren die Redewendungen, und man fühlte, dieser Mann war durch jahrelange Machtstellung und eine ihm hilflos untertane Umgebung auf einen sehr einsamen und ihn vereinsamenden Weg gelangt. Ich dachte über den empfangenen Eindruck weiter nicht nach, aber es schmeichelte mir wohl, daß er sich nur mit mir beschäftigt hatte.

Ich will nun die Erzählung unterbrechen, denn es ist von großer Wichtigkeit, Mahlers Familie und seine Beziehung zu ihr kennenzulernen.

Der Vater, ein starker Trieb- und Sinnenmensch (ohne jede Hemmung) heiratete ein Mädchen aus besserem jüdischem Hause namens Frank, die – weil sie seit der Geburt hinkte – als bemakelt galt und keine Ansprüche auf eine gute »Partie« zu machen hatte. Sie liebte einen anderen, der sie nicht beachtete, und so heiratete sie Bernhard Mahler ohne Liebe und mit aller Lebensresignation. Die Ehe war vom ersten Tag an ausgesprochen unglücklich. Es kamen Kinder – viele Kinder – zwölf nacheinander! Ein angeborener

Herzfehler dieser Märtyrerin verschlimmerte sich durch die Geburten und die schwere Hausarbeit rapid.

Die Eheleute Mahler hatten in Kalischt, einer mährischen Ortschaft, klein begonnen. Er besaß eine Spiritusbrennerei, die in der Familie scherzhaft »Fabrik« genannt wurde. Als die Freizügigkeit der Juden proklamiert wurde, zog Bernhard Mahler sofort in die nächste Stadt, nach Iglau. Er errichtete dort wieder sein kleines Geschäft. Da er aber hochmütig und verschlossen war, so war er bald gemieden und vereinsamt. Er besaß etwas, was man fast eine Bibliothek nennen konnte, und war von brennendem Ehrgeiz besessen. Er hatte einen Auftrieb ohnegleichen, nur wußte er nicht recht, wohin, und wie dieser Drang »nach oben« zu verwirklichen sei. »Seine Kinder sollten erreichen, was ihm versagt war.«

Seine Mutter, die Großmutter Gustav Mahlers, war eine Frau von geradezu männlicher Energie. Sie war Hausiererin und ging noch als Achtzigjährige mit einem großen Wäschebinkel auf dem Rücken von Haus zu Haus. In ihrem Alter sollte ihr das Malheur passieren, das Hausierergesetz zu übertreten, und sie wurde zu einer beträchtlichen Strafe verurteilt. Sie dachte nicht daran, dies auf sich sitzen zu lassen. Schnurstracks fuhr sie nach Wien, suchte um eine Audienz beim Kaiser an, erhielt sie und scheint mit ihren 80 Jahren Kaiser Franz Joseph so imponiert zu haben, daß er ihr die Strafe erließ.

Diese Zähigkeit im Verfolgen eines Zieles hat Mahler bestimmt von seiner Großmutter geerbt.

Der kleine Gustav zeigte früh musikalische Begabung. Anläßlich eines Besuches bei den Eltern der Mutter, die wegen ihrer größeren Verfeinerung spottweise »die Herzöge« genannt wurden, ging Gustav verloren und wurde nach langem Suchen auf dem Dachboden des Hauses, an einem alten Klavier sitzend und klimpernd, erst spät gefunden. Von da ab stand es bei Vater Mahler fest, der kleine Gustav wird Musiker. Er war damals vier Jahre alt.

Fünf der kleinen Geschwister starben an Diphtherie. Das sechste, ein Bub, siechte mit zwölf Jahren langsam dahin. Herzbeutelwassersucht. Das erste grausame Erlebnis in Gustav Mahlers Kindheit. Diesen Bruder Ernst hatte er geliebt und jede Phase der Krankheit mit tiefem Schrecken bis zum Ende mitgefühlt. Es scheint, daß er die vielen Monate der Krankheit nicht von dem Bette des Kindes gewichen ist und ihm unaufhörlich Geschichten erzählt hat. Von allem andern sah er nicht viel. Träumend ging er durch Haus und Felder, träumend zog er durch Familie und Kinderjahre. Er sah nicht die unendlichen Qualen, die seine Mutter unter der Brutalität des Vaters zu durchleiden hatte, der jedem Dienstmädchen nachlief, die zarte Frau anherrschte und die Kinder prügelte.

Die täglichen Wutausbrüche des Vaters über Gustavs unaufgeräumte Tischlade (das einzige, was er hätte in Ordnung halten sollen) sind bis zum nächsten Tag vom Jungen vergessen, wo sich polterndes Geschrei über Gustav ergießt, der seltsamerweise nicht imstande ist, diesen kleinen Befehl im Gedächtnis zu behalten. Es setzte nicht nur Worte, aber, was immer mit ihm geschah, der Kleine träumte. Er erwachte aus seiner Kinderträumerei, als er in dem berühmtem Musikerhaus Grünfeld zu Prag, wohin er von seinem Vater zum Zwecke des Studiums in Pension gebracht wurde, mit der Häßlichkeit des Lebens in erste Berührung kam. Nicht nur daß man seine Kleider, seine Schuhe dort trug, während er hungerte und bloßfüßig gehen mußte; dies bemerkte er kaum, und als er es mir erzählte, fügte er hinzu: »Ich meinte, es müsse so sein.« Aber daß er einst, in einem finstern Zimmer sitzend, ungewollter Zeuge einer brutalen Liebesszene zwischen dem Stubenmädchen und dem Sohn des Hauses wurde, blieb ihm in unangenehmster Erinnerung. Der kleine Gustav machte sich bemerkbar, indem er dem Mädchen beisprang, um ihm zu helfen. Aber er wurde sowohl von dem Jüngling Alfred als auch von dem Mädchen, dem er hatte helfen wollen, gleicherweise beschimpft und zu schweigen verpflichtet.

Diese kleine Episode hatte einen merkwürdig starken Eindruck auf Mahler gemacht. Wie man oft auf Menschen den ganzen Tag böse sein kann, die einen im Traum gekränkt haben, so verzieh

Gustav diesen Choc dem jungen Pianisten nie. Der Vater wurde endlich doch von fremder Seite unterrichtet, unter welcher Vernachlässigung sein Sohn zu leiden hatte. Er fand seinen Buben in elendem Zustand, nahm ihn ins Wirtshaus, ließ ihn sich einmal wieder ordentlich satt essen und holte dann Gustavs zusammengeschrumpfte Habe aus dieser merkwürdigen Pension ab. Der Kleine saß indessen in dem Wirtshaus, ohne sich zu rühren, bis der Vater mit zornfunkelndem Gesicht kam und ihn sofort an die Bahn und nach Iglau brachte. Dieses passive Stillhalten Mahlers als Kind, dieses Harrenkönnen, habe ich in einer anderen Episode seiner Kindheit in meiner Einleitung zu den Briefen geschildert. Es ist sehr interessant und merkwürdig, daß Mahlers Tochter in ihrer Kindheit dieselbe Eigenschaft, das versonnene stundenlange Stillsitzen oder Wartenkönnen, besaß.

Die Mutter duldete still weiter; es scheint, daß die Freude am Werden des kleine Gustav ihr immer größeres, zuletzt ihr einziges Glück war. Der Vater tobte, wie es ihm die Laune eingab. Ich habe nie ein Wort der Liebe für seinen Vater von Mahler gehört. Während er eine solche Liebe zu seiner Mutter empfand, daß man es schon als Fixierung zu betrachten hatte. Immer wieder hat er mir voll Reue erzählt, daß er, wenn er in seiner Kindheit Klavier spielte, plötzlich fühlte, es sei jemand in der Nähe, und dann jedesmal die Mutter entdeckt habe, die auf einem gedeckten Holzgang an der Tür gelauscht hatte. Er habe dann aufgehört zu spielen und getan, als sei er böse. Später litt er unter der Vorstellung seiner damaligen Härte.

Er kam nun nach Wien ans Konservatorium zu den Professoren Julius Epstein und Robert Fuchs. Er soll ein sonderbarer Schüler gewesen sein. Fuchs selbst erzählte mir, Mahler sei immer ausgeblieben und habe doch immer alles gekonnt. Er wurde deshalb als Wunder angestaunt, und die Mitschüler sprachen von ihm als von einem »neuen Schubert«. Bei der Kompositionskonkurrenz hatte er den ersten Preis errungen. Sein Mitschüler und Freund Hans Rott, ein außerordentlich begabter Musiker, war durchgefallen. Mahler kam nach Hause und berichtete freudestrahlend von seinem Preis. Die Mutter bekam Tränen des Unwillens in die Augen und sagte: »Die Arbeit Rotts aber war besser als deine.« Dies war seine Mutter.

(Rott war als ganz junger Mensch wahnsinnig geworden. Im Irrenhaus komponierte er beständig. Die beschriebenen Notenblätter benützte er, wie man sonst Notenpapier nicht verwendet, und freute sich grinsend, »dies ist alles menschliche Tun wert.«)

Mahlers älteste Schwester Leopoldine wurde an einen ungeliebten Ehemann verkuppelt und starb sehr jung an Gehirntumor. Mahler machte sich späterhin Vorwürfe, als sei er mitschuldig an ihrem Unglück, weil er damals zu jung und unerfahren war, um zu wissen, was im Hause vorging.

Justine, die zweite Schwester, ein entschieden phantasiebegabtes Geschöpf, wurde durch die einsichtslose Strenge des Vaters systematisch zum Lügen erzogen. Vollkommen verprügelt erwachte sie erst spät, wie aus einem bösen Traum. Eine kleine Geschichte (wie eine Legende) aus ihrem Leben ist äußerst charakteristisch für sie. Ein Kind noch, klebte sie einmal Wachskerzen rings auf den Bettrand. Dann legte sie sich ins Bett, zündete die Lichter an, glaubte nun selber ganz fest, daß sie tot sei.

Die Brüder Gustav Mahlers. – Otto, der ältere, ein sehr begabter Musiker, aber unernst und ohne Ausdauer, war der entschiedene Liebling Mahlers. Er nahm ihm Hofmeister, um ihn schlecht und recht durch die Schulklassen durchzubekommen, später verschaffte er ihm wieder Korrepetitorposten in kleinen deutschen Städten, was immer fehlging. Otto murrte, war unzufrieden, verglich sich dauernd mit Mahler und dessen Stellung und warf endlich sein Leben hin. Er erschoß sich und schrieb auf einen Zettel, das Leben freue ihn nicht mehr, er gebe seine Eintrittskarte zurück. Er war ein fanatischer Dostojewski-Anhänger und philosophierte vor seinem Ende über seinen bevorstehenden Tod in der Art des großen Russen mit einer alten Freundin Mahlers, die aber nichts dazu tat, den Tod zu verhindern. Solche Menschen, die alles zu gut verstehen, können oft bedenklich wirken.

Der zweite, Alois, kränklich von Natur (der, wie alle Kinder, Gustav eingeschlossen, der Mutter Herzleiden mit auf den Weg bekommen hatte), war eher ein Narr als ein Phantast zu nennen. Er steckte voll von widersinnigen Albernheiten. Einmal mietete er z. B. ein altes Pferd, ließ sich Reithosen machen, ein rotes und ein blaues Bein: »Deutscher Landsknecht«. So durchritt er die Gassen Iglaus kreuz und quer zum Gaudium der Straße, zu peinvoller Scham der Familie. Dann sprach er: »Wartet nur, ich reite so in Wien ein, bei der Burg vorbei, der Kronprinz sieht mich: ›Wer ist der schöne Jüngling zu Pferde?‹ Er winkt mich zu sich, ich bekomme eine ungeheure Stelle« etc. – Oder aber Justine wird, mit dem Bruder als Begleiter, von Mahler nach Bozen zur Erholung geschickt. Während der Table d'hôte (die damals an langen Tischen vor sich ging) hört sie plötzlich laut die Stimme ihres Bruders, der sich rühmt, bei einem eleganten Kavallerieregiment sein Freiwilligenjahr abgedient zu haben. Ein Herr bei Tisch, der sich als aktiver Offizier in Zivil entpuppt, fragt ihn nach einigen Kameraden, die Alois natürlich nicht kennen kann, von denen er aber zum Erstaunen des Offiziers wieder Lügen zu berichten beginnt. Justine ist fassungslos. Schon sieht sie ihren Bruder entlarvt und sieht sich der größten Blamage preisgegeben, als die Rettung naht: man steht vom Tisch auf. Sie reist augenblicklich von Bozen ab.

Alois nannte sich später Hans, weil dies weniger »jüdisch« klänge, machte Schulden, fälschte Wechsel und mußte schließlich nach Amerika fliehen. Wollte er sich später »schön« machen, trug er Zylinder, rosengeblümte Weste und weiße Gamaschen.

Alle diese hier erzählten Episoden, wie die Todesphantasie der Schwester, der närrische Ehrgeiz des Bruders Alois, der in romantischer Verkleidung Stadt und Hof von Wien erobern will; der finstere Selbstmord des ahasverischen Otto – all diese Züge kann man Gustav-Mahlerisch nennen. Sie sind das Wetterleuchten, das dem Blitz vorangeht; das Gestaltlose, das die Gestalt ankündigt.

Mahler war in raschem Aufstieg über Hall, Laibach, Kassel und Leipzig nach Budapest als Direktor der Oper gelangt. Seine Eltern hatten dies alles zu seiner großen Genugtuung noch erlebt. Da starb plötzlich der Vater und im selben Jahr, nach längerem Siechtum, die Mutter. Justine hatte die Mutter bis zum Tode gepflegt, und Mahler liebte die Schwester als das Vermächtnis der geliebten Mutter. Er ließ sie nach Budapest kommen, und Justine übernahm dort, ganz unerfahren, den Haushalt. Er war so besorgt um sie, daß er sie, die durch die Krankenpflege sehr geschwächt war, täglich die vier Stockwerke bis zu seiner Wohnung auf seinen Armen hinauftrug.

Mahlers Engagement an der kgl. Oper in Budapest fand ein schroffes Ende. Nach einem Streit mit dem Intendanten des Hoftheaters, dem einarmigen Klaviervirtuosen Grafen Zichy, fand er am nächsten Morgen sein eigenes Bureau in der Oper versperrt. Man ließ ihn trotz formalem Protest vor Ende der Saison mit einer außerordentlich hohen Abfindungssumme ziehen. Inzwischen hatte Mahler schon Pollinis Antrag nach Hamburg angenommen.

Fünf junge Menschen, seine Geschwister, harrten nun ihrer Erziehung und seiner materiellen Hilfe. Das kleine Geschäft war verkauft worden, schlecht natürlich, denn niemand verstand etwas davon. Die geringe Erbschaftssumme wurde verteilt. Mahler verzichtete auf seinen Anteil zu Gunsten der Schwestern und verlangte dasselbe von seinen Brüdern. Diese gehorchten zwar, Otto aber indigniert und Alois zähneknirschend. Und nun hatte die schwere Zeit für Mahler begonnen. Rackerei und Sorgen ohne Ende.

Er hatte in Wien eine große Wohnung für die Geschwister genommen. Justine, die älteste, wurde zur Leiterin der Familie bestimmt. Zu viel für ein ahnungsloses zwanzigjähriges Mädchen. Wie konnte sie helfen? Sie führte die Wirtschaft, und die andern sollten was lernen. Sie lernten aber nichts. Mahler mußte Geld schicken, viel Geld. So viel, daß ihm selber oft nicht genug blieb, sich, wie er einmal schrieb, seine Schuhe besohlen zu lassen. Briefe flogen hin und her. Bitten um Geld, Ermahnungen zu sparen. Da geschah das Unglück mit dem Bruder Otto, das Mahler sehr tief traf. Er löste den Haushalt in Wien auf und nahm die beiden Schwestern zu sich nach Hamburg. Alois hatte unterdessen irgendwo eine Stellung angenommen. Mahler liebte in Hamburg die Sängerin M., vertraute sich der Schwester Justine an, die ihm eifersüchtig anhing und alles tat, ihm diese Liebschaft verdächtig zu machen. Er wollte nun fort, aus einer Schlinge heraus, die er plötzlich fühlte und die ihn zu ersticken drohte.

Die Liebe der Sängerin zu Mahler war sehr selbstsüchtig gewesen. Sie verlangte von Mahler, der immer todmüde aus den Proben kam, daß er nachher mit ihr stundenlang korrepetiere. Nun machte ihm das im Anfang selber Freude, denn sie war begabt und er war verliebt in sie, aber es kamen immer mehr Divergenzen zum Vorschein, und diese obligate Studiererei wurde ihm zur Qual. Ihre Empfindung für ihn wurde in dem Moment groß, wo die seine am Erlöschen war. Oft erwartete sie ihn nach der Vorstellung auf dunkler Straße, weinte, fiel in die Knie und gebärdete sich wie wahnsinnig. Ihm waren diese Szenen so widerwärtig, daß er nun den letzten Rest von Teilnahme für sie verlor.

Er wollte von Hamburg weg und versuchte in Wien Fuß zu fassen. Dort zwecks Engagementbesprechung angekommen, vernahm er sogleich, daß die M. sich hinter seinem Rücken und durch Intrigen ihrer Lehrerin Rosa Papier einen Engagementskontrakt verschafft hatte. Er ließ sie kommen, sagte ihr grausam ins Gesicht, daß sie auf keine Weiterführung der Beziehung rechnen könne, ja, daß *sie* der Grund gewesen sei, weswegen er vorzeitig aus Hamburg geflohen sei, daß es mit dem »Du« auf alle Zeiten vorbei sei... und daß er ihr hiermit untersage, jemals seine Privatwohnung zu betreten.

Es gelang ihr, im Laufe des Winters einmal, ihn, unter der Vorspiegelung, sie wäre krank, zu sich zu locken. Insgeheim hatte sie einen Benediktinermönch namens Pater Ottmar dazu geladen, den sie, bevor Mahler kam, anbettelte, er möge sie mit dem Geliebten, der einverstanden sein werde, jetzt und hier trauen. Der Mönch sagte, daß er das unter diesen Umständen nicht tun könne, und sie bestürmte ihn bis zu dem Augenblick, da Mahler selbst kam. Die Sängerin dachte, daß er bei seiner Ehescheu vielleicht durch diese Opernszene zu einem solchen Schritt zu verleiten sei. Der Pater erzählte mir das Ganze viele Jahre später.

So hatte Mahler also Abschied von Hamburg genommen und trat nach mancherlei Intrigen, die gegen ihn unternommen wurden, vor allem von Cosima Wagner, die einen Juden nicht an die große Stellung des Wiener Operndirektors heranlassen wollte, sein Engagement in Wien an. Erst als Kapellmeister und präsumtiver Nachfolger Wilhelm Jahns, nach wenigen Wochen schon als Direktor. Er war damals sechsunddreißig Jahre alt. Die Leiden der ersten Kapellmeisterjahre bis dahin kann man aus den beweglichen Klagebriefen an seine Eltern herauslesen.

Oft sagte er mir: »Du hast es gut, kommst ›aus Glanz und Wonne‹, kannst leichtfüßig durchs Leben gehen, an dir hängt keine schwarze Vergangenheit, keine Familie, aber ich bin mein ganzes Leben schwer gegangen, Lehmklötze an den Füßen.«

In Wien lernte Justine sofort den eminenten Geiger R... kennen, der Konzertmeister an der Wiener Hofoper war. Die beiden verliebten sich ineinander, ein Verhältnis begann, das sie aus Angst vor Mahlers Sittenstrenge verbargen. Durch diese Tatsache ereigneten sich manche Mißhelligkeiten in Mahlers Direktionsführung, an denen er unschuldig schuldig wurde, deren Folgen ihm aber bis zu Ende seiner Verantwortlichkeit anhafteten.

Justine war nun in einem fürchterlichen Konflikt. Sie liebte diesen Mann, sie liebte aber ebenso ihren Bruder, von dem ihr eine Trennung unmöglich schien. Eine Freundin, die, obwohl alt und häßlich, in Mahler verliebt war und auf seine Gegenliebe wartete, verpflichtete sich, Justines Geheimnis zu wahren, wenn sie ihr die Möglichkeit gebe, viel mit Mahler allein zu sein. Wenn sie ihr aber nicht helfen wolle, drohte sie mit Verrat. Wenn nun Mahler in diesem Sommer, welcher der Katastrophe vorausging, wie es seine Gewohnheit war, mit seiner Schwester spazierengehen wollte, so stand meist statt ihrer die Liebesanwärterin Frau B. da. Auf seine ungeduldige Frage, wo seine Schwester sei, hörte er jedesmal eine andere Ausrede, die ihn mehr und mehr gegen die Schwester erboste. Das ging so eine Weile, bis, wie es kommen mußte, alle einander verrieten.

Mahler war außerordentlich moralisch. Er hatte bis dahin mit seiner Schwester eine Art Ehe geführt. Er fühlte sich vollkommen gebunden und ging jeder Verführung geflissentlich aus dem Wege. Und dieser Verführungen gab es viele! Nicht nur im Theater, überall wohin er kam, wirkte er. Mahler war nicht schön im gewöhnlichen Sinne, aber von großer Faszination. Erbarmungslos aber forderte er denselben Verzicht von der Schwester, die viel zu temperamentvoll und jung war, um ihm da erfolgreich nachzustreben.

Öfters in diesen Jahren waren ihm Intimitäten der Schwester mit R... aufgefallen, aber auf sein Befragen bekam er ausweichende Antworten: dies sei Freundschaft, Kameradschaft, kurz alle diejenigen Begriffe, die seit Anfang der Welt Liebesbeziehungen vor unberufenen Blicken verbergen sollen. Die Angst vor Mahler war zu groß, als daß man sich ihm ehrlich hätte anvertrauen können.

Mahler war fassungslos über sein getäuschtes Vertrauen. Wochenlang konnte er mit seiner Schwester nicht sprechen – und nach furchtbaren späteren Auseinandersetzungen verlangte er, daß sie entweder sofort ihre Beziehung zu R... löse oder aber ihn heirate. Zugleich aber sagte er seiner Schwester, daß er sich nun vollkommen frei fühle, bis jetzt aus Liebe zu ihr jeden Gedanken an eine eigene Bindung von sich gewiesen habe, nun aber, wenn er der Frau begegne, die ihm gefalle, ihr nicht aus dem Weg gehen, wie bisher, sondern sich *seinen* Anteil an Glück holen werden, wie alle andern Menschen.

Seine Liebe zu ihr, die so groß gewesen, war für immer dahin. Er vertraute den Menschen blind, war er aber betrogen worden, so kannte sein Mißtrauen keine Grenzen.

Im Vorfrühling des Jahres 1901 hatte Mahler einen furchtbaren Blutverlust erlitten, dem nur durch eine sofort vorgenommene nächtliche Operation Einhalt getan werden konnte. Es folgten noch zwei sehr schmerzhafte Operationen, dann wurde er nach Abbazia geschickt, wo er sich langsam erholte. Er ging damals monatelang an zwei Stöcken. Ich habe ihn am Tage dieses Unglücks zweimal dirigieren gesehen. Ich kannte ihn noch nicht. Mittags das Philharmonische Konzert, abends eine Aufführung der ›Meistersinger‹. Er sah aus wie Luzifer: weiß das Gesicht, Kohlen seine Augen. Ich hatte tiefes Mitgefühl mit ihm und sagte zu meiner Umgebung: »Das kann dieser Mensch nicht aushalten!« Und in derselben Nacht erfolgte der Blutsturz.

Mit der einzigartigen Intensität seines Nachschaffens konnte man nicht an einem Tag zweimal solche Wunder gestalten, ohne daran zugrunde zu gehen.

Die Philharmoniker, mit Mahler in dauernder Feindschaft, nahmen den Umstand seiner Erkrankung augenblicklich wahr und wählten, ohne seiner Demission vorher sicher zu sein, an seiner Stelle den jungen, wenig begabten Josef Hellmesberger zu ihrem Dirigenten.

Diese Haltung der Philharmoniker ihm gegenüber ist einer der vielen Gründe, die ihn später von Wien vertrieben.

Dies alles also lag vor meiner Bekanntschaft mit Mahler. Ich nehme nun die unterbrochene Erzählung über die nächsten Tage nach unserer ersten Begegnung wieder auf. Nach dem Abend bei Zuckerkandls holte ich in der Frühe des 10. November die beiden Schwestern Clemenceau und Zuckerkandl ab, und wir wurden in der Oper von Mahler schon ungeduldig erwartet. Er half mir aus meinem Mantel und tat unhöflicherweise nicht ein gleiches bei den beiden Damen. Meinen Mantel behielt er über dem Arm und bat uns nun mit verlegenen Gesten in sein Bureau. Die beiden Frauen, die die untergründigen Schwingungen unserer Seelen und des Raumes nicht zu spüren schienen, begannen auf ihn einzureden. Ich ging unterdessen zum Klavier und stöberte in seinen Noten. Ich war nicht imstande, irgend etwas Belangloses zu sagen.

Mahler schaute verstohlen zu mir herüber, doch ich fühlte ein wenig Bosheit in mir und erlöste ihn nicht. In der großen Unbekümmertheit meiner Jugend imponierten mir weder Glanz noch Stellung, und das einzige, was mich hätte demütig sein lassen, seine innere Bedeutung, von der wußte ich damals noch wenig. Obwohl so etwas wie ein unbekannter und rätselhafter Respekt vor dem überragenden Manne über meine heitere Sorglosigkeit kommen wollte. Er rief herüber: »Fräulein Schindler, wie haben Sie geschlafen?« »Ausgezeichnet! Warum auch nicht?« Und er: »Ich nicht eine Minute die ganze Nacht!« Worauf ich irgendeine sinnlose Antwort gab, die ich Gott sei Dank vergessen habe. Diese Generalprobe von ›Hoffmanns Erzählungen‹ war die erste unter Mahler, die ich in nächster Nähe erlebte. Ich habe nie mehr einen größeren Regisseur gesehen. Die Probe verlief glatt, das Orchester war berauschend. Eine ungeheure Stimmung in dem kleinen Publikum. Nur nach dem Auftritt der Gutheil-Schoder als Giulietta mußte eine Pause gemacht werden, weil Mahler zornig ihren sofortigen Abgang befahl. Ihr Kleid, das auf den Seiten bis zur Mitte geschlitzt war, mußte wegen zu großer Unanständigkeit augenblicklich zugenäht werden. Als die Arme verschwunden war, schimpfte er noch längere Zeit ins Orchester hinunter über die Schamlosigkeit der Schoder, so entkleidet auf die Bühne zu kommen. Wenn Mahler damals geahnt hätte, daß zehn Jahre später ganze Reihen von mehr oder weniger nackten Weibern die Bühnen auch der ernsten Theater füllen würden (man denke an ›Franziska‹, an die ›Josephslegende‹ in der Oper etc.), er hätte den Glauben an das Theater verloren. Denn ihm war es heilige Sache; zu heilig fast. Der Obersthofmeister Fürst Liechtenstein sagte einmal bei einer Probe: »Es ist nicht gut für Sie, wenn Sie die Kulissen selber schieben.« Und er meinte es in doppeltem Sinne.

Noch immer war ich ahnungslos, und es kam mir nicht zum Bewußtsein, daß ich ihm so gut gefallen hatte. Er imponierte mir, doch war mir mein Studium bei Zemlinsky noch wichtiger. Tags darauf bekam ich dieses wunderschöne Gedicht:

Das kam so über Nacht.
Hätt' ich's doch nicht gedacht,
Daß Contrapunkt und Formenlehre
Mir noch einmal das Herz beschwere.

So über eine Nacht
Gewann es Übermacht.
Und alle Stimmen führen nur
Mehr homophon zu einer Spur.

Das kam so über Nacht
– Ich habe sie durchwacht –
Daß ich, wenn's klopft, im Augenblick
Die Augen nach der Türe schick'.

Ich hör's: ein Mann – ein Wort!
Es tönt mir immerfort –
Ein Canon jeder Art:
Ich blick' zur Tür und wart'.

Meine Mutter sah streng auf den soeben per Post gekommenen anonymen Brief. Sie nahm ihn mir aus der Hand und fragte, von wem er sein könne. Ich meinte, er könne nur von Mahler sein. Sie aber sagte, ich solle mir nur nicht einbilden, daß ein Mann wie Mahler Gedichtchen an wildfremde Mädchen mache, und lachte mich aus: Irgend jemand habe sich einen Scherz mit mir erlauben wollen.

Aber etwas in mir wußte, nur von *ihm* konnte dieses Gedicht sein! Ich ging wie im Traum durch die Straßen, ich liebte ihn noch nicht, aber ich konnte an nichts anderes denken. Ich antwortete ihm nicht. Vierzehn Tage später waren meine Mutter und ich in der Oper. Man gab ›Orpheus und Eurydike‹. Sehr bald entdeckte ich Mahler in der Direktionsloge. Das war kein Kunststück. Kannte doch jeder Opernbesucher Mahlers Loge. Was aber merkwürdiger war, auch er hatte mich sofort entdeckt. Und nun ging ein regelrechtes Kokettieren an, was man diesem überernsten Menschen schwerlich zugetraut hätte.

In der Pause gingen wir ins Foyer, und wie aus dem Boden gestampft stand plötzlich Mahler vor uns. Er verlangte hastig, meiner Mutter vorgestellt zu werden, die an dem ersten Abend nicht mit dabei gewesen war. Neugierige Menschen umstanden uns bald. Deshalb riet Mahler, wir möchten in sein Bureau kommen. Dieser Raum, den ich von der Generalprobe her schon kannte, war mir vertraut. Ich setzte mich wieder zum Klavier und überließ Mama und Mahler sich selbst, die sofort eine unendliche Sympathie zueinander zog. Mahler: »Sie wohnen auf der Hohen Warte? Dort gehe ich am liebsten spazieren.«

Darauf Mama: »So besuchen Sie uns doch einmal ...«

Dann Mahler: »Das tue ich ganz bestimmt. Aber wann –? Bald?«

Und wieder Mama: »*Sie* müssen wohl den Tag bestimmen!«

Er stand auf, um in seinem großen Repertoirebuch nachzuschauen, und es wurde der nächste Samstag festgesetzt. Ich wurde gefragt, ob ich da Zeit hätte. Ich hatte an diesem Tag allerdings Kontrapunktstunde bei Robert Gound, versprach aber ihm abzusagen.

Beim Abschied sagte ich, ich wolle als Kapellmeister an die Oper engagiert werden, worauf Mahler sagte, er verpflichte sich allen Ernstes, mich dirigieren zu lassen, ihm würde ich auf jeden Fall gefallen. Worauf ich sagte, dies genüge mir nicht, denn sein Urteil scheine mir nicht objektiv zu sein. Darauf er: »Es gibt kein objektives Urteil.«

Wir gingen froh auseinander und fühlten beide, daß irgend etwas in unser Leben getreten sei, irgend etwas Großes, Schönes!

Nach der Opernvorstellung hatten wir Rendezvous mit Moll und Max Burckhard im Restaurant. Meine Mutter erzählte unser Erlebnis mit Mahler harmlos, aber da kam sie gut an.

Moll rief wütend: »Und zu solch einem ›Roué‹ bist du mit dem jungen Mädel ins Bureau gegangen?!«

Mahler, der Asketische, hatte wirklich den Ruf eines liederlichen Lebemannes, der seine Stellung dazu ausnützte, mit allen jungen weiblichen Mitgliedern seines Ensembles Verhältnisse anzufangen. Er war ein Kind, und das Weib war seine Angst! Ich dummes unerfahrenes Mädel, da war er nicht auf der Hut.

Max Burckhard, der Lebens- und Menschenkenner, fühlte sofort die ganze ereignisschwere Wahrheit, eine Wahrheit allerdings, deren Kraft weder Mahler noch ich ermessen konnten.

Burckhard meinte: »Der war ganz närrisch verliebt, letzthin abends.«

Ich sagte: »Ich habe nichts bemerkt.«

»Nun, was werden Sie denn tun, wenn er Ihnen einen Heiratsantrag macht?«

»Ich werde ihn annehmen«, sagte ich vollkommen ruhig.

Ich wußte nicht, daß Mahler mit Burckhard zusammen von Zuckerkandls weggegangen war und auf dem Heimweg sich nach allen Richtungen hin nach mir erkundigt hatte. Von diesem Gespräch habe ich erst Jahre später von Mahler selbst gehört. Burckhard hatte ihm in keiner Weise Auskunft über mich gegeben, er hatte wörtlich gesagt: »Wer Fräulein Schindler kennt, der weiß, wer sie ist, und die anderen sollen es gar nicht wissen.«

Nun aber interessierte er sich erst recht für mich.

An dem ›Orpheus‹-Abend bot Burckhard all seinen Geist und sein Wissen auf, um mich von meiner (wie er deutlich merkte) aufflammenden Empfindung für Mahler zu heilen. In seiner frivolen Art sagte er: »Es wäre Sünde, Sie sind ein so schöner Mensch und eine so gute Rasse, verdunkeln Sie die nicht, indem Sie einen so degenerierten älteren Mann heiraten! Denken Sie an Ihre Kinder – es wäre Sünde! Außerdem: Feuer und Wasser, das ginge. Feuer und Feuer, das nicht! Sie werden die Unterdrückte sein, er nicht, dazu aber sind Sie zu schade.«

Kurz, fast verbot er mir diese Heirat. Aber er konnte lange verbieten, ich sehnte mich nur nach dem Samstag, da Mahler kommen sollte. Später allerdings habe ich manchmal an seine Worte denken müssen, wenn ich aus jahrelangem Schweigen, nirgends einen Ausblick für mich sehend, aufwachte und mit Entsetzen glaubte, daß mein Leben verwirkt sei.

Am Donnerstag nachmittag, als ich gerade sehr zerstreut bezifferte Bässe unter Robert Gounds Leitung bearbeitete (ich hatte meine Samstag-Stunde vorverlegt), stürzte unser Mädchen ins Zimmer: »Gustav Mahler ist da!«

Er war bis in die Gesindestube populär.

Und diese Kontrapunktstunden waren ein für allemal zu Ende.

Wir waren erst kürzlich in ein neues Haus eingezogen, und meine Bücher harrten des Einräumens. Sie lagen und standen, teils schon geordnet, teils in Haufen, umher. Mahler ging hin und her und musterte sie. Er schien zufrieden mit meiner Wahl. Nur bei meiner großen Nietzsche-Ausgabe machte er sehr erschrockene Augen; er bat mich plötzlich, ich solle sie in den offen brennenden Kamin werfen. Darauf sagte ich ›nein‹ und meinte, wenn er mit seinem Haß recht habe, so werde es ihm ein leichtes sein, auch mich davon zu überzeugen. Es sei ehrenvoller für ihn, wenn dieser Nietzsche stehen bliebe, ich ihn aber nicht lese, als wenn ich ihn jetzt verbrenne und mich dauernd danach sehne. Er war verstimmt. Doch nicht lange, so schlug er vor, gemeinsam spazierenzugehen. Wir kamen in die Halle unseres Hauses hinunter, meine Mutter lud ihn, mit der ihr eigenen Heiterkeit, zum Nachtmahl ein:

»Es gibt Paprikahendl und – Burckhard. Bleiben Sie doch.«

Mahler sagte: »Ich habe nun beides nicht gern, aber ich werde trotzdem bleiben.«

Und wir gingen durch den knirschenden Schnee, Seite an Seite – fremd und nah – hinunter nach Döbling, von wo er nach Hause telephonieren wollte, daß er abends nicht heimkomme. Alle paar Minuten gingen ihm seine Schuhbänder auf und er wählte die höchsten Standorte, um den Fuß hinaufzusetzen und das Band zu binden. Ich fand seine kindische Unbeholfenheit rührend. In Döbling ging es nun zum Postamt – aber er wußte seine Telephonnummer nicht. Also mußte er die Oper anrufen und zu Hause ohne Grundangabe absagen lassen, was in der neunjährigen Gemeinschaft mit seiner Schwester noch nicht vorgekommen war. Dann stiegen wir schweigend den Berg wieder hinan.

Urplötzlich sagte Mahler: »Es ist nicht so einfach, einen Menschen wie mich zu heiraten. Ich bin ganz frei, muß es sein, kann mich nirgends materiell binden. Meine Stellung in der Oper ist von heut auf morgen.« Mir war sehr beklommen zu Mute. Ohne nach meinem Empfinden zu fragen, diktierte er mir seinen Willen, seine Lebensbefehle. Ich schwieg und sagte dann: »Was Sie sagen, ist mir selbstverständlich. Vergessen Sie nicht, daß ich ein Künstlerkind bin, immer mit Künstlern gelebt habe und schließlich auch selbst mich als Künstlerin fühle. Ich habe nie anders über diese Dinge gedacht.« Ich weiß noch, wie bei jeder Laterne der Schnee glitzerte und wir uns wortlos auf diese Märchenschönheit aufmerksam machten. Gesprochen wurde auf dem weiteren Wege nicht mehr. Mahler schien heiter und beruhigt. Wir gingen wie in stiller Verabredung sofort in mein Zimmer hinauf. Oben küßte mich Mahler. Dann begann er, als ob es selbstverständlich wäre, vom raschesten Heiraten zu sprechen. Ihm schien nach diesen wenigen Worten auf dem Heimwege alles geordnet. Warum also warten?

Und ich – ich schwieg – ich schwieg. Er hatte eben einfach die Hochzeit beschlossen. Wir gingen hinunter zu den andern. Beide in einem seltsamen Zustand der Verzauberung. Burckhard und ein Architekt M., der mich in sein Herz geschlossen hatte, waren schon da. Das Elementare dieses Abends hat diesen guten M. für immer aus unserem Hause vertrieben. Unter den andern nun entfaltete Mahler seinen ganzen Reiz und Geist. Wir stritten über Schiller, den er liebte und den ich damals nicht mochte. Er kannte ihn halb auswendig und war so hinreißend in seinem Aufruhr, daß ich – hatte ich mich doch umarmen lassen, ohne es recht eigentlich zu wünschen, hatte ich doch den Heiratstermin beschließen lassen, ohne diesen Entschluß erwartet zu haben – nun wußte, daß beides gut und richtig war und daß ich ohne diesen Menschen nicht mehr leben wolle. Ich fühlte, daß er allein mein Leben gestalten könne und sein Wert und seine Bedeutung die aller Männer, die ich bis dahin gekannt hatte, um Turmhöhe überrage.

Eines unserer ersten Gespräche galt Jesus Christus. Ich war, obwohl katholisch erzogen, später durch den Einfluß von Schopenhauer und Nietzsche sehr freigeistig geworden. Mahler bekämpfte mit Inbrunst diese Gesinnung, und es kam das merkwürdige Paradoxon zustande, daß ein Jude einer Christin gegenüber sich heftig für Christus ereiferte.

Ich habe viele Jahre später ein zweites Mal genau dasselbe erlebt. Mahlers Dostojewski-Verbundenheit hieß ihn oft und oft aussprechen: »Wie kann man glücklich sein, wenn *ein* Geschöpf auf Erden noch leidet!« Und diesen Leitsatz habe ich immer wieder meist bei egozentrischen, oft auch egoistischen Menschen angetroffen. Die großartigen Worte: »Erniedrigte und Beleidigte« wurden oft ausgesprochen, aber im gegebenen Falle führten sie zu keinen Konsequenzen, keiner Tat.

Mahler realisierte diese Gedanken nicht immer, aber er *wollte* es bestimmt immer.

Um diese Zeit lernte ich in einer Gesellschaft den Musikschriftsteller Ludwig Karpath kennen. Er und Adalbert von Goldschmidt (ein etwas verbummeltes, aber starkes Talent) waren meine Tischnachbarn. Das Gespräch kam auf Mahler. Goldschmidt sagte: »Ach, der, so ein Milchgesicht, das ist ja kein Mann, der zappelige Mensch! Und seine Musik ist keine Musik!«

Bald sollte ich erfahren, warum Goldschmidt eine so furchtbare Wut auf Mahler hatte. Goldschmidt hatte seine Oper ›Gaea‹ eingereicht und war abgelehnt worden. – Aber Karpath wurde ernst, verteidigte Mahler, vor allem als Komponisten, und sprach endlich: »Ich muß es ja wissen, denn ich habe ihn in Wien gemacht.«

Keiner der beiden wußte es, daß ich Mahler nicht nur kannte, sondern daß ich heimlich mit ihm verlobt war. – Am nächsten Tag erzählte ich Mahler von diesem Abend und von meinen beiden Tischnachbarn. Er wollte alles wissen, die Gespräche etc., und ich erzählte harmlos den Ausspruch Karpaths. Ich wußte damals kaum mehr von diesem, als daß er der Neffe des berühmten Komponisten Karl Goldmark war. Mahler ärgerte sich sichtlich, und ich fühlte, ich hatte zuviel gesagt.

In den nächsten Tagen kam Karpath in die Oper. Mahler saß

zurückgelehnt an seinem Schreibtisch und war sehr »von oben herab«. Man besprach einiges holpernd, endlich wollte sich Karpath empfehlen. Mahler stand auf, ging nahe an ihn heran und sagte: »Ich muß mich ja noch bei Ihnen dafür bedanken, daß Sie mich in Wien gemacht haben!«

Karpath fassungslos: »Das hat Ihnen Fräulein Schindler gesagt?«

Mahler antwortete, daß er mich nicht kenne. Aber wenige Tage darauf stand die Nachricht von unserer Verlobung in der Zeitung. Mahler hatte in solchen Dingen keinen Humor, und ich lernte nach diesen und anderen Erfahrungen zu schweigen. Er war sehr empfindlich.

Der einflußreiche Zeitungsmann Ludwig Karpath hatte nicht ganz die Unwahrheit gesprochen, denn tatsächlich hat er mit aller Macht, die ihm zu Gebote stand, dafür gearbeitet, daß Mahler in Wien engagiert werde. Vielleicht war eben Mahlers Wut deshalb so groß, weil doch etwas Wahres daran war. Karpath war nach diesem Vorfall jahrelang ein unangenehmer Feind Mahlers.

In der Anfangszeit unserer heimlichen Verbindung dirigierte Mahler einmal die ›Zauberflöte‹ für mich ganz allein. Er hatte mir seine »Dienstsitze« geschickt. Seine Schwester wußte nicht, was sie sich denken solle, da sie die Billette, die immer nur ihr zu Gebote gestanden hatten, plötzlich an diesem Tag nicht haben konnte. Aber Mahler schwieg, und sie wagte nicht zu fragen. Nach jedem Akt der ›Zauberflöte‹ blieb er lange am Pult stehen und plauschte unbefangen mit dem Konzertmeister R..., damit wir uns länger sehen konnten. Brieflich berichtete ich ihm dann über meine Eindrücke, wie er das erbeten hatte.

Aufführungen von Mozart-Opern waren, nicht nur in Wien, vor der Ära Mahler sehr verstaubt und vernachlässigt. Mahler aber ging so weit, den Text des ›Figaro‹ entsprechend der Komödie von Beaumarchais umzustellen und die dabei fehlenden Rezitative aus Mozartschen Motiven hinzuzukomponieren. Er tat dies alles, um das Werk lebendiger zu machen. Für die ganze Welt war er der Erwecker der Mozart-Renaissance.

Die junge Generation wuchs mit ihrem selbstverständlichen Mozart auf. Mir war Mozart fremd, ich war damals auch zu jung, um diesen Genius lieben zu können. Anfangs mußten die Sänger für den Mozartstil, den sie nicht beherrschten, von Mahler erzogen werden. Später kam Roller als Helfer auf der Bühne dazu.

Wenige Zeit nachher reiste Mahler nach Berlin und Dresden. Er schrieb mir viel und zerbrach sich seinen und meinen Kopf. Nach Dresden aber ließ er Justine nachkommen und zerbrach nun auch ihren Kopf mit Fragen wie: »Soll ein älterer Mann ein junges Mädel heiraten?« »Hat er ein Recht dazu?« »Darf der Herbst den Frühling an sich ketten?«

Justine, die sich scharf beobachtet fühlte, sagte so beiläufig »Ju, ju – nee, nee«, wie eine der schlesischen Hauptmann-Figuren, und fühlte die ganze Schwere des Kommenden für sich selbst voraus.

In einem der letzten Briefe schrieb mir Mahler, ich möge für ihn bei meiner Mutter um meine Hand anhalten, denn er wolle bei seiner Rückkehr sogleich als Sohn empfangen werden. Knapp vor seiner Ankunft aber kam der erste große Konflikt. Ich schrieb ihm gelegentlich, ich könne diesmal nicht weiterschreiben, da ich noch zu arbeiten habe (ich meinte, an meinen Kompositionen, die mir bis dahin das Leben bedeutet hatten). Es empörte ihn, daß irgend etwas in der Welt mir wichtiger sein könne, als ihm zu schreiben. Er sandte mir einen langen Brief, in dem er mir verbot, weiterhin zu komponieren. Was aber hat er mir damit angetan!

Ich weinte die ganze Nacht. Am frühen Morgen ging ich tränenüberströmt zur Mutter. Sie war so entsetzt über dieses Ansinnen, daß sie, die Mahler so liebte, mir ernsthaft zuredete, meine Beziehung zu ihm zu lösen. Dieses ihr restloses Zumirhalten brachte mich zur Vernunft. Ich wurde ruhiger und zuversichtlicher und schrieb endlich einen Brief, in dem ich ihm erklärte und versprach, was er erklärt und versprochen haben wollte – und ich habe das Versprechen gehalten.

Sein Diener sollte meine Antwort holen, bevor er mich wiedersähe, denn, so hatte er geschrieben, sonst könne er nicht mehr sachlich sein. In meiner Erregung ging ich dem Boten entgegen. Ich gab ihm den Brief, aber auch er hatte mir einen mitgebracht, in dem Mahler, der beunruhigt schien, wie ich wohl seinen Brief aufgenommen hätte, manches Geforderte milderte. Am Nachmittag kam er an, glücklich, zuversichtlich und so lieb, daß für den Augenblick alle Wolken verschwunden waren.

Sie waren es nicht. Ich habe damals meinen Traum begraben. Vielleicht ist es besser so gewesen. Ich habe, was ich an produktiven Gaben besaß, in andern größeren Hirnen ausleben dürfen. Irgendwo aber brannte eine Wunde in mir, die niemals ganz verheilt ist.

In dieser Zeit kam mein Stiefvater Moll, der ahnungslose, und sagte: »Du, Alma, es kommt mir so vor, als ob sich der Mahler für dich interessiert. Wir müssen doch einmal darüber sprechen.« Ich saß auf einem Drehstuhl beim Klavier, fuhr herum und starrte ihm ins Gesicht. War das möglich, hatte er wirklich bis jetzt nichts anderes davon bemerkt, als »interessieren«? Aber er sprach ruhig weiter: »Er ist ja nicht gerade das, was ich mir für dich gewünscht hatte. Er ist alt, hat Schulden, soviel ich weiß, ist kränklich, seine Stellung in der Oper ist erschüttert – (so hieß es nämlich zehn Jahre lang in Wien, bis er ging, und zwar in einer Zeit, in der alle diese Gerüchte eingeschlafen waren). Schön ist er auch nicht. Komponieren tut er auch, und es soll nichts dran sein.«

Da mußte ich so lachen, daß er endlich kopfschüttelnd aus dem Zimmer ging. Nun wußte er wieder nichts.

Mahler kam jetzt täglich und blieb bis spät in die Nacht. Oft mußte er, da kein Fahrzeug mehr verkehrte, den ganzen Weg von der Hohen Warte bis auf den Rennweg zu Fuß gehen. Doch das machte ihm nichts aus. Singend und pfeifend legte er diesen langen Weg zurück.

Mahler schwieg zu seiner Schwester über unsere Verbindung, weil er von ihrer Eifersucht Unheil befürchtete. Nach Tisch gingen sie einst miteinander spazieren. Sie gelangten auf die Ringstraße. Mahler grüßt einen Herrn, und seine Schwester erkennt den Maler Moll, den man letzthin gemeinsam kennengelernt hat.

Sie sagt: »Ein besonders sympathischer Mensch, dieser Moll!« Worauf sich Mahler verrät: » Wenn du aber erst ihre Mutter kennen würdest!«

Nun lösten sich die Rätsel für Justine. Sie hatte gefühlt, hinter diesem fortwährenden nächtlichen Ausbleiben könne nur ein Weib stecken. Aber sie hatte durch eifrigstes Beobachten nicht herausbringen können: »Wer«. Mehr und mehr wurde sie nun eingeweiht, und Mahler brachte sie bald zu uns auf die Hohe Warte, nachdem ich ihr auf seinen Wunsch einen Besuch gemacht hatte, der aber eigentümlich und unbefriedigend verlief. Mahler hatte nach und nach auch alle unsere Freunde kennengelernt, von denen ihm besonders der Maler Kolo Moser und Theobald Pollak ans Herz wuchsen. Zu diesem hat er nach einem Abend bei uns, als sie gemeinsam nach Hause wanderten, gesagt: Er habe sich, als er das erste Mal bei mir war, gefühlt, als wenn er aus dumpfen Zimmern urplötzlich in frische Luft gekommen wäre.

Kolo Moser wieder sagte mir einmal später: »Wie der Mahler gekommen ist, da wurden Sie plötzlich so still wie ein Meer, in das man Öl hineingegossen hat.«

Einmal brachte er mir seine Vierte Symphonie. Sie lag meinem Geschmack damals nicht. Er spielte mir einiges daraus vor und fragte mich, wie es mir gefalle. Freimütig sagte ich: »Das kenne ich von Haydn besser«, worauf er lachte und meinte, ich werde schon einmal anders darüber denken. Am selben Tage spielten wir sie noch vierhändig. Ich mißachtete eine Sechzehntelnote. Er sagte lachend: »Ich schenke dir dieses Sechzehntel, ja auch wenn es ein Achtel wäre, auch ein Viertel, ja – überhaupt – das Ganze – mich!« Als wir nach dem Spiele zu meiner Mutter kamen, sagte er: »Mama, nach dem Spiel halte ich noch einmal um die Hand deiner Tochter an.«

In der Zeit unserer Verlobung kam eine Abordnung der Wiener Philharmoniker zu mir, um mich zu bitten, Mahler aus der gefährlichen Einflußsphäre des Konzertmeisters zu befreien. Ich war damals zwanzig Jahre alt und einer solchen Mission gewiß nicht gewachsen. R... war mit den Musikern im Orchester Freund, wie er Mahlers Freund war. Und es ist sicher, daß er, oft gewollt, oft absichtslos, Einfluß auf die Entschließungen Mahlers nahm, die nicht immer gerecht waren, und daß die Mitglieder immer wußten, woher der Wind wehte; aber ebenso sicher ist es auch, daß Mahler ihn nicht nur anhörte, sondern oft auch ausforschte. Ich habe in späteren Jahren manche Ungerechtigkeit verhüten können, aber es war zu spät, daß Verhältnis Mahlers zu den Philharmonikern, und umgekehrt, war zerstört.

Das erste gemeinsame Weihnachtsfest kam heran. Dieses Fest, das mir von meiner Kindheit her heilig war, war Mahler fremd, und er hielt meine Erwartung und Aufregung für Phrase. Seine »Freunde« trieben bereits ihr Unwesen. Überall war er nun mißtrauisch, witterte er Gefahr. Für mich begann eine Leidenszeit sondergleichen. Alles, was ihm bis dahin an mir lieb war, wurde ihm plötzlich verdächtig. Meine Frisur, meine Kleider, mein freimütiges Reden, – alles legte er jetzt als gegen sich gerichtet aus, alles war ihm zu weltlich; verhetzt von Neidern und sogenannten »Freunden«, war das Leben für ihn, und dadurch noch tausendmal mehr für mich, eine Tortur.

Der schöne Anfang war einer düsteren Quälerei gewichen. Seine Freunde konnten nie die meinen sein. Die paar Menschen, die Mahler wie Fußangeln seit seiner ersten Jugend nach sich zog, waren mir, mußten mir ewig fremd sein. Ein alter Advokat, dumm und aufdringlich, ein alter Bibliothekar, dumm und aufdringlich, und nun der Clou – Siegfried Lipiner und sein Kreis. Brahms hat einmal von ihm gesagt: »Dieser verlogene polnische Hund interessiert mich.« Man konnte ihn nicht besser charakterisieren. Lustig und leicht war dieser Umgang für Brahms, aber ich war diesem Bösewicht damals nicht gewachsen. Alle diese »Freunde« gruppierten sich um den »berühmten« Mann, um den Operndirektor, dessen Loge sie als die ihre betrachteten, und die nicht willens waren, sich durch mich auch nur einen Zoll breit aus ihrer Position verdrängen zu lassen.

Ich wurde im Hause Mahlers Lipiner vorgestellt. Man war sehr herablassend, nannte mich »Mädchen«, prüfte mich auf Geist und Gemüt, wollte von mir hören, daß Guido Reni, der mir nichts bedeutete, ein großer Maler sei, und ich versagte; man maßregelte mich, weil ich das Symposion las, das ich ja doch nicht verstehen könne etc. So viel sterile Unnatur hatte ich bis dahin an keinem Menschen noch erlebt.

Und nun kam der Parade-Abend. Anwesend waren: Lipiner, der nach der ersten Begegnung bereits mein ausgesprochener Feind war, seine erste Frau, seine zweite Frau und seine damalige Geliebte (Mahlers frühere Freundin M.), der Mann der ersten Frau (Lipiners innigster Freund), R..., Justinens Freund, meine Mutter, Moll und Kolo Moser. Nie werde ich die verlogen feierliche Grandezza dieses Abends vergessen. Niemand sprach, aber böse feindliche Augen maßen jede meiner Bewegungen. Da sagte die M.: »Wie stehen Sie zu Gustavs Musik?« Ich antwortete erbost: »Ich kenne wenig, aber was ich kenne, gefällt mir nicht.«

Mahler lachte laut, die andern ließen die Köpfe noch tiefer hängen. Meine Mutter schämte sich meiner schlechten Erziehung, die Atmosphäre wurde unerträglich. Da nahm mich Mahler unter den Arm, wir gingen in Justinens kleines Zimmerchen, und er sagte: »Dort drinnen war es scheußlich, da wollen wir lieber ein bissel allein sein.« Und nun hatten wir uns wieder, glücklich, unbekümmert; aber im Nebenzimmer wurde mein Untergang beschlossen.

Siegfried Lipiner war gewiß ein überaus gescheiter Mensch, – ein Polyhistor ohne jeden eigenen Einfall. Auch im Gespräch nahm er immer Zitate zu Hilfe, um etwas anschaulich zu machen, nie hatte er ein eigenes Bild. Mag sein, daß er in der Jugend ein originales Talent hatte, aber seine produktiven Quellen waren vorzeitig versiegt. Nietzsche hatte viel von ihm erhofft, desgleichen Wagner, aber sein Werk, das heute vor uns liegt, ist eklektisches, schwulstiges Zeug. Ein böses, hartes Tier, die Augen viel zu nah beisammen, darüber ein enormer kahler Schädel.

Er stieß beim Reden mit der Zunge an. Er goethelte, wenn er schrieb, und mauschelte, wenn er sprach. Mahler war immer durch sein stupendes Wissen erdrückt. Das einzige, was von ihm bleiben dürfte, ist die Übersetzung der ›Totenfeier‹ von Mieckiewicz.

JÄNNER
1902

Seit jenem Abend mit den Freunden begann eine wahre Treibjagd gegen mich, die eigentlich erst mit Mahlers Abgang von der Oper in Wien endete, obwohl in den letzten Jahren nur noch Fünkchen aus dem Aschenhaufen des Hasses zuckten. Aber Mahler war schon damals so sehr mit mir verbunden, daß alle Quertreibereien wirkungslos blieben und diese Menschen nur eines erreichten, nämlich seine vollkommene Loslösung *von ihnen.* Damals dirigierte er viel. Durch die Indiskretion irgendeines von uns ins Vertrauen Gezogenen wurden wir plötzlich in allen Zeitungen als »Verlobte« erklärt. Am Abend nach dieser mit Riesenlettern gebrachten Zeitungsnachricht waren wir in der Oper. Mahler dirigierte. Ich war so aufgeregt, so verängstigt, daß ich nichts hörte noch sah. Ich weiß nicht warum, aber ich schämte mich in diesen Tagen, auf die Gasse zu gehen, Zielscheibe aller Blicke. Mahler kam ans Pult, und ein minutenlanger Applaus zwang ihn, still zu stehen und sich immer wieder zu verbeugen, es war dies eine Art Verlobungsgratulation des Publikums.

Ende Jänner war die Première der ›Feuersnot‹ von Richard Strauss. Dieser Aufführung wohnte Pauline Strauss in unserer Loge bei. Sie tobte die ganze Zeit: Niemandem könne dieses Machwerk gefallen, wir seien verlogen, wir täten so, als gefiele es uns, wir wüßten aber genausogut wie sie, daß nicht *ein eigener* Ton darin sei, alles gestohlen, von Wagner, von vielen anderen, ja sogar von Schillings (vom »Maxi«, wie sie ihn nannte), der ihr viel lieber sei als ihr Mann. Kurz, sie raste; wir machten die dümmsten Gesichter von der Welt, hüteten uns aber zu sprechen oder gar ihr recht zu geben, denn diese Frau bei ihrem Temperament war sehr wohl imstande, alles plötzlich zu drehen und mit Geschrei uns ihre Worte in den Mund zu legen. – Nach der Vorstellung, die Mahler nicht dirigiert hatte, weil ihm vor diesem Werk graute, sollten wir alle in das Restaurant Hartmann gehen. Aber dies erlitt eine Verzögerung. Strauss war, nachdem er sich endlos verneigt hatte, in sichtbar elevierter Stimmung in die Loge gekommen.

»Na Pauksl, was sagst du zu mei'm Erfolg?« Aber da kam er gut an. Wie eine Wildkatze sprang sie ihn an: »Du Dieb wagst es, unter meine Augen zu kommen? Ich geh nicht mit dir, du bist mir zu schlecht.« Da hatte Mahler genug, und er schob das Paar in sein großes Arbeitszimmer, während wir im Nebenzimmer den Schluß der Debatte abwarten wollten. Wüstes Geschrei ertönte, und Mahler, dem die Sache ungemütlich wurde, klopfte an die Tür und rief hinein, daß wir nun nicht länger warteten und voraus ins Gasthaus gehen wollten. Da flog die Tür auf, Strauss stolperte herein, hinter ihm Pauline: »Kannst jetzt schon gehen«, schrie sie, »ich geh ins Hotel, bleib' heut abend allein.« Strauss bat: »Darf ich dich denn nicht einmal begleiten?« – »Zehn Schritte hinter mir, sonst nicht.« Sie ging, Strauss folgte in ehrerbietiger Entfernung. Wir gingen recht schweigsam voraus zum Essen. Bald kam Strauss, sichtlich erschöpft, setzte sich neben mich und sagte wörtlich zu mir: »Mei Frau ist oft arg ruppig, aber wissen S', i brauch des.« Strauss selber entpuppte sich an jenem Abend auch in meinen Augen. Während des Essens hatte er keinen andern Gedanken als »Geld«. Er quälte Mahler ununterbrochen, die Eventual-Tantièmen bei großem und bei mittlerem Erfolg zu berechnen, saß während dieses ganzen Abends mit dem Bleistift in der Hand, steckte ihm auch zeitweise hinter das Ohr, quasi zum Scherz, kurz, benahm sich wie ein Musterkartenagent. Franz Schalk, der Kapellmeister, flüsterte mir zu: »Und das Traurige daran ist, es ist nicht einmal Spaß, sondern sein blutiger Ernst.« – Überall seinen Vorteil erwägend, ist er Börsenspieler, Ausbeuter der Oper, unverblümtester Materialist gewesen und immer noch mehr geworden. Ich sehe Pfitzner und Schönberg neben ihm rechts und links als Säulenheilige stehen und ihn als Weltkind in der Mitten.

Unterdessen wurde die Hochzeit vorbereitet, unsere und die von Rosé und Justine Mahler. Mahler war nach der Première von ›Feuersnot‹ auf ein paar Tage auf den Semmering gefahren, um sich, wie er das öfter mitten im Winter zu tun pflegte, oben zu erholen.

Als Mahler kurz nach unserer heimlichen Verlobung nach Dresden fuhr, wach und erregt dort in seinem Bett lag, durchzuckte plötzlich der Gedanke sein Hirn »wenn ich doch ein zu alter Mann wäre?« Und dieser Gedanke, diese Angst verließ ihn nicht mehr. Er kam vollkommen verändert damals nach Wien zurück. Nervös und krank.

Da er ein Leben vollkommener Askese geführt hatte, stand er sich selbst fassungslos gegenüber... Er litt nun unter schrecklichen Spannungen und Selbstquälereien; bald wünschte er sich den Tod, bald das irrsinnigste Leben.

Wir waren führerlos und traurig. Oft sagte er: »Ach, wenn du doch schon ein Verhältnis gehabt hättest oder Witwe wärst, dann wäre alles besser!« Und ich litt unter solchen Ausbrüchen, denn bis dahin war mir mein Mädchentum als etwas Schönes erschienen. Ich ahnte damals nicht, daß auch dieses Gut relativ ist und daß Mahler damals nur kraß aussprach, was so viele andere denken und wünschen, »die erfahrene Frau«. Das war ich nun freilich nicht, und so quälten wir uns herum, nicht aus Liebe allein, sondern aus Angst vor der Liebe! Schließlich geschah das einzig Natürliche. Die Folgen traten bald ein, und ich litt große Qualen. In allen bürgerlichen Gesetzen steckt eine innere Wahrheit: das lernten wir bald erkennen.

Die Proben zur Wiener Uraufführung der ›IV. Symphonie‹ und ›Das Klagende Lied‹ kamen. Es war das erste Mal, daß ich ein Werk überhaupt – und nun gar erst eines seiner Werke – von der Leseprobe an täglich hörte. Ein mir neues, fremdes Werk, sehr fremd im Anfang, mit dem ich aber allmählich so vertraut wurde, daß ich jede Schönheit, jeden Einsatz der Stimmen bald kannte. Von da an habe ich alle seine Werke vom ersten Erklingen an bis zum letzten

Male, da er es dirigierte, miterlebt. Das waren meine unvergeßlichsten und aufregendsten Stunden.

Mahler war gerade in jener Zeit maßlos nervös und obendrein gegen die Philharmoniker durch das beständige Wühlen einzelner so voreingenommen, daß diese Proben mich in einen furchtbaren Schrecken versetzten. Er tobte, spießte einzelne heraus, die er abkanzelte, stampfte mit den Füßen und schrie so mit den Orchestermitgliedern, daß die Leute widerwillig spielten, ja daß sogar einige Miene machten, mitten in der Probe wegzulaufen. Wir beruhigten ihn in den kurzen Pausen mit Mühe, aber diese Proben waren eine Marter für Ausführende und Zuhörende. Ein junger Musiker bat, ob er in meine Partitur mithineinschauen dürfe. Ich war sehr froh, einen Musiker neben mir zu haben. Es war Gustav Brecher, der später berühmte Dirigent, mit dem ich mich über jede gelungene Stelle freuen konnte.

Die Aufführung war am 12. Jänner 1902. Es war ein Mittagskonzert, und mir war sehr elend. Ich wurde als Mahlers Braut angestarrt, was ich schwer ertragen konnte. So hörte ich bei der Aufführung mehr das Blut in meinen Ohren als die Musik.

Die ›Vierte‹ war zu Ende; ich sah ein wenig im Saal herum und bemerkte in der Direktionsloge einen alten Freund, den Präsidenten der Gesellschaft der Musikfreunde. Er grüßte herunter, und ich war glücklich, ein bekanntes Gesicht zu sehen. Ich wurde aber scharf von Mahlers »Freunden« beobachtet, und sie berichteten ihm noch vor Schluß der Pause, daß ich während des ganzen Konzertes unentwegt kokettiert hätte.

›Das Klagende Lied‹ begann und ging vorüber, doch hatte ich auch davon keinen ganz großen Genuß. Ich war zu irritiert von allem, was ich sah und fühlte. Die M. lag auf dem Sofa im Künstlerzimmer und simulierte jetzt Ohnmacht. Ich wurde von den Freunden ignoriert, und Mahler behandelte mich als Missetäterin. Ich war wie vor den Kopf gestoßen. Ich wußte nicht, welche Wolken sich in meiner Abwesenheit über meinem Haupt angesammelt hatten. Immer wieder machten seine Freunde Mahler darauf aufmerksam, daß die M. sich *für ihn* aufopfere (sie hatte im ›Klagenden Lied‹ die Hauptpartie gesungen) und an ihm zugrunde gehe, während ich im Konzert kokettiere. Mahler war konsterniert darüber, redete ihr zu, sich nicht so grenzenlos zu verausgaben, und dankte ihr wieder und wieder. Gegen mich war er kühl und fremd. Der Klatsch hatte seine Wirkung getan.

Dies war der letzte Vorstoß gegen mich gewesen. Wir gingen allein nach Hause. Die Meute schwand aus unseren Gedanken, wir sprachen uns aus, wir kamen beseligt in seinem Heim an, und Justine sah, daß wir uns unzertrennlich wiedergefunden hatten.

Nach der großaufgemachten Zeitungsnotiz über Mahlers Verlobung war M., die Sängerin, in Mahlers Bureau erschienen und hatte ihm eine Szene gemacht, an deren Ende sie wieder einmal ohnmächtig geworden war. Aber Mahler kannte diese Theaterohnmachten. Er bat sie, mit ihm auf die Straße zu gehen, wo sie sich immerhin beherrschen mußte.

Diese Szene bewies, daß die M. bis zum letzten Augenblick die Hoffnung nicht verloren hatte. Sie beruhigte sich auf der Straße denn auch sofort und bat Mahler um das Geschenk des früheren »Du« zwischen ihnen. Er antwortete ihr, daß er ohne mich nichts beschließen wolle, und so formulierte sie ihre Bitte um, indem sie um neuerlichen freundschaftlichen Verkehr bat, mit scheinbarem Interesse für *mich*. Dies bestach Mahler, und der versprach ihr, sie mit mir in den nächsten Tagen zu besuchen.

Ich weigerte mich anfangs. Denn hatte Mahler auch, nach seinen eigenen Worten, niemals ein intimes Verhältnis mit ihr gehabt, so waren sie doch früher gut miteinander gewesen, und ihr plötzliches Interesse für mich konnte kein wahres sein. Wir kamen nach Hietzing, wo sie in öden Hotelzimmern hauste und die hergebrachte Höflichkeit der Hausfrau mir gegenüber ignorierte, indem sie ohne viel Entschuldigung mich mit einem Buch in eine Ecke setzte und Mahler in ein Nebenzimmer zog, aus dem ich bald erregte Stimmen hörte. Ich schaute mir einstweilen den von Stratz scheußlich illustrierten Klavierauszug von ›Tristan und Isolde‹ an. – Auf dem Heimweg, den wir mißmutig antraten, begann zwischen Mahler und mir sofort ein Streit wegen dieser Illustrationen, die Mahler gefielen und mir mißfallen hatten. Da es sich eigentlich gar nicht um Stratz handelte, sondern um die tiefen Einflüsse, die Lipiner auf allen Wegen und mit allen Mitteln auf Mahler gegen mich zu gewinnen suchte – hier zufällig über die M. und Stratz –, focht ich mit Heldenmut und mit meiner Kenntnis der bildenden Kunst, die ich mir als Tochter und als Stieftochter eines Malers erworben hatte, die mir aber in diesem Moment samt und sonders gestohlen werden konnte.

Mich hatten diese kurzsichtigen Menschen arg unterschätzt. Man glaubte in der Unausgewogenheit meiner zwanzig Jahre ein willfähriges Instrument zur Erlangung und Befestigung der eigenen Macht über Mahler in die Hand zu bekommen. Man beschritt den Weg, mich in seinen Augen zu demütigen, zu denunzieren und ihn von meiner Unreife zu überzeugen, um damit seinen Stolz zu verletzen, doch hatten sie weder mit meiner nach Unabhängigkeit brennenden Person, noch mit meinem verletzbaren Stolz gerechnet. Da Mahler aber nichts mehr haßte als Kontroversen und Aussprachen, ging er diesen alten Freunden mehr und mehr aus dem Weg. Sie hatten erreicht, was sie am allerwenigsten gewollt hatten.

EHE UND GEMEINSCHAFT
1902

Am 9. März 1902 haben Mahler und ich, und am 10. März, am Tage nach unserer Abreise, haben Justine und Arnold Rosé geheiratet.

Zur Hochzeit ging Mahler zu Fuß und in Galoschen, da es heftig regnete; meine Mutter, Mahlers Schwester und ich fuhren. Wir waren in der Karlskirche mit den Zeugen, Moll und Rosé, ganz allein. Es war früh am Tage. Als es zum Niederknien kam, übersah Mahler den Betschemel und sank auf die Steinfliesen; er war ganz klein, mußte aufstehen und sich neuerdings niederlassen. Wir alle lächelten, der Pfarrer auch. Nachher gab es ein ziemlich wortkarges Mittagessen zu sechs, und sofort darauf verabschiedeten wir unsere Gäste, blieben allein, packten und fuhren auf die Bahn. Da unsere Trauung für den Abend angekündigt war, soll es am Abend in der Kirche sehr voll von Schaulustigen gewesen sein.

Im Zuge nach Petersburg atmeten wir auf. Mahlers Depressionen waren mit einem Schlage verschwunden. Allein, unbedrückt, brauchte auch ich meinen Zustand nicht mehr zu verbergen. Mahler war eingeladen worden, in Petersburg drei Konzerte zu dirigieren, und wir hatten beschlossen, diese Reise zu unserer Hochzeitsreise zu machen. Leider überkam Mahler in der Mitte der Fahrt eine furchtbare Migräne. Die Ursache war in diesem Falle das überheizte Coupé des russischen Zuges gewesen. Es war eine jener Autointoxikationen, an denen er bis an sein Lebensende litt, und die seine Todeskrankheit mitverschuldet haben. Entsetzt sah ich ihn einen ganzen Tag im Gang des Waggons wie einen Rasenden auf und ab laufen – kreideweiß im Gesicht, nicht fähig, auch nur ein Wort zu sprechen. In jeder Station sprang er vom Wagen und lief zur allgemeinen Belustigung der Russen, die mit ungeheuren Pelzmützen und Fäustlingen jedem Luftzug auswichen, ohne Hut, ohne Überzieher, ohne Handschuhe auf dem Perron auf und nieder. Bei 30 Grad Kälte!

Ich saß im Coupé, wartete angstvoll das Ende dieser Marter ab; und so habe ich noch oft gewartet, denn oft noch erlebte ich dieselben qualvollen Stunden seines armen Rasens.

Mahler kam in Petersburg mit Frostbeulen, mit Fieber, Heiserkeit und Husten an, und ich war bald angesteckt. Trotzdem waren diese drei Wochen unvergeßlich schön. Er flüsterte bei den Proben, wurde aber doch so gut verstanden, daß herrliche Aufführungen zustande kamen. In dieser fremden Welt hörte ich den ›Liebestod‹. Da mir immer elend war, getraute ich mich nicht im Saal zu sitzen, und ich durfte hinter dem Orchester stehen und sah sein Gesicht, das beim Dirigieren einen göttlich schönen Ausdruck bekam. Dieses Gesicht damals, immer sehr hoch erhoben beim Dirigieren, den Mund offen, war so unvergleichlich, daß ich erschauernd empfand und immer sicherer *wußte*, daß es meine Mission sei, ihm alles Böse aus dem Weg zu räumen und nur für ihn zu leben.

Mahler dirigierte Haydn, Schubert, den Trauermarsch aus der ›Götterdämmerung‹ (er mußte wiederholt werden) und die Eroica. Am Schluß der Eroica, die ich mir ausnahmsweise vom Saal aus angehört hatte, hörte ich folgendes französisch geführte Gespräch: »Mahler nimmt ganz andere Tempi, als wir gewöhnt sind, aber es ist schön und neu so.« Der andere sagte: »Natürlich, warum sollte er das nicht tun?« Hörte man je eine solche Kritik bei uns in Wien, wo jeder seinen eigenen Beethoven und seine eigenen Tempi gepachtet hat!

Mahler hatte einen Verwandten in hoher Staatsstellung dort, namens Frank. Dieser Cousin zeigte uns Petersburg, glänzende Lokale, wunderbare Straßenbilder; die Eremitage, Paläste, ein ungeheures, seltsam fremdes Leben. Die Newa war zugefroren, viele Tramwayschienen waren über den Fluß gelegt. Gegen Abend begann lebhaftes Schlittschuhlaufen, den ganzen Strom entlang. Anmutige Gewandtheit, Elegance, Heiterkeit, Luxus herrschten.

Einige Male allerdings geschah es, daß Orchestermitglieder bei den Proben ausblieben und Mahler auf seine Frage nach ihrem Verbleib die Antwort erhielt, sie seien vielleicht oder wahrscheinlich nach Sibirien deportiert.

Rührend war die Religiosität im Volk, die man jetzt ihm auszutreiben versucht. Wir fuhren immer mit den niederen, kleinen Schlitten, drei Pferde vorgespannt, anfangs nicht wissend, daß kein Russe um diese Jahreszeit in offener Troika fuhr, und später, obzwar wir es schon wußten, weil uns dies gar so gut gefiel. Eines Abends gings wieder in bitterkaltem Schneetreiben an der Kasankirche vorbei. Da hielt der Kutscher an, stieg vom Bock, warf sich in den Schnee, kümmerte sich einen Teufel um uns, betete, und als wir vollkommen angefroren waren und von ihm nichts mehr sichtbar war als ein Schneehaufen, stand er ruhig auf und fuhr ohne Erklärung weiter.

Wir kamen in St. Petersburg viel mit der sogenannten großen Gesellschaft in Berührung. Ich bat Mahler oft, allein auszugehen, wenn ich mich zu elend fühlte. Im Konzert aber konnte ich einem Vorgestelltwerden nicht ausweichen und fand die Großfürsten, mit denen ich sprach, gewandter und liebenwürdiger als unsern Hochadel. Die Konversation wurde französisch geführt. Im übrigen hatten wir das Gefühl, daß uns *das, was* sie sprachen, nicht viel angehe: genau wie bei uns. –

Unter anderem lernten wir eine alte, schöne aristokratische Hysterikerin kennen, die Mahler viele Jahre später, als er allein in Rußland war, zu sich bat und, da sie den Tod nahen fühlte, »Aufschluß« von ihm über das Jenseits erbat, da er ja in seiner II. Symphonie so viel davon spreche. Mahler war nicht so »gut informiert«, wie sie dachte, und er hatte das bestimmte Gefühl beim Weggehen, daß sie darüber gekränkt sei. Er beschrieb mir diese Szene in einem Brief.

Auffallend vor allem war es uns, daß kaum jemand Dostojewski kannte und – auf Fragen Mahlers – alle über diesen großen Dichter die Nase rümpften.

Im Theater sahen wir außer einer guten Aufführung von ›Eugen Onegin‹ nichts, da Advent war und alle Theater geschlossen blieben. Die Vorstellung, die wir gesehen hatten, war eine Wohltätigkeitsvorstellung und deshalb zugelassen. Es war eine Inszenierung von hohem künstlerischem Niveau.

Auf der Heimreise nach Wien erlebten wir in Warschau einiges Bedeutsame. Wir hatten kein Geld bei uns außer einem Scheck auf das Dirigentenhonorar und wollten doch Warschau anschauen. Wir stiegen in einen Hotelomnibus und fuhren rumpelnd in die Stadt hinein. Es war noch immer Advent und alles traurig und die Läden geschlossen. Vor einem lichten Hotel angekommen, erwogen wir, daß wir da mit unseren fünf restlichen Rubeln eine traurige Rolle spielen würden, sagten also dem Portier, wir kämen später wieder und wanderten auf finsterer Straße weiter. Menschenleer! Etwas unsicher müssen wir uns benommen haben, denn plötzlich heftete sich ein nächtliches Individuum an unsere Fersen. Der Herr im Havelock flüsterte uns leise etwas von Nachtlokalen und von unerlaubten Freuden zu, wir aber liefen schneller. Der verfolgende Schatten mit – drängte uns in eine dunkle Seitengasse ab; doch wir behaupteten uns, sprangen in einen kleinen Wagen, der leer daherkam, und fuhren zum Bahnhof, der uns mit seinen Lichtern wie eine rettende Zuflucht empfing. Dort aßen wir Eier, fühlten uns geborgen; den Rest meiner fünf Rubel schenkte ich einem armen, alten Juden, der dort Zündhölzer verkaufte. Mahler war sehr glücklich über diese kleine Geste der Identifikation. An diesem armen, alten Juden habe ich viel gelernt, habe der gesamten Judenheit viel abgebeten und – in diesem Augenblick die ganze Last und das ganz Leid Israels erfaßt.

Im warmen Schlafwagen fand ich in einer Falte meines Portemonnaies noch ein Goldstück, das uns den Warschauer Aufenthalt (hätten wir es zur Zeit gefunden) hätte verschönern können.

In Wien erwartete uns unsere liebe Wohnung, und das Leben begann, das wir sechs Jahre wechselvoll und doch – bis auf den furchtbaren Schluß – in großer Harmonie verbrachten. Diese

Wohnung bestand nun aus 3 Zimmern und 3 Kabinetten, vor unserer Ehe war sie kleiner gewesen.

Vorher hatte Mahler sehr zu leiden gehabt. Das an sein Schlafzimmer angrenzende Kabinett hatte ein Offizier inne, der Mahler dermaßen haßte, daß er seinem Burschen befahl, immer zu den Arbeitsstunden Mahlers das Grammophon plärren zu lassen. Wir entdeckten die Absicht, der Diener wurde nun von uns bestochen, und jetzt begann er nur noch schnell zu spielen, wenn sein Herr in Sicht war.

Ich übernahm eine vollständig zerrüttete Wirtschaft. Schulden über Schulden! Mahler hatte in Budapest eine große Abfindungssumme bekommen und von der Zeit ab überall viel verdient. Aber seine Geschwister, an der Spitze seine älteste Schwester, vergeudeten sein Geld dermaßen, daß er in Hamburg fast immer am Anfang des Monats bereits bei seinen Freunden Schulden machen mußte, weil er vollkommen ausgeplündert war. In einem Brief an seine Schwester, den sie mir zeigte, schrieb er: »Spart doch endlich, seit Monaten soll ich mir ein Paar Schuhe besohlen lassen und habe das Geld nicht dafür.« Und dies schrieb der Erste Kapellmeister des Stadttheaters in Hamburg. Als wir heirateten, sagte mir Mahler: »Meine Schwester hat das Wirtschaften leider nie verstanden, ich war schon überzeugt, niemals aus meinen Schulden herauszukommen. Aber nun versuche du es.« Ich fand eine Schuldenlast von 50000 Goldkronen vor. Außerdem war der Hausbau in Maiernigg noch zu bezahlen. Die Erbteile der drei Schwestern mußte ich zuerst zurückzahlen. Ich war so bescheiden erzogen worden, daß mir das Sparen, ja Pfennigfuchsen der ersten Jahre wenig ausmachte. Im Gegenteil, mein Ehrgeiz war es nun, Mahler schuldenfrei zu machen. Aber *er* hat gelitten, wenn wir uns so *gar* nichts leisten konnten – fünf Jahre lang! Justine, einmal von mir zur Rede gestellt wegen des unsinnigen Verbrauches, sagte: »Wenn wir uns nicht mehr zu helfen gewußte hätten, *so wäre ich mit ihm betteln gegangen.*«

Im Mai 1902 rüstete man in der Sezession zu einer intimen Feier für Max Klinger. Die Maler der Sezession hatten in der selbstlosesten Weise Fresken an die Wand gemalt, von denen nur die von Gustav Klimt gerettet wurden. Man hat sie mit ungeheuren Kosten von der Wand abgelöst. Alle Wände waren also geschmückt mit allegorischen Fresken, die sich auf Beethoven bezogen, und in der Mitte sollte zum ersten Mal das Beethoven-Denkmal von Max Klinger zur Auf- und Ausstellung gelangen.

Da kam Moll mit der Bitte zu Mahler, bei dieser Eröffnung zu dirigieren, und er hat diese Idee liebevoll ausgeführt. Er setzte den Chor aus der Neunten:

»Ihr stürzt nieder, Millionen?
Ahnest Du den Schöpfer, Welt?
Such ihn überm Sternenzelt!
Brüder! Überm Sternenzelt
Muß ein lieber Vater wohnen.«

für Bläser allein, studierte es mit den Bläsern der Hofoper ein und dirigierte den Chor, der, auf solche Art uminstrumentiert, granitstark klang. Der scheue Klinger betrat den Saal. Wie angewurzelt blieb er stehen, als von oben her diese Klänge einsetzten. Er konnte sich vor Rührung nicht halten, und Tränen rannen ihm langsam über das Gesicht herab.

Wir waren dann viel beisammen. Menschlich machte er keinen gewaltigen Eindruck, und es ist ziemlich wahrscheinlich, daß er damals überschätzt wurde. Er war vollkommen beherrscht von einem unheimlichen Wesen, der Assenjeff, einer rothaarigen Russin, die ihn ganz und gar meisterte. Sie war hysterisch, weinte z. B. plötzlich bei Tisch auf, weil ihr einst ein Jaguar gestorben war, den sie geliebt hatte; Klinger warf ihr verzweifelte Blicke zu, nichts half. Jeden Augenblick war irgendein Krach, und er tat uns leid.

Was er sprach, war indessen auch belanglos, und so ward Mahler und mir das Zusammensein mit Klinger keine besondere

Freude, und wir zogen uns von den Zusammenkünften gradatim zurück. Klinger war ein großer Trinker. Seine Tage und Nächte verbrachte er ausnahmslos beim Heurigen. Dazu aber hatten wir weder Lust noch Zeit. Klinger besaß eine Champagnerfabrik, und dieser Besitz dürfte ihm nicht besonders gut getan haben.

Die nächst Première – ›Butterfly‹ – hat Mahler nicht selber einstudiert. Puccini wohnte den letzten Proben bei, ohne einzugreifen. Mahler und Puccini waren sich bis in die Atome wesensfremd. Der Maestro sah während der Generalprobe fortwährend in die Kaiserloge und erfuhr – auf seine Frage –, daß zwei Erzherzoginnen oben säßen. Er bat Mahler, es zu arrangieren, daß er vorgestellt werde. Mahler tat es mit Widerwillen. Ihm, der allem Höfischen aus dem Wege ging, obwohl er die Form im gegebenen Moment streng wahrte, mußte dieser geniale, aber völlig in den äußeren Glanz vernarrte Italiener fremd bleiben.

Seine Einstellung zur Aristokratie war eigenartig. Er widersprach den Befehlen des Kaisers, aber er stand stramm, wenn ein Erzherzog oder der Intendant vorübergingen. Einmal mußte ich mit ihm über den Michaelerplatz flüchten, weil die Fürstin Pauline Metternich, dieses berühmte Gespenst des Second Empire, in ihrem Wagen ihn erkannt hatte und ihm nachfuhr. Am Ende des Kohlmarkts holte sie uns ein, ich ging in ein Haustor, und Mahler trat an den Wagenschlag. Er sprach ziemlich lange mit ihr, sie wollte immer irgendwelche Protektion ausüben oder Prophezeiungen aus dem Direktionszimmer entgegennehmen. Endlich kam er zu mir, heftig nach allen Seiten ausspuckend. »Dieses scheußliche Weib! Ihre lila Lippen!« Die ärgsten Invektiven, die er unter fortwährendem Ausspucken ausstieß, waren ihm zu zahm. Er konnte über derartige Geschmacklosigkeiten in Zorn geraten und konnte nie widerstehen, sich in seiner Abwehr unmittelbar Luft zu machen, weil er gewohnt war, jeden Unwillen sofort kräftigst abzureagieren.

Im Juni 1902 war in Krefeld die Uraufführung der III. Symphonie. Ich war in der Mitte der Schwangerschaft, und die Reise nach

Köln machten wir in der größten Sommerhitze. Mahler suchte mir die Zeit mit Witzen zu vertreiben. Auf meine ungeduldigen Fragen nach der Zeit der Ankunft hielt er mich durch fortwährend falsche Auskünfte derart in Atem, daß ich, als wir endlich ankamen, es absolut nicht glauben wollte.

Die Proben im Gürzenich waren einzig. Nach jedem Satz kam Mahler zu mir. Wir besprachen alle Details. Nach dem ersten Satz, der damals zum ersten Mal erklang, kam er breit lachend und rief schon von weitem: »Und er sah, daß es gut war!«

Ich machte mir bei den Stellen, die mir nicht gut genug »herauszukommen« schienen, Notizen in meine Partitur. Ein kleiner Bub saß hinter mir und schaute mit äußerstem Interesse über meine Schulter. Ich hielt deshalb meine Partitur so nach hinten, daß er gut hineinsehen konnte, und vor kurzem bedankte sich der Pianist Edwin Fischer für diesen Liebesdienst, den ich ihm, einem fremden Kinde, damals erwiesen hatte.

Wir wohnten im Domhotel. Abends tranken wir immer Mosel- oder Rheinwein (das geschah sonst selten, denn Mahler war kein Trinker). Nach dem Mittagessen, das durch die langen Proben sehr verspätet war, fuhren wir täglich in das flache Land hinaus. In dieser schönen Zeit sind wir vollkommen zusammengewachsen. Das erste Ertönen eines solchen Gigantenwerkes – wie z. B. der Einsatz der Oboe dort, oder die Dynamik der Streicher da wirke etc., das berieten wir stundenlang während des Fahrens. Oft legte Mahler dann seinen Kopf an meine Schulter und schlief während der Fahrt ein.

Am Schluß der Proben übersiedelten wir nach Krefeld, zu reichen Seidenfabrikanten, die durch unsere Anwesenheit sichtlich gestört waren. Sie hatten uns ihr Eheschlafgemach angewiesen, in dem wir uns kaum umzudrehen wagten, aus Angst, irgendein schauerliches Nippes-Stück von seinem ebenso schauerlichen Standort hinunterzuwerfen. Hinter Glas moderten alte fremde Myrtenkränze.

Mahler erschien den Leuten dort als der große Operndirektor, der eine monströse Symphonie »zu seinem Vergnügen« kompo-

TITELSKIZZEN ZUR III. SYMPHONIE

Das glückliche Leben

Ein Sommernachtstraum.

(*Nicht* nach Shakespeare,
Anmerkungen für Rezensenten
und Shakespearekenner)

1. Was mir der Wald erzählt.
2. Was mir die Dämmerung erzählt.
3. Was mir die Liebe erzählt.
4. (Was mir die Dämmerung erzählt.)
5. Was mir der Kuckuck erzählt.
6. Was mir das Kind erzählt.

Ein Sommernachtstraum

1. Der Sommer marschiert ein.
   (Fanfare und lustiger Marsch) (Einleitung)
   (Nur Bläser mit konzertierenden Contrabässen).
2. Was mir der Wald erzählt. (1. Satz.)
3. Was mir die Liebe erzählt. (Adagio.)
4. Was mir die Dämmerung erzählt. (Scherzo)
   (nur Streicher.)
5. Was mir die Blumen auf der Wiese erzählen.
   (Menuetto.)
6. Was mir der Kuckuck erzählt. (Scherzo.)
7. Was mir das Kind erzählt.

niert hatte und sie jetzt, zu aller Mißvergnügen, aufführen ließ. Jeder Esel fühlte sich als Richter über ihn. Die Schönheit der Probenzeit war verschwunden. Ein Trubel von Musikern und Kritikern stürzte sich auf uns, wo wir gingen und standen, es gab kein Entrinnen. Wir fühlten uns in unserer Bewegungsfreiheit sehr behindert und verfluchten ein Nest, in dem es keine Hotels gab und man also gezwungen war, Gastfreundschaft anzunehmen, die nicht aus Liebe kam, sondern dem Zwang eines Komitees zu danken war! Es ist das erste und letzte Mal gewesen, daß wir eine derartige Einladung angenommen haben.

Eine kleine heitere Episode gab es da: Das Haus war hoch, schmal, und wir wohnten im zweiten Stock. Mahler und ich kamen oben zur Stiege, zum Ausgehen bereit. Er blieb stehen, putzte sich die Brille, schritt mit seinem unruhigen Schritt aus, achtete nicht auf die Umgebung und stieß mit dem Fuß an einen großen Wassereimer, der am Rande der Treppe stand. Der Krug stürzte polternd die zwei Stockwerke hinunter und das Wasser kaskadenhaft nach. Unten aber stand – die wir am wenigsten erwartet hatten – die Hausfrau. Sie schlug die Hände zusammen und rief: »Na, Herr Mahler, an Ihrer Wiege sind die Grazien gerade auch nicht gestanden!«

Bezeichnend für das Gedächtnis der Menschen: Beim Mahler-Fest in Amsterdam 1920 sprach mich eine Dame an, sie solle mich von einer Frau X. aus Krefeld grüßen, der die Tage, welche Mahler bei ihr verbracht habe, eine »unvergeßliche Erinnerung« seien. Così fan tutte. Alle »erinnern« sich heute, und damals waren die meisten von diesen Leuten höchst zuwidere und übelnehmerische Menschen.

Außerdem erregten wir durch das Ungewohnte unserer Erscheinung allenthalben unliebsames Aufsehen. Ich trug sogenannte Reformkleider (von Kolo Moser gezeichnet) und war guter Hoffnung. Mahler ging immer barhäuptig, den Hut in der Hand, den Kopf nach vorn stechend, dazu hatte er diesen merkwürdigen Gang, dieses unrhythmische, stolpernde, taktwechselnde Vorwärtsstürmen; war immer, und zwar selbst mit den teuersten Gewändern schäbig angezogen, kurz, die Schuljugend folgte uns, erst wenige, dann in dichter Menge. Ein Bub näherte sich, unter dem Gebrüll der andern. »Herr, Sie haben Ihren Hut verloren!« – Verstärktes Gebrüll. Richtig! Mahler hatte seinen Hut in einer Konditorei vergessen. Auch das noch. Wir mußten zurück, dort lag er. Die Buben stürzten nach, wir flohen gehetzt über die Straßen, in ein kleines elendes Hotel. *Das* Hotel! Oben erwarteten uns Rosés; gemeinsam gossen wir Wasser hinab, bis unsere Peiniger sich entfernten.

Die Aufführung ward atemlos erwartet, denn schon während der Proben war allen immer klarer geworden, welch eine Größe und Bedeutung mit diesem Werk in die Welt kam. Nach dem ersten Satz brach ein ungeheurer Jubel aus. Richard Strauss trat ganz vorne an das Podium heran und applaudierte ostentativ so, daß er eigentlich den Erfolg dieses Satzes besiegelte. Und nach jedem Satz schienen die Zuhörer mehr ergriffen, ja nach dem letzten Satz packte ein wahrer Taumel das Publikum, das in seiner ganzen Masse von den Sitzen aufgesprungen war und sich nach vorn drängte. Strauss wurde mehr und mehr passiv, zum Schlusse unsichtbar.

Ich saß irgendwo mitten unter den fremden Menschen, denn ich wollte allein sein und hatte es abgelehnt, mit meinen Verwandten zusammenzusitzen. Meine Erregung war unbeschreiblich groß; ich weinte und lachte leise vor mich hin und fühlte plötzlich die Bewegungen meines ersten Kindes. Ich wurde durch dieses Werk so restlos von Mahlers Größe überzeugt, daß ich ihm nachts unter Glückstränen meine Erkenntnis, meine dienende Liebe, mein ewiges Nur-mehr-für-ihn-dasein-Wollen zuschwor. Von diesem Augenblick an war mir seine volle Bedeutung, die ich bis dahin nur geahnt hatte, für immer klar bewußt.

Strauss hat sich im Verlauf dieses Abends noch in seiner vollen Kälte gezeigt. Wir hatten in einem kleinen Gasthaus genachtmahlt. Strauss ging vorüber, gab uns allen gönnerhaft die Hand und ging weiter, ohne Mahlers furchtbare Erregung zu bemerken, ohne ihm auch nur ein einziges Wort zu sagen. Mahler empfand dies schwer und blieb eine ganze Weile wortlos und verstimmt. Der ganze äußere Erfolg erschien ihm jetzt ohne Wert.

Aus diesen Krefelder Tagen stammt als dauernder Gewinn für mich – die Freundschaft mit Hans Pfitzner.

Mahler und ich saßen in dem großen Wohnschlafzimmer, in dem, hinter einem schwarzen Vorhang versteckt, ein riesiges Ehebett in einer alkovenartigen Nische stand. Es wird ein Herr gemeldet. Mahler betrachtete die Karte und bittet mich, für ein paar Minuten in das Ehebettloch zu kriechen, da er mit diesem Mann allein zu reden habe. Ich tat es und zog die schwarzen Vorhänge zu.

Eine dünne, hohe Stimme begann eindringlich auf Mahler einzusprechen. Das Gespräch mußte mich interessieren. Schrecklich! Wie arm, wie entwürdigend war das, was ich hier hörte. Da bat ein Künstler, und *daß* er einer war, das hörte ich aus den ersten Worten, flehentlichst um Aufführung seines Werkes, ›Die Rose vom Liebesgarten‹. Und Mahler lehnte ab. Kühl, ruhig, kurz.

Seine eigene Jugend mußte er vergessen haben: »Keine Sänger – das Textbuch zu schlecht – der ganze Symbolgehalt unverständlich, zu lang, viel zu lang –« Dazwischen bebte die bittende Stimme: »Ein Versuch – letzte Möglichkeit – der einzige Künstler, der ihn verstehen könne, Mahler – sonst Verzweiflung!« Beide Stimmen erhoben sich und entfernten sich zur Tür. Es hielt mich nicht länger, ich sprang auf, teilte den Vorhang, eilte auf Pfitzner zu und drückte ihm in höchstem Einverständnis die Hand. Nie werde ich den Blick vergessen, den er mir gab. Dann ging er. Mahler war nicht böse. Merkwürdig, er war nicht böse!

Wir fuhren von dort sofort nach Maiernigg, wo wir äußerst ruhig und angespannt lebten. Mahler hatte die Skizzen zur V. Symphonie mit, von denen zwei Sätze vollendet, die übrigen erst entworfen wurden. Ich versuchte, leise Klavier zu spielen, doch als ich ihn fragte, hatte er mich gehört, obwohl sein Arbeitshaus weit entfernt im Walde lag. Und so änderte ich meine Beschäftigung und kopierte alles, was er von der V. Symphonie fertig hatte, immer gleich, so daß ich mit meinem Manuskript nur wenige Tage später fertig wurde als er selbst. Er gewöhnte sich immer mehr daran, die Stimmen nicht auszuschreiben; nur die ersten Takte, und *ich* lernte damals Partitur lesen und schreibend hören und wurde mehr und mehr eine wirkliche Hilfe für ihn.

Dazwischen gingen wir viel spazieren, zu viel. Er baute zu stolz auf meine große Jugend, und da wir beide wie ahnungslose Kinder waren, so wüsteten *wir* auf *meine* Gesundheit los. Ich mußte über Zäune klettern, durch Hecken kriechen. Meine Mutter besuchte uns in dieser Zeit. Sie war entsetzt: Mahler hatte uns auf einen Berg geschleppt, auf den man kaum hinaufkonnte.

Das Haus in Maiernigg war ziemlich philiströs von einem Herrn X. Y., dem Nachbarn am Wörthersee, für Mahler erbaut worden. So entzückend es gelegen ist, so scheußlich war die Einrichtung. Mahler erwischte mich einmal, als ich gerade auf einem Stuhl stand und von allen Kastenborden die Säulchengalerie abriß. Er hat verstanden und sanktioniert. Im Hause waren zwei große Veranden, eine offene und eine geschlossene. Die offene ging vom Wohn- und meinem Schlafzimmer, die geschlossene vom Speise- und Fremdenzimmer hinaus.

Über allem frei hing Mahlers Balkon, der aus seinem Schlafzimmer hinaus einen herrlichen Blick über den See gab. Oben hatte er ein großes Arbeits- und Schlafzimmer mit enormem Schreibtisch, daneben ein Toilettenzimmerchen, in dem er sich wusch und ankleidete. Neben dem Wohnzimmer, also in größter Nähe von meinem Zimmer, war ein sehr großes Fremdenzimmer, das allerdings schon im zweiten Jahr Kinderzimmer wurde.

Ich fühlte mich in den ersten Jahren sehr unsicher neben Mahler. Nachdem ich mir ihn durch meine Frechheit ahnungslos errungen hatte, war meine physische Sicherheit durch die vorzeitige Schwangerschaft gebrochen worden. Und es ist merkwürdig, von dem Moment seines geistigen Sieges an übersah mich Mahler und fing erst wieder an, mich zu lieben, als ich mich von seiner tyrannischen Suggestion befreit hatte. Einstweilen spielte er die Rolle des Lehrers, unerbittlich streng und ungerecht. Er machte mir sozusagen die Welt ungenießbar – zum Abscheu!

Das heißt, er versuchte es: Geld – Tand! Kleider – Tand! Schönheit – Tand! Reisen – Tand! Nur der Geist allein! Ich weiß heute, daß er Angst vor meiner Jugend und Schönheit hatte und mich ungefährlich machen wollte, indem er mir alles Lebendige, mit dem er nichts anzufangen wußte, einfach fortnahm. Ich war das Mäderl, das man begehrt hatte und das man nun erzog.

Ich habe mir gewissermaßen ein Sprichwort zurechtgelegt. »Jeder Mensch weiß alles!« – So zog prompt Frau M., immer noch neiderfüllt, in unsere nächste Nähe. Abends kam sie unaufgefordert zu Besuch, mit einem räudigen Hund, den sie »dem Schinder« abgekauft hatte, aus »Güte, aus Alliebe«, wie sie durchblicken ließ, und aus vielen anderen nicht minder erhabenen ethischen Gründen. Trotzdem grauste Mahler sehr vor dem Hund. Er liebte diese Dinge mehr theoretisch. Die ersten Male begleitete sie Mahler nach Hause, und dies war der Zweck der Übung gewesen, aber endlich ärgerte ihn die Absicht; er ließ sie vom Diener nach Hause bringen, und die regelmäßigen Besuche hörten auf.

Die M. kam auch einmal zu einem furchtbaren Gewittersturm zurecht, und sie zog Mahler auf die Terrasse hinaus – um dem Wüten der Elemente näher zu sein. Ich war ja in gesegneten Umständen und fürchtete, von einem durch die Luft fliegenden Ast getroffen zu werden. Seit je waren Gewitter für mich etwas Grandioses gewesen – und nie hatte ich Furcht gehabt. Die Wagnersängerin ließ ihr Haar sich ums Gesicht wehen und spielte Walküre und Ortrud in einer Person. Sie rief mich, und als ich ihr ein Zeichen machte, nicht kommen zu wollen, schrie sie Mahler höhnisch über mich zu: »Die ist ja feig!«

Bei einem andern dieser Überfälle war ich allein zu Hause gewesen, und da begann sie wirklich wie Ortrud in mich hineinzureden: Gemeinheiten über Mahler, über seine Schwestern, Intimitäten, die, hätte ich nicht die ganze Wahrheit über Mahlers Leben aus seinem Munde gekannt, mich hätten ersticken müssen. So aber wußte ich mehr als sie. Ich wußte, daß er sie eine Zeitlang in

Hamburg wirklich geliebt und sie in der gleichen Zeit ihn gequält hatte; daß sie ihn später um jeden Preis festzuhalten gestrebt hatte – er aber fertig und »disgustiert« (dies sein Wort) war und seine Ruhe wollte. Ich wußte von ihm selbst, warum er von Hamburg weggegangen war.

Bevor er diese Stadt verließ, ließ er sich taufen, damit seinem Engagement, das ohnehin durch sein Judentum erschwert war, kein Hindernis im Wege stehe. Köstlich erzählte er über seine Hemmungen und Zweifel während des katholischen Unterrichtes, von seinen verwirrenden Fragen an den Katecheten; von dem alttestamentarischen Hochmut, der ihn plötzlich befallen wollte. Er kam nach Wien; hier hoffte er endlich mit den großen garantierten Machtbefugnissen alle seine weitgesteckten Pläne für Bühne und Orchester in Leben umsetzen zu können.

An jenem Nachmittag nun kam die ganze Wut der M. heraus, und *in mir* suchte sie sich den Kampfgenossen gegen Mahler! Ich wußte jetzt, daß sie in allen Fällen der Taktik instinktlos gewesen sein muß, denn sonst hätte sie sich am allerletzten mir anvertraut, ihrer natürlichen Feindin, die auf den Augenblick der Entlarvung warten mußte. Ich unterließ es nicht, Mahler noch am selben Abend von unserem Gespräch zu unterrichten. Er wollte ihr sofort für immer das Haus verbieten, doch ich wollte keinen éclat und schlug ihm deshalb vor, das nächste Mal, wenn sie käme, mit ihr zu musizieren, was auch geschah. Wir spielten und sangen den ganzen letzten Akt ›Siegfried‹ miteinander durch. Sie sang an diesem Nachmittag reiner und schöner als je in der Oper. Man hörte dieses Musizieren bis hinunter an den See, und als wir fertig waren, standen eine Menge Boote um unser Haus, deren Insassen begeistert applaudierten. Dies war unser letztes Beisammensein.

Mahlers Lebensweise war in den ganzen sechs Jahren die gleiche. Er stand im Sommer jeden Tag um sechs, halb sieben Uhr auf. Im Moment, wo er erwachte, läutete er nach der Köchin, die sofort das Frühstück fertigstellte und es auf glattem, steilem Weg in sein Arbeitshaus hinauftrug. Dieses lag mitten im Wald, etwa sechzig

Meter höher als die Villa; die Köchin durfte den regulären Weg nicht gehen, weil er ihren und überhaupt niemandes Anblick vor der Arbeit ertragen konnte, und so mußte sie jeden Morgen einen schlüpfrigen Kletterweg mit allem Geschirr hinaufsteigen. Das Frühstück bestand aus frischem Kaffee, Butter, Grahambrot und Jam (für jeden Tag anderes). Die Milch stellte die Köchin auf den Spiritusrechaud, die Zündhölzer daneben und entfernte sich schnell auf demselben Wege, um dem aufwärtssteigenden Mahler nicht unter die Augen zu kommen. Und er kam bald, denn er war schnell in allem, was er tat, und entzündete das Feuer (wobei er sich fast täglich die Hände verbrannte, denn er war nicht gerade ungeschickt, aber verträumt und deshalb unachtsam). Dann setzte er sich behaglich vor sein Häuschen, vor dem Bank und Tisch standen. Das Haus selbst war nichts als ein großes gemauertes Zimmer mit drei Fenstern und der Eingangstür. Ich fühlte, daß dieses Haus ihm nicht gesund war, weil es zu tief im Walde steckte und nicht unterkellert war. Ich konnte aber nichts tun, um ihn an diesem Aufenthalt zu hindern, da er ihn so liebte.

Im Zimmer stand ein Flügel und auf den Regalen ein vollständiger Goethe und Kant. Außerdem an Noten nur Bach. Mittags kam er immer leise in die Villa herunter, stieg in sein Zimmer hinauf, holte sich ordentliche Kleider, denn im Arbeitshaus oben hatte er die ältesten »Hadern« mit Genuß an und ging in unsere Schiffshütte hinunter, in der wir zwei schöne Kähne hatten. Rechts und links war eine Badekabine, mit davorliegendem gezimmerten Boden. Er schwamm immer gleich weit hinaus und pfiff von draußen, was unserer Verabredung gemäß das Zeichen für mich war, hinunterzukommen. Einmal hatte ich beide kleinen Kinder mit in der Badehütte, Mahler nahm in jeden Arm eines und vergaß sie dann. Ich kam gerade noch zurecht, um ein ins Wasser fallendes Kind an den Füßen aufzufangen.

Ich setzte mich meist auf die Stufen der Hütte, wir plauschten, er stieg herauf, legte sich auf eine Sonnenbadterrasse, bis sein Körper dunkelrot war, und sprang dann wieder ins Wasser. Mir wurde beim Zuschauen immer angst und bange um sein Herz. Ich wußte damals wenig, aber *das* wußte ich: das *kann* nicht gesund sein. Doch konnte ihn kein Zureden davon abbringen, und er wiederholte diese Prozedur von Erhitzung und Abkühlung oft vier- bis fünfmal hintereinander. Dann fühlte er sich gekräftigt, und wir gingen auf Umwegen durch den Garten, den er liebte und von dem er jeden Baum, jede Pflanze kannte, ins Haus, zum Mittagessen. Die Suppe mußte schon auf dem Tisch stehen, damit er sofort anfangen könne. Das Essen mußte einfach, fast frugal, aber ausgezeichnet gekocht sein; vollkommen fettlos, ohne Zwiebel und Gewürze, nicht um zu erfreuen, sondern lediglich um zu sättigen und nicht zu beschweren. Eigentlich das ganze Leben lang Krankenkost. Burckhard meinte, bei dieser Ernährung müsse ein Mensch magenkrank werden.

Nach Tisch blieben wir eine halbe Stunde im Gespräch sitzen, dann wurde aufgebrochen. Ob Hitze, ob Regen, wir gingen auf unserer Seeseite spazieren, oder wir fuhren mit dem Schiff über den See ans andere Ufer, und dort wurde gegangen, nein besser – gerannt. Heute weiß ich, daß diese Rastlosigkeit nach dem Essen die Flucht vor dem durch den vollen Magen bedrängten Herzen und dessen Vehemenz war –; er handelte vollkommen instinktiv. Er vertrug das Liegen nach Tisch nicht, machte sich dies aber niemals klar.

Wir unternahmen ziemlich große Partien, drei- bis vierstündige Wege, ruderten über den glitzernden, hitzespeienden See. Manchmal konnte ich vor Erschöpfung einfach nicht weiter. Da hatten wir uns ein Sympathiemittel erfunden. Wenn ich matt und schon nah dem Zusammenbrechen war, nahm er mich in den Arm und sagte: »Ich liebe dich«, und urplötzlich bekam ich von irgendwo frische Kraft, und wir rannten weiter.

Oft, oft blieb er stehen, die Sonne brannte auf seinen hutlosen Kopf, er zog sein kleines Notenskizzenbuch hervor und schrieb und sann und schrieb; manchmal taktierte er in der Luft und schrieb weiter. Dies dauerte oft eine Stunde und mehr. Ich setzte mich unterdessen in einiger Entfernung auf die Wiese oder auf einen Baumstrunk und wagte nicht, ihn anzusehen. Dann lächelte er manchmal herüber, wenn er sich über einen Einfall freute. Er wußte, nichts auf der Welt war mir eine größere Freude. Dann gingen wir weiter oder kehrten um, denn oft drängte es ihn dann, schnell nach Hause und in sein Arbeitszimmer zu kommen.

Die merkwürdige Egozentrik Mahlers gab sich oft in kleinen heiteren Episoden kund. So einmal: Mahler liebte es, während der Arbeit manchmal ein bis zwei Tage auszuspannen, um frisch weiterarbeiten zu können. Wir sind in Misurina. Haben drei Zimmer nebeneinander. Meine Mutter in meinem Zimmer, leise wispernd. (Wir hatten uns nämlich angewöhnt, immer zu flüstern, da Mahler jedes Geräusch, von wo immer her, vernahm und sich gestört fühlte.) Auf einmal wird meine Tür aufgerissen und laut zugeschlagen. Mahler, kochend vor Wut, steht vor uns: »Da hat jetzt ein Kerl auf dem Gang eine Tür zugeschlagen! Ich habe gerade nachgedacht, und dieser Hund hat mich gestört. Ich werde mich beschweren!« Wir sahen erst erschrocken drein, dann aber mußten wir so lachen. »Aber Gustav, du hast ja jetzt eben dasselbe getan!« Da empfand er das Groteske der Situation. Mit Vorliebe pflegte er die Stelle aus ›Die Welt als Wille und Vorstellung‹ zu zitieren: »Wie viel geniale Gedanken sind schon durch einen Peitschenknall vernichtet worden.«

Sein Leben war in den Sommermonaten immer bar allen Erdenrestes, fast unmenschlich rein. Keine Sucht nach Ruhm und äußerer Größe kam ihm da in den Sinn. So lebten wir ruhig dahin, ohne innere Störung, bis auf die jeweilige Korrespondenz aus der Oper, die immer irgendein Ungemach brachte.

Im Herbst spielte mir Mahler die vollendete ›Fünfte Symphonie‹ vor. Es war das erste Mal, daß er mir ein neues Werk vorspielte, und wir stiegen dazu Arm in Arm mit Feierlichkeit zu seinem Arbeitshaus im Walde hinauf. Als er fertig war, sagte ich ihm alles, was ich an diesem herrlichen Werk augenblicklich lieben mußte, zugleich aber auch meine Bedenken betreffs des Chorals am Schluß. Dieser kirchliche, uninteressante Choral! Er widerstritt, sagte: »Aber Bruckner!« Darauf ich: »*Der* darf, du nicht!« Und ich versuchte beim Hinuntergehen durch den Wald, ihm den Wesensunterschied zwischen seiner Natur und der Bruckners klarzulegen. Seine Stärke lag, meiner Empfindung nach, ganz woanders als im Einarbeiten eines kirchlichen Chorals.

Ich fühlte da einen Riß in seinem Wesen. Dies hat ihn oft auch noch in große innere Konflikte gebracht. Die katholische Mystik zog ihn an, und dies wurde von seinen Jugendfreunden, die sich umnennen und umtaufen ließen, gefördert. Seine Liebe zur katholischen Mystik war aber vollkommen echt.

Bald nachher waren die Ferien zu Ende, und wir übersiedelten nach Wien. Die Fünfte war fertig, er arbeitete an der Reinschrift den ganzen Winter hindurch, und auch das hat er all die Jahre so gehalten; die Wintereinteilung, genau wie nach der Uhr: Um sieben Uhr auf, Frühstück, Arbeit. Um neun Uhr Oper. Punkt ein Uhr Essen. Der Diener telephonierte aus der Oper, wenn er wegging, und Mahler läutete unten im Haus, worauf die Suppe oben im vierten Stock auf den Tisch kommen mußte; die Wohnungstür mußte offen sein, wenn er kam, damit er nicht warten müsse; er stürmte durch alle Zimmer, warf wie ein Sturmwind unnötige Türen vor sich her, wusch sich die Hände, und wir setzten uns zu Tisch. Genau so wie in Maiernigg kurze Siesta. Dann entweder viermal um das Belvedere herumgerannt oder den ganzen Bogen der Ringstraße entlang. Punkt fünf Uhr Jause. Dann ging er täglich in die Oper; blieb einen Teil der Aufführung, und von dort holte ich ihn fast täglich ab. Wir eilten nach Hause, zum Nachtmahl. War er im Bureau noch nicht fertig, so schaute ich mir jeweils die Oper an, blieb aber nie länger, als er zu tun hatte. Und so kommt es, daß es viele Opern gibt, von denen ich nur einen Teil und nie das Ende gesehen habe. Den Schluß erzählte er mir gelegentlich und meinte jedesmal, ich hätte nichts verloren, wenn ich das nicht wüßte. Und bei vielen Opern hatte er ja wirklich recht. Sie waren oft als Fragmente interessanter... Nach dem Nachtmahl legten wir uns beide auf ein Sofa, plauderten, oder ich las ihm vor.

Damals mußte ich mich allerdings auf die bevorstehende Geburt meines ersten Kindes vorbereiten, die am 3. November erfolgte. Das Kind war, wie der Arzt sagte, durch die Strapazen während der Schwangerschaft verlagert. Man teilte es Mahler nicht mit, um ihn nicht zu sehr aufzuregen. Aber er las es von den Gesichtern des Arztes, der Wärterin, der Mutter ab. Er rannte wie ein Rasender durch die Straßen. Seinen Freund Guido Adler, der sich nach meinem Befinden erkundigte, schrie er an: »Esel, ich verbiete dir, mich zu fragen!« Im Nebenzimmer hörte ich ihn auf und ab laufen; tobend wartete er im andern Zimmer das Ende dieser fürchterlichen Geburt ab. Als endlich alles vorüber war, rief er aus: »Wie können Menschen eine solche Schuld des Leidens auf sich nehmen und immer wieder Kinder zeugen!« Er weinte sehr, als er an mein Bett trat. Als man ihm nachträglich die Wahrheit sagte und er hörte, daß das Kind eine Steißgeburt sei, lachte er unbändig und rief: »Das ist *mein* Kind, zeigt der Welt gleich den Körperteil, den sie verdient!« Dieses Kind liebte er von Anfang an maßlos. Das Kind, das nach Mahlers Mutter Maria getauft wurde, war gerettet, ich erholte mich, wenn auch sehr langsam. Aber es war nicht zu seinem und unserem Glück erhalten geblieben. Es hat sich uns in seiner ganzen Schönheit gezeigt, um uns bald wieder zu verlassen. Nach wenigen Monaten erkrankte es schwer und erlitt eine lange Ohnmacht. Es war am Erlöschen. Es wurde heiß und kalt gerieben, Mahler trug es herum und war überzeugt, daß einzig seine Zurufe es am Leben erhalten hätten.

Im Oktober hatte Mahler eine kleine, reizende Oper von Mozart einstudiert, sie wurde nicht oft aufgeführt und verschwand dann endgültig vom Repertoire. Das Absetzen dieser Oper ›Zaide‹ sollte Mahler teuer zu stehen kommen. Die Bearbeitung war von einem Kritiker gewesen, der davon auch die Tantièmen bezog, und, als diese Oper so schnell wieder verschwand, Mahler nahelegte, sie weiter aufzuführen, was bei einem solchen Kassenrapport unmöglich gewesen wäre. Dieser Mann war von nun an Mahlers Todfeind und verfolgte ihn in der Presse, wo er nur konnte.

Überhaupt war die Kritik so ungerecht wie nur möglich gegen ihn. Alle wandten sich ihm im Anfang zu, alle wollten seine Ratgeber sein. Doch als sie bemerkten, daß Mahler einen unbeugsamen eigenen Willen hatte, zogen sie sich zurück, erst passiv, dann mehr und mehr aggressiv, und die letzten Jahre war er von einer Meute von Feinden umgeben. Wir machten schon mit Angst jeden Morgen die Zeitung auf. Groß stand: »Wieder eine Affaire in der Hofoper!« und »irgendein« Fräulein hatte sich beklagt und ein williges Ohr bei »irgendeinem« Reporter gefunden. Mahler machte eine kleine Reise, um irgendwo eine seiner Symphonien zu dirigieren. Sofort hieß es, er vernachlässige seine Pflichten in der Oper. Es war unerträglich.

Im Dezember 1902 studierte Mahler die ›Pique Dame‹ von Tschaikowsky ein. Daran hatten wir die größte Freude. Er nahm mich zu vielen Proben mit, spielte mir immer daraus vor. Diese Melodien waren wochenlang ausschließlich um uns. Wir lebten vollkommen einsam. Meine Eltern, Rosés, das Ehepaar Zuckerkandl, der Kunsthistoriker Strzygowski, Burckhard, Gustav Klimt und Hofrat Pollak, ein Freund meines Vaters, der Mahler geradezu abgöttisch liebte, waren unser Umgang.

Um diese Zeit kamen auch Strauss mit Frau nach Wien und gaben Konzerte. Er war noch der umstrittene, wilde Komponist, sie eine ungezügelte, ehrgeizige Frau. Sogleich schickte sie zu mir. Ich möge kommen. Ich ging zu ihr und fand sie im Bett. Abends sollte das Konzert stattfinden, sie sollte singen, aber sie stand nicht auf. Da wurde die Tür aufgerissen, Strauss kommt herein, ein Etui in der Hand. »Da hab' i dein Ring und jetzt stehst auf, Pauksl?« Und Pauksl stand sofort vom Bett auf, und abends ging das Konzert glatt. Es war ein teures Konzert für Strauss, denn es war ein großer Brillantring gewesen. Sie bat mich zum Schluß dieser Szene, ihr Bücher zum Lesen zu bringen: »Aber was Leicht's, Spannendes!« Er dirigierte damals vor vollkommen leerem Saal. Wir saßen in der ersten Reihe, und er unterhielt sich während des Dirigierens laut mit Mahler über das idiotische Publikum, das nur

»Dreck« verdiene usw. Er war über seine eigene Frechheit glücklich und uns tief sympathisch.

Dann waren sie bei uns mit ziemlich vielen anderen Freunden. Da die Frau aber alle ernsten Gespräche störte, stand Strauss auf und sagte: »Kommen S', Mahler, gehn wir ein bißl in Ihr Zimmer.« Von diesem Moment an raste sie: »Ja, ihr habt's leicht lachen. Aber i, die Frau von an verkannten Schenie sein, dös is furchtbar! Göld hobn mir keins, und reden tut er nix mit mir. Wann er g'oarbat' hat, dann geht er Skat spüln, und i bin immer allan!« Sie fing heftig an zu weinen, legte den Kopf auf den Tisch. Es wurde ungemütlich. Trost war da schwer. Ich stand leise auf und holte die Herren zu uns herein. Schnell hellte sich ihre Miene auf. Auf seine Frage, was sie habe: »Nichts« – »Gut, dann reden wir weiter.« Mahler und Strauss blieben nun bei uns und setzten ihr Gespräch über Mommsens Römische Geschichte fort. Mahler liebte das Buch. Strauss fand es irrig. Große Kontroverse. Frau Strauss setzte sich in die Zimmerecke und zog mich zu sich: »Wo ist denn in Wien der beste Friseur?« Kaum konnte ich Antwort geben.

Nun sprachen sie über Beethoven. Strauss zog den jungen Beethoven dem alten vor. Mahler sagte, ein solches Genie müsse, wenn es älter werden, auch immer besser werden. Strauss fand im Gegenteil, daß dem alten Beethoven oft die Erfindungskraft mangle. Die Spontaneität der Jugend sei das Wertvollere: Mozart!

»Und Blusen, wo bekommt man die?«

Jetzt stand ich auf und ließ sie allein, um von den Gesprächen dieses Abends kein Wort mehr zu verlieren. Mahler und Strauss sprachen gerne miteinander, vielleicht, weil sie nie derselben Meinung waren. »Da machen Sie z. B. den Fehler, den Sänger in der Oper zu Gunsten des Schauspielers zu unterdrücken. Sie haben einen Demuth, eine Kurz – und begeistern sich an der Mildenburg, an der Schoder.« Und Strauss beutelte sich vor Abscheu über diese belcanto-feindlichen, stimmbarbarischen »Singschauspieler«. Strauss meinte damals – »ich dirigiere und reise jetzt so herum, bis ich genug Geld habe (und es war ihm ziemlich gleichgültig, wo und was er dirigierte, wo und mit wem er aß und verkehrte), und wenn ich genug Geld hab', dann setz ich mich zur Ruh und komponier!«

Mahler sagte nachher zu mir: »Dann aber wird er an seiner Seele Schaden genommen haben.«

Wir alle fochten für Mahler, weil wir alle durch ihn, er wieder durch Wagner, zum geistreichen Singen erzogen waren. Wir verachteten damals den bel canto. Und es ist merkwürdig gekommen. Während sich Mahler in den letzten Jahren immer mehr dem Wohllaut der italienischen Stimmen in New York hingab, verfiel Strauss später dem Rollenschreiben für die deutschen Singschauspieler. Die Mildenburg als Klytämnestra, die Schoder als Elektra etc. Er war nun auf *den* Geschmack gekommen, von dem sich Mahler in den letzten Jahren abgewendet hatte.

Hier einige Bemerkungen Mahlers über das Dirigieren: »Ein Tempo ist richtig, wenn *alles* noch klingen *kann*.

Wenn eine Figur nicht mehr erfaßt werden kann, weil die Töne ineinandergleiten, dann ist das Tempo *zu schnell*.

Bei einem Presto ist die äußerste *Distinct*grenze das richtige Tempo; darüber hinaus verliert es die Wirkung.«

Mahler sagte, wenn ihm ein Adagio wirkungslos auf das Publikum erscheine, so *verlangsame* er das Tempo und beschleunige es nicht, wie es gemeiniglich gemacht wird.

Die folgende kleine und recht heitere Episode ist übrigens auch bezeichnend für die Stellung zu Wagner: Mahler hatte einst auf dem Wege zur Oper Goldmark getroffen: »Na, Meister, wollen Sie nicht mit in die Oper kommen?« – »Nein, ich höre mir Wagner nicht an, damit ich ihm nicht zu ähnlich werde.« – Und Mahler: »Sie essen doch auch Rindfleisch und *werden kein Ochs*.«

SPLENDID ISOLATION

1903

Ich überschreibe die nächsten Jahre mit dem Titel »Splendid Isolation«, einem Lieblingswort Mahlers, womit er gern unsern Lebenszustand, den der völligen Einsamkeit, bezeichnete.

In Unterach am Attersee gab es eine Landungsbrücke, auf der sich vor Ankunft eines jeden Schiffes alle braven Unteracher einfanden, die dann über alles orientiert waren, alles gesehen hatten und gesehen worden waren, was ihnen ebenso erstrebenswert erschien.

»Wir stehen nicht auf der Landungsbrücke, und das verzeiht man uns nicht«, sagte Mahler gerne.

Wir waren immer im Mittelpunkt des Interesses und daher auch immer von einer Klatschschicht überzogen, die wir aber, Gott sei Dank, meistens nicht fühlten, weil wir von ihr nichts wußten. Wir lebten geschützt wie unter einer Glasglocke in unserer »splendid isolation«.

Nach der Première der ›Euryanthe‹ – es war Mitte Jänner 1903 – gingen wir alle wie immer, meine Eltern, Rosés, Roller und ein junger Musiker, zum Nachtmahl. »Ausschwingen«, nannte das Mahler. »Ich muß ausschwingen, wenn ich ein neues Werk inszeniert habe, muß Meinungen darüber hören, sprechen, bis ich ruhig bin.«

Es fügte sich, daß Mahler mit den andern vorausging und ich mit Roller und diesem jungen Musiker nachkam. Wir entrüsteten uns auf dem Wege über den elenden Text, und der Musiker fand, daß der Text allein Schuld trage, wenn diese göttliche Musik nicht lebendig zu machen sei. Wir kamen fast gleichzeitig im Restaurant Hartmann an. Mahler drehte sich in der Tür um und rief uns entgegen: »Finden Sie nicht auch, Herr, daß der Text der Euryanthe eigentlich gar nicht so schlecht ist? Wenn man es bedenkt, so sind alle Figuren des ›Lohengrin‹ da schon vorausgeahnt: Elsa – Euryanthe, Lohengrin – Adolar, Ortrud – Eglantine etc. Diese Wilhelmine von Chezy war mit all ihren Weiberdummheiten doch eine talentierte Dichterin!« Der Musiker antwortete augenblicklich: »Dasselbe habe ich eben gesagt.« – Mahlers Suggestionskraft war unwiderstehlich.

Dieses Gespräch fand nach Mahlers Neueinstudierung der ›Euryanthe‹ statt. Mahler hatte den ganzen Text verbessert, stark verändert, teils den Worten, teils dem Sinn nach. Er amüsierte sich in diesen alten Opern immer sehr über die Kindlichkeit der Textdichter, die immer, wenn ein Ensemble vonnöten war, sämtliche Figuren des Stückes sich z. B. zufällig in einer wilden Felsschlucht treffen ließen. Er sagte dann immer schmunzelnd: »Die munteren Landbewohner wieder all vereint.« So versuchte er also dem Unsinn der ›Euryanthe‹ zu steuern, aber es gelang ihm dies nur halb. Jedenfalls konnte sich die Oper auch in dem neuaufgeputzten Gewande nicht halten. Der Junge hatte natürlich recht gehabt.

Daß Mahler aber während der Arbeit und der darauffolgenden Proben die Dichtung immer mehr und mehr entschuldigte, kam aus der Art seines leidenschaftlichen Arbeitens. Mit allen Werken, die er selbst einstudierte, hat er sich vollkommen identifiziert, so daß er ein Werk, das ihm vor und nach der Einstudierung mäßig vorkam, während der Arbeit restlos liebte, ja wütend dafür kämpfte.

Öfters kamen wir zu meiner Mutter auf die Hohe Warte, wo die bildende Kunst dominierte. Dort lernte Mahler Freunde meiner Kindheit kennen. Unter anderen hatte er auch Alfred Roller dort kennengelernt. Beide waren sofort auf bühnentechnische Dinge zu sprechen gekommen, und Roller erzählte, daß er noch nie eine Aufführung des ›Tristan‹ versäumt habe. Aber er könne nur *zuhören*, niemals auf die Bühne schauen, weil das Bühnenbild in seiner jetzigen Gestalt ihm jede Illusion raube. Darauf fragte ihn Mahler, wie er es sich denke, und Roller entwickelte so großartige

Ideen und Pläne, daß Mahler ihn für den nächsten Tag in die Oper bestellte und mir im Nachhausefahren sagte: »*Den* engagiere ich mir!«

Am nächsten Tag schon bekam Roller den Auftrag, den ›Tristan‹ neu zu inszenieren, und kurze Zeit darauf war er Chef des Ausstattungswesens in der Oper. Es war dies ein ungeheures Wagnis, denn Roller hatte nie vorher eine Hinterbühne gesehen. Während der Proben kam es denn auch zu den unsinnigsten Reibereien. Die M., an ihre alten konventionellen Szenerien gewöhnt, lärmte und schrie: »Und wenn ich mit eigenen Händen die Rampe wegreißen müßte, ich werde es tun, das ist mir zu unkünstlerisch!«

Mahler schickte Roller zu ihr, damit er es ihr erklärte, und in kürzester Zeit war alles in Ordnung. Die M. hatte sich nämlich in Roller verliebt. Daß er bei den Erzählungen über sie nicht übertrieben hatte, mußten Mahler und ich bald erfahren. Als wir nämlich bei einer späteren Aufführung mit Roller im großen Arbeitszimmer nachtmahlen wollten, wurde er plötzlich vom Diener geholt, der schmunzelnd meldete, Fräulein M. lasse Herrn Roller bitten, sofort zu ihr zu kommen, da nur *er* ihr die Armspangen anlegen könne. Mahler, aufs höchste geärgert, ließ ihr sagen, daß Roller im Augenblick nicht kommen könne, da er eine wichtige Besprechung mit dem Direktor selbst habe. Nach wenigen Minuten jedoch kam der Diener, diesmal schon breit grinsend, zurück und meldete, Fräulein M. ließe sagen, daß sie nicht weiter singen werde, wenn Herr Roller nicht sofort käme. Wir dachten uns unser Teil, und er ging.

Die Aufführung wurde wunderbar. Die großen gelben Zeltvorhänge täuschten ein Sonnenlicht vor, wie man es eben nur in der Wüste oder auf dem Meer erleben kann. Aber Mahler war müde –. Der Blutsturz, ein Jahr bevor er mich kennenlernte, hatte seine Natur erschöpft. Mit weißem Gesicht lag er nach dem zweiten Akt auf dem Sofa, er konnte sich kaum aufraffen, um den dritten Akt zu dirigieren. »Wenn mir nur das jemand jetzt abnehmen könnte!« Damals hat Justine den letzten Rest meiner Liebe verloren. Sie sagte leise, während wir den halbschlummernden Mahler beobachteten: »Eines freut mich, ich habe ihn jung gehabt, und du hast ihn alt!« Die Eifersucht der Schwester scheint gefährlicher zu sein als die der Geliebten oder der Frau, weil sie hoffnungslos ist. Justine war in ihrem Innersten tief verletzt, sie hatte doch gehofft, daß Mahler sie und ihren Rat hie und da entbehren und sie befragen werden, und konnte es nicht verstehen, daß er nichts wollte, als mit mir allein sein. Abend für Abend. Aus Petersburg hatte er ihr geschrieben, er sei restlos glücklich und verlange nichts anderes auf dieser Welt, als er nun habe. Sie bekam diesen Brief in der Oper und wurde beim Bühnenportier ohnmächtig, und Mahler, der große Psychologe, das naive Kind, hatte gedacht, ihr damit eine Freude zu machen.

Am Schluß einer Szene zwischen Mahler und seiner Schwester, die ohne mein Beisein in der Oper stattgefunden, hatte Justine händeringend gesagt: »Aber Gustav, ich bin doch Fleisch von deinem Fleisch!« Worauf er erwiderte: »Ja, sag lieber Dreck von deinem Dreck!« Nach Hause gekommen, berichtete er mir diese Antwort voller Vergnügen. Er glaubte nur an die Gnadenwahl des Geistes und nicht an die Macht der Vererbung. An Herkunft, Familie, Sippe, diese Sinnbilder der Erdenschwere, wollte er nicht gemahnt werden.

Der Schwester Mahlers, die mich mit rasender Eifersucht verfolgte, mußte ich dies am ehesten verzeihen; alle Freunde Mahlers waren neidisch und hatten kein Recht dazu wie sie, die immerhin neun Jahre mit ihm gelebt hatte und nun so spurlos weggewischt war. Die andern Freunde hatten sich nacheinander durch Intrigen aller Art so unmöglich gemacht, daß keiner von ihnen ein Fortbestehen der Freundschaft wünschen konnte.

Was in dem alten Freundeskreis an Schmockerei, Langweiligkeit und Schöngeisterei getrieben wurde, ist nicht zu sagen. Es waren lauter »M-Zähler«.* Lauter Lebenskrüppel. Rat gebend, wo man

* Ein gemeinsamer guter Freund von uns, Dr. Joseph Fraenkel, von dem noch später die Rede sein wird, nannte nämlich verbohrte und bohrende Juden »M-

ihn nicht brauchte oder wollte. Ihre anfänglichen Versuche, mich in dieses Prokrustesbett der Freundschaft zu zwängen, schlugen fehl. Ich ging um keinen Preis mehr dorthin, wo man mich mit Absicht mißverstand. Mahler versuchte es noch einmal mit meinem Einverständnis, in diesen Kreis zu gehen, kam aber tief verärgert zurück, und nun wurde es von dorther still.

Im Jänner sagte mir einmal Mahler: »Ich habe da eine sehr merkwürdige Oper zugeschickt bekommen. Sie sieht im Klavierauszug nicht sehr vertrauenerweckend aus, aber die Partitur ist glänzend und dramatisch – muß es auch sein! Der Saisonschlager dieses Jahres in Paris.« Es war die ›Louise‹ von Charpentier.

Sofort wurde mit der Einstudierung begonnen. Doppelbesetzung, wie alles, was Mahler machte. Schrödter, Foerster-Lauterer, Slezak, Schoder. Charpentier bevorzugte die einfache, hausbackene Foerster. Von der Schoder sagte er: »Oh non, ce n'est pas ma Louise!« Sie war ihm von Anfang an zu raffiniert. Demuth in beiden Besetzungen als Vater.

In den Wochen der Einstudierung gingen Mahler und ich morgens über den Ring in die Oper. Vor uns flatterte ein Mensch in einem schwarzen Radmantel wie ein Riesenvogel. Es war Charpentier. Mahler zeigte ihn mir, wir gingen hinter ihm ziemlich lange her und beobachteten ihn. Er war ungemein komisch: sein Gang, sein Sich-Drehen, kurz alles.

Mahler hatte Charpentier zur Première nach Wien eingeladen. Er kam zu den letzten Proben und fand die Inszenierung einfach unmöglich. Eigentlich war er der erste Surrealist, und seine Regiebemerkungen waren deshalb für Mahler und die Regisseure unverständlich. Mahler verschob sofort die Première und überließ Charpentier das Feld. Die ganze Inszenierung war »zu nobel« gewesen! Nun mußte der Verführer unter dem Frack eine rote elektrische Glühbirne haben, wenn er den Frack öffnete, um sein Herz

Zähler«. Er meinte, es sei ihr Lebensinhalt, aus dem Talmud die »M«'s herauszuzählen, ohne aber dabei den Talmud wirklich zu studieren, geschweige denn ihn zu verstehen.

zu zeigen. Die Ballerina mußte in kurzem Balletträckchen und in fortwährendem lila Lichtkegel auf dem Montmartre erscheinen und tanzen. Aller Verismus wurde mit Recht als veraltet eliminiert. Mahler lernte bei diesen Proben sehr viel. Vor allem Leichtigkeit und Über-sich-selbst-Lachen, wie er nachher selbst sagte. Aber Mahler war auch wunderbar; ohne Empfindlichkeit meinte er immer: »Da habe ich mich eben geirrt, der Autor muß es doch besser wissen.«

Charpentier war viel bei uns – machte mir auch den Hof. Sein Hofmachen war aber so kraß, daß es für Mahler und mich nur komisch war. Es war aber auch kein Hofmachen im landläufigen Sinne. In Wahrheit war die ›Louise‹ seine einzige Geliebte. Wir hatten Charpentier, wie allen ausländischen Künstlern, unsere Loge angeboten, aber nach kurzem schon warnte mich Rosé, ich könne nicht mehr in meine Loge gehen, es sei Halbwelt darin. Und richtig, Charpentier hatte sich irgend ein Frauenzimmer aufgegabelt und brachte sie nun täglich in unsere Loge. Es hätte mich auch nicht umgebracht.

Besser aber, ich lasse mein Tagebuch aus dieser Zeit sprechen.

Tagebuch. 28. März 1903.

Bewegte Zeit für uns. Première der ›Louise‹ ist vorbei. Geniales Meisterstück.

Charpentier absolut Bohème.

Wir schlossen Freundschaft.

Seine Manieren mangelhaft. Er spuckt unter den Tisch, beißt Nägel, macht einem Zeichen, indem er einen am Knie drückt oder mit dem Ellbogen anstößt; so machte er mich gestern abend in der Loge, indem er mir auf den Fuß trat, auf die Schönheit des ›Tristan‹ aufmerksam. Da er aber meistens mit einer ganz anderen Schicht Menschen verkehrt, so nehme ich's ihm nicht übel. Er ist wunderbar.

Er sagte, Mahler und ich seien zwei Kinder. Es tue ihm so wohl, mit Menschen zu reden, die ehrlich ihre Meinung sagen.

Eigenartig erzählt er von seiner Arbeit. Erst entsteht in ihm ein Bild, dann kommt die Musik und zuletzt die Sprache. Man fühlt das. Ich sagte nach der ersten Probe zu Mahler: »Charpentier ist ein Maler, ebenso Maler wie Musiker.« Er ist berauscht von seinem Erfolg. Er spricht von seiner Musik, als ob sie seine Geliebte sei. Er sang einiges aus der ›Louise‹, wie er sie zuerst geschrieben hatte, mit großem schauspielerischen Talent.

Zu mir: Es ist ein großes Glück einen so großen Mann zu haben.

Zu Mahler über mich: »Sie haben da – un gamin, la clareté – la gaité, le printemps – wir Künstler brauchen das.«

Mein Zimmer ist ein Blumenhain. Auf herrlichen Bändern steht »A Madame Mahler, gracieuse muse de Vienne, la muse de Montmartre reconnaissante.«

Er erzählt: Orchestermitglied, sehr arm. Beginnt zu komponieren, ›Louise‹, und kommt in ein solches Arbeitsfieber, daß er nicht mehr ausgehen kann, um zu essen und Geld zu pumpen. Erkrankt vor Hunger, wird vollkommen kraftlos, schreibt aber weiter, weil er sich von der Arbeit nicht trennen kann. Niemand gibt ihm mehr Kredit, er hat keinen Sou in der Tasche, die Stellung im Orchester hat er unterdessen verloren, nur ein alter Milchmann kommt und bringt ihm täglich einen Liter Milch. Dann läßt er die Partitur durch den Milchhändler einreichen – und ist über Nacht ein berühmter Mann. Die Première: große Aufregung in Paris. Er sitzt in seiner Autorenloge und neben ihm der Milchmann in Kittel und blauer Schürze. Charpentier ist Sozialist; er will mich dazu bekehren. Er hat ein Arbeiterkonservatorium gegründet. Es heißt »Mimi Pinson«. Die Schüler dieses Konservatoriums haben ihm korporativ nach der Première der ›Louise‹ ein langes Telegramm geschickt.

Charpentier erzählte, er habe eine ganze neue Oper fertig gehabt. Sie sei sehr schön gewesen, aber als er sie sich (wach geworden) wieder vorspielte, sei sie von Wagner gewesen. Da habe er sie vernichtet. Er trägt das Geniezeichen auf der Stirn – wer Augen hat, kann es sehen!

Paris: Im November 1926 habe ich versucht, Charpentier zu sehen. Mit Mühe habe ich seine Adresse erfahren. Die Leute sagten mir: »Oh, der ist lange tot.« – Aber auf der österreichischen Gesandtschaft kundschaftete man für mich seinen Wohnort aus. Ich fuhr hin. Peripherie von Paris. Ich stieg eine steile Treppe empor. Ein leichtfüßiges Dämchen kam herunter. Ich fragte: »Wohnt hier Herr Charpentier?« Sie sagt »ja«. Ob er zu Hause sei. – »Oh non, Madame« – so stieg ich wieder hinunter. Ich hätte ihn gerne noch einmal gesehen. Obwohl er ärger als tot sein soll. Man erzählte mir die ungeheuerlichsten Dinge. Wahrscheinlich lebte er nur ein freies, den Bürgern unverständliches Leben. Wer weiß es?*

Mitte Juni dirigierte Mahler die Zweite Symphonie im Münster zu Basel. Er war vorausgefahren, wie immer, denn ich konnte mich nicht so lange vom Kinde trennen. Diesmal war er erst noch in Amsterdam gewesen und hatte dort die Dritte Symphonie dirigiert. Unsere Altistin Kittel hatte dort das Altsolo gesungen und sang jetzt hier das Urlicht. Er hatte sich dort einen Freund fürs Leben errungen: Willem Mengelberg, und so kam er glückstrahlend in Basel an.

Die Proben im Münster, die Generalprobe, die Aufführung endlich wird niemand vergessen, der sie miterlebt hat. Die Kirche mit ihrem Lichterglanz, die Höhe des Raumes, diese Musik dazu, es war einzigartig. Vor der Kirche kniete Oskar Nedbal vor Mahler nieder und küßte ihm die Hand. Niemand wunderte sich darüber. (Nedbal war ein glänzender Musiker und hat wunderhübsche Musik geschrieben.)

Dort trafen wir auch Hans Pfitzner wieder, und Mahler lud ihn sofort zum Essen ein. Pfitzners und meine Freundschaft wuchs. Er fragte mich, ob er mir sein Streichquartett schicken dürfe. Meine

* *Anmerkung der Autorin:*
Jetzt – 1939 – habe ich Charpentier wiedergesehen. Er ist der gleiche geblieben. Voll Mut oder Übermut sind seine Erzählungen. Er ist ebenso jung geblieben wie seine ›Louise‹, die schön ist wie am ersten Tag.

Freundschaft für ihn, meine Verehrung, sind seitdem ins Große gewachsen und geblieben.

Dann war der Sommer da – und mit ihm wieder das Leben in Maiernigg, das mit großer Einförmigkeit und Stille uns umfing. Mahlers produktive Arbeit begann. Diesmal die Skizzen zur Sechsten Symphonie. – Er spielte viel mit dem Kind, das er herumschleppte, in den Arm nahm, um mit ihm zu tanzen und zu singen. So jung war er damals und unbeschwert.

Wieder diese Spaziergänge in heißen Wäldern und Büschen. Vollkommenste Ruhe.

Einmal kam mit der Post, nach vorhergegangener Briefanzeige, das Manuskript des Streichquartetts von Hans Pfitzner. Er schrieb dazu, ich möge darauf achten, dies sei das Originalmanuskript, und er habe kein Duplikat. Diese Nonchalance rührte uns. Ich brachte es Mahler in sein Arbeitszimmer hinauf. Nach zwei Stunden kam er herunter und sagte: »Das ist ein Meisterwerk.« Voll Nachdruck und Freude, daß er bejahen konnte.

Als Mahler im Herbst, wie immer, nach Wien vorausging, holte ich mir in meiner Einsamkeit den Klavierauszug der ›Rose vom Liebesgarten‹ und wurde immer mehr davon begeistert. In jedem Brief schrieb ich Mahler Dithyramben darüber, und als ich bald darauf nach Wien kam, hatte ich diese Oper fortwährend auf meinem Notenpult liegen. Das Klavier war immer offen bei uns, und Mahler spielte automatisch, was gerade darauf lag. Er wurde durch meine Begeisterung für dieses Werk so mitgerissen, daß er endlich ›Die Rose vom Liebesgarten‹ zur Aufführung annahm, obwohl er doch voller Widerstände und Bedenken gegen das Werk gewesen war. Es ist das einzige Mal, daß ich während der sechs Jahre, in denen ich an der Seite Mahlers, des Operndirektors in Wien, lebte, eine gewollte, direkte Beeinflussung auf ihn ausübte, und ich hatte es wahrlich nicht zu bereuen.

Im Sommer waren zwei Sätze der Sechsten fertig geworden, und die Idee zu den übrigen Sätzen war in seinem Kopfe vollendet.

Da ich viel Wagner spielte, hatte sich Mahler einen lieben

Scherz ausgedacht. Er hatte das einzige Liebeslied in seinem Leben ›Liebst du um Schönheit‹ für mich komponiert und zwischen Titelblatt und erste Seite der ›Walküre‹ gelegt. Nun wartete er Tag für Tag, daß ich es entdecken würde, aber gerade in dieser Zeit hatte ich diesen Notenband nicht aufgemacht. Plötzlich sagte er: »Heute möchte ich mir die ›Walküre‹ ein bissel anschauen.« Er schlug das Buch auf, und das Lied fiel heraus. Ich hatte eine grenzenlose Freude, und wir spielten das Lied an diesem Tage mindestens zwanzigmal.

Mahler und ich waren eifersüchtig aufeinander. Erst war ich es mehr als er. Ich war eifersüchtig auf seine Vergangenheit gewesen, die ich in meiner Ahnungslosigkeit damals für sehr verwerflich hielt. Er war auf meine Zukunft eifersüchtig, und das kann ich heute begreifen.

SPLENDID ISOLATION

1904

Anfang des Jahres war eine Kollektivausstellung von Hodler und Amiet in der Sezession.

Ferdinand Hodler war wie ein Baum. Ungeschlacht und riesenhaft. Für ihn gab es keine Frau, die nicht zu umarmen war. Ohne Vor- und ohne Nachrede. Vergriff er sich doch sogar an B. Z., die ihm allerdings eine schallende Ohrfeige gab. Bei einer Aufführung des ›Tristan‹ saß er – das erste Mal in seinem Leben hörte er dieses Werk – in meiner Loge. Mit großem Unbehagen. Inmitten des dritten Aktes stand er auf und ging: »Die famose Küsserei im zweiten Akt, die lasse ich mir noch gefallen, aber das lange Sterben jetzt, das soll ein anderer aushalten!« Er hatte jeden Moment andere Einfälle, um die Weiber aufzuregen. Nach einem kleinen Frühstück bei einer befreundeten Dame arrangierte er eine Wadenmessung mit einem Zentimetermaß, deren Resultat nach unglaublichen orientierenden Griffen und mit nicht endenden Küssen konstatiert wurde.

Er kam auch zu uns. Ich brachte auf Verlangen mein schönes Kind auf dem Arm herein. »Stillstehen«, schrie er, »nicht rühren! So muß ich Sie malen!« Und weitere Ausrufe der Bewunderung. Aber Mahler liebte es nicht, wenn ich in dieser Weise gefiel. Er war dann immer längere Zeit mißmutig und konterkarierte solchen Verkehr nach Möglichkeit.

Die erste Aufführung des ›Corregidor‹ von Hugo Wolf in Wien am 12. Februar hat Mahler selbst einstudiert, dirigiert, und Roller hat sie inszeniert. Wolf war schon lange im Irrenhaus; es war eine Ehrenpflicht der Oper und Mahlers gewesen. So war auch der ganze Abend gestimmt – ein Abend auf Halbmast. Die Wirkung aber war nicht stark. Eine Aneinanderreihung von schönen Liedern genügt eben doch nicht für ein dramatisches Werk. Die Loge der Textdichterin und langjährigen Freundin Hugo Wolfs, Rosa Mayreder, war in einen Blumenhain verwandelt. Nach dem ersten Akt ging Mahler zu ihr. Aber alles war zu spät, es konnte einen Wahnsinnigen nicht mehr erfreuen, einen Toten des Geistes nicht mehr auferstehen machen. Aus Mahlers eigenem Munde kenne ich die Geschichte seiner Freundschaft mit Wolf und deren Ende. Ich erzähle sie, wie er sie mir erzählt hat.

Die Freundschaft Mahlers mit Wolf reicht weit zurück in beider Jugend. In ihrer Armut mieteten sie mit einem dritten, namens Krzyzanowsky, zusammen ein Zimmer und hausten dort ein paar Monate. Da alle drei Musiker waren, waren alle drei lärmempfindlich. Wenn einer der drei nun eine Arbeit vorhatte, so mußten die andern beiden die ganze Nacht spazierengehn. So hat Mahler einmal für eine Konkurrenz einen Quartettsatz in einer Nacht komponiert, während die andern Gassenarrest hatten. Sie schliefen auf Ringstraßenbänken. Mahler gab Stunden. Wolf hatte keine oder wenige. Wenn ihnen das Geld ausging, so kündigte immer einer von ihnen eine Stunde auf. Praktiziert wurde das folgendermaßen: Man läutete an, sagte, man sei gezwungen abzureisen und bäte um das Honorar der schon absolvierten Stunden. So hatte einer immer plötzlich mehr Geld, für alle ein paar Mittagessen. Allerdings, dieser Schüler war dann für immer verloren.

Mahler kam nicht aus einem armen Hause, nur aus furchtbarer Kleinbürgerlichkeit und Enge. Er bekam in der Zeit seines Studiums am Konservatorium, in der auch die Freundschaft mit Wolf spielte, oft Kisten aus Iglau von den Eltern mit Eßwaren, die ihm aber von den andern schnell weggegessen wurden. In einer solchen Eßkiste befand sich einmal zu Weihnachten ein grüner Überzieher, der vom Vater auf »Wachsen« angeschafft worden war. Dieser Mantel war so lang, daß ihn Mahler nachschleppte. Er merkte erst an einem gewissen Aufsehen, das er auf der Gasse machte, daß an ihm irgend etwas nicht in Ordnung sei. Als seine Freunde ihn aufklärten, war er nicht mehr zu bewegen, den Mantel anzuziehen, und der lange Krzyzanowsky war sofort glücklicher Erbe.

Mahler ging mit 18 Jahren nach Bad Hall ins Engagement. Wolf nahm keinen Antrag an und behauptete bramarbasierend, daß er erst dann eine Stellung annehmen werde, wenn man ihn zum »*Gott der südlichen Zonen*« ernenne; und er hungerte bis zum Tode.

Die drei Freunde lernten gemeinsam die ›Götterdämmerung‹ kennen. In ihrer Leidenschaft schrien sie das Terzett Gunther-Brünhilde-Hagen so furchtbar, daß die Zimmervermieterin plötzlich, bebend vor Wut, in der Tür stand und allen dreien kurzerhand kündigte. Sie blieb so lange im Zimmer stehen, bis die Herren ihre Armseligkeiten gepackt hatten, und sperrte hinter ihnen keifend zu. In einem Gespräch kam Wolf auf den Einfall, eine Märchenoper zu schreiben. Dies war lange vor Humperdinck und gewiß neu. Sie erwogen viele Stoffe und blieben bei ›Rübezahl‹ stehen. Mahler war jung und rasch, und ihn reizte das Ganze so, daß er noch in derselben Nacht das Textbuch begann, in einem Tag vollendete und es, als es fertig war, ganz harmlos Wolf brachte. Aber auch Wolf hatte angefangen und war nun über die Überrumpelung so böse, daß er diese Opernidee sofort aufgab, Mahler aber niemals verziehen hat. Äußerlich blieben sie noch eine Weile ganz gute Freunde, doch sie suchten einander nicht mehr. Viele Jahre später trafen sie auf dem Wege zum Festspielhaus in Bayreuth zusammen, sie grüßten einander kurz »Wie gehts?« und gingen aneinander vorüber. In den ersten Jahren, als Mahler Operndirektor war, wurde einmal Wolf gemeldet. Nun stand er vor ihm; abgemagert zum Skelett, mit lodernden Augen, und forderte gebieterisch die sofortige Aufführung des ›Corregidor‹. Mahler, der das Werk kannte, seine Mängel für allzu groß hielt, suchte die bekannten Ausflüchte: keine Sänger dafür etc. Wolf wurde renitent, fluchte, raste. Mahler begann der Mann unheimlich zu werden. Er hatte für solche Fälle einen geheimen elektrischen Knopf an seinem Schreibtisch angebracht. Er läutete, der Diener kam und brachte das verabredete Stichwort: »Der Herr Direktor sollen sofort in die Intendanz kommen.«

Wolf sah sich allein. Er stürmte die Treppen hinunter über den

Ring. Sein Hirn verwirrte sich, er hielt sich für Mahler. Er wollte »nach Hause« gehen. So lief er in die Privatwohnung Mahlers (in der Auenbruggergasse 2) und läutete an. Das Mädchen öffnete, er schrie sie an, sie solle ihn vorbeilassen, er sei der Direktor Mahler, und rannte, als sie entsetzt vor ihm die Türe zuschlug, die Stiegen wieder hinunter und auf die Gasse. Auf dem Ring bei den Museen wurde der laut schreiende Wolf, der allen Passanten zurief, er sei Mahler, er sei der große Operndirektor, trotz wilder Gegenwehr überwältigt, festgenommen und sofort interniert. Er hat seit diesem Moment die volle Klarheit seines Bewußtseins nicht mehr wiedererlangt.

Hugo Wolf war als blutjunger Mensch von Adalbert von Goldschmidt in die sogenannte »Lehmgruben« (ein Bordell) geschleppt worden, wo Goldschmidt zum Tanz aufspielte und dafür jedesmal ein Dämchen kostenlos erhielt. Er dedizierte einmal sein Honorar seinem Freund Wolf, und Wolf trug »die Wunde« davon, »die nie sich schließen will«.

Ich selbst habe Hugo Wolf, als ich ein Kind war, im Hause meines Vaters gesehen. Er kam in das Zimmer, starrte die Decke an und sagte: »Sö, san Sie da erst ein'zogen?« Der schmucklose Plafond ohne Stukkatur, die Papa hatte wegreißen lassen, weil er diese Talmiornamente haßte, muß ihn irgendwie geärgert haben. Dann setzte er sich zum Pianino und begann wie ein Rasender zu phantasieren. Auf Papas schüchterne Frage, was das sei, was er da spiele, schrie er, aus dem Spiel heraus: »Aida! Aida!« Er hämmerte fürchterlich drauflos, und ich stand hinter dem Klavier und rutschte mit dem Finger auf und nieder. »Was blitzableitert denn die Kleine da herum?« Und ich wurde entfernt. Sein skurriles Wesen ist mir deutlich in Erinnerung geblieben.

Mahler war mit der halben Wirkung des ›Corregidor‹ nicht zufrieden und unternahm am 10. März eine Reprise der Oper in der Urfassung. Doch hatte auch diese mit äußerster Liebe herausgebrachte Aufführung nur eine kurze Laufbahn in Wien.

Ich erwartete im Juni mein zweites Kind, und Mahler und ich litten unter der Störung unserer Gewohnheiten. Nach wie vor rannten wir täglich nach Tisch dreimal ums Belvedere oder um die Ringstraße, aber jetzt ging das nicht mehr so. Ich mußte öfter zu Hause bleiben, und Mahler kam dann von seinen »runs«, wie er es nannte, überraschend schnell nach Hause.

Am 3. Mai wurde Verdis ›Falstaff‹ zum ersten Mal in deutscher Sprache aufgeführt; ich aber konnte bei den Proben des Werkes nicht mehr als sein Kamerad mithalten, wie Mahler das liebte.

Sonst aber lebten wir jetzt viel geselliger. Max Burckhard versuchte uns mit seinen Freunden zusammenzubringen.

Mit Hermann Bahr mißlang dies. Mahler fühlt sich selten irgendwo wohl. Er verbreitete dann eine Atmosphäre um sich herum, »als läge eine Leiche unter dem Tisch«. Ich bin überzeugt, daß die Menschen aufatmeten, wenn wir endlich fortgingen. Aber einmal kam Burckhard zu mir und lud uns ein, mit Gerhart Hauptmann, dessen Freundin Margarethe Marschalk, die er kurz darauf geheiratet hat, und Josef Kainz bei ihm zu sein. Mahler sagte widerwillig zu; dieser Abend bleibt unvergessen.

Die Gespräche dieser Nacht, denen viele zwischen Hauptmann und Mahler folgen sollten, blieben mir alle im Gedächtnis. Während wir bei Tisch saßen, kam es zu einer großen Kontroverse zwischen Hauptmann und Kainz über den Schluß der ›Versunkenen Glocke‹. Hauptmann hatte den Schluß geändert. Rautendelein war in der ersten Version ebenso unbeschwert in den Brunnen zurückgekehrt, wie sie aus ihm emporgestiegen war. Er läßt jetzt Rautendelein traurig zurückkehren, was freilich zu ihrem elfischen Charakter nicht passen will. Kainz nannte diese Veränderung eine Konzession an das Publikum. Er besaß als Geschenk von Hauptmann die erste Version und meinte lachend: er werde, wenn er Hauptmann überlebe, auf eigene Faust eine Aufführung mit dem ursprünglichen Schluß veranstalten. Hauptmann sagte, er habe nichts dagegen, wenn man in den Aufführungen Willkürlichkeiten begehe, wenn nur den gedruckten Büchern nichts geschehe. Kainz ist unterdessen gestorben. Wo mag dieses Manuskript hingekommen sein.

Spät gingen wir von Burckhard weg, und der lange Heimweg von der Frankgasse, wo Burckhard wohnte, bis in die Auenbruggergasse am Rennweg, wo wir wohnten, wurde noch länger, weil Mahler und Hauptmann unter jeder Laterne stehenblieben und, sich gegenseitig am Mantelknopf haltend und heftig gestikulierend, viertelstundenlang verweilten. Margarethe Marschalk, damals ein wunderschönes Wesen, und ich setzten uns dann jedesmal auf eine Bank und warteten geduldig, bis eine Cäsur eintrat in diesen heftigen Gesprächen, die es uns ermöglichte, unsere beiden Männer an uns zu erinnern. Endlich um vier Uhr früh konnte ich nicht mehr weiter. Am Michaelerplatz, wohin wir uns bis dahin vorgeschoben hatten, mußte ein Einspänner genommen werden (höher verstiegen wir uns damals nicht), und wir fuhren nach Hause. Am nächsten Tag waren wir bei Hauptmanns im Hotel Sacher. Ich wurde sofort von Margarethe empfangen, die ein Hemdchen und eine schwarze Atlashose anhatte und ihre kurzen schwarzen Locken offen über die Schulter hängen ließ. Ich empfand sie damals absolut als das Urbild des Rautendelein. Wir sollten miteinander ausgehen, und Mahler sollte bei Hauptmann bleiben. Beim Weggehen nahm mich Hauptmann beiseite und sagte: »Liebste Frau, ich bitte Sie, achten Sie auf Gretchen. Lassen Sie sie in kein Geschäft hineingehen, sie hat keine Ahnung von Geld und gibt alles aus, was sie bei sich hat. Denken Sie, in Berlin gab ich ihr eine Tausendmarknote und sagte: ›Gretchen, gib mir das in Italien wieder‹, und als ich dann das Geld verlangte, wußte sie überhaupt nicht mehr, daß ich ihr eines gegeben hatte. Da ich aber nun sehr mit dem Gelde gerechnet hatte, fehlte es mir sehr, und ich begann nun selber zu suchen. Wo, denken Sie, war es? Auf dem Boden des Koffers fanden wir es in Gestalt eines kleinen Kügelchens. Was sagen Sie dazu?«

Ich versprach alles. Aber es war schwerer als ich gedacht hatte. Alles wollte sie haben. Vollkommen elfisch hemmungslos. Auf diesem Wege zankte sie mich aus, daß ich eine so kleine Wirtschaft führe, ich sollte es mir doch leichter machen, so wie sie. Sie habe acht Dienstboten und rühre nie selber etwas an. Man hat ihr diese Verschwendung später noch sehr oft verübelt, aber ich hatte damals das Gefühl, daß Hauptmann selber es so wollte; daß er selber gerade jene Eigenschaften an ihr großzog, die er dem Rautendelein gegeben hatte, und die er an ihr, seinem Pygmaliongeschöpfe, erleben wollte.

Ihr Aufenthalt in Wien war indes kurz, aber es sollte bald ein längerer und für uns bedeutungsvollerer kommen.

Im Frühjahr, knapp vor der Geburt meines zweiten Kindes, fuhr ich mit meiner kleinen Maria und einem ahnungslosen Stubenmädchen nach Abbazia. Dieses Mädchen ließ sich buchstäblich von mir bedienen, was bei meinem Zustand grotesk war. Ähnliches erlebte ich noch oft mit Bediensteten.

Mahler kam mir bald nach. Er war wie immer im Schlafwagen gefahren, während ich in einem gewöhnlichen Coupé gereist war. Ich holte ihn aus Mattuglie. Er erzählte mir, daß er den ganzen Morgen von zwei reizenden Buben belästigt worden sei, die durch alle Lücken der Vorhänge in sein Coupé hineinzuschauen versucht hätten. Bald aber hatte er große Erregung im Waggon bemerkt und die Buben als die Söhne des Erzherzogs Otto erkannt, die Mahler längst agnosziert hatten. Beim Aussteigen, ich stand schon neben Mahler, führte die Erzherzogin Maria Josepha die Kinder ganz nahe an ihn heran und sagte: »Schaut euch diesen Herrn nur gut an«, grüßte sehr lieb und ging zu ihrer verwundert dreinblickenden Gefolgschaft zurück. Sie liebte Mahler, weil er die Tänzerin Schleinzer, die recht taktlose Geliebte des Erzherzogs Otto, pensioniert hatte, und auf die Frage der Tänzerin, warum er dies tue, geantwortet hatte: »Ich kann eine Erzherzogin in meinem Ensemble nicht brauchen.« Einer der beiden Knaben war der spätere Kaiser Karl.

Mahler hatte auch nach Abbazia seine Arbeit mitgebracht. Ein richtiges Ausspannen habe ich an ihm nie erlebt. Wir hatten in dieser Pension sofort das Privilegium, daß wir das Essen auf dem

Zimmer serviert bekamen, was dort, da wir weit vom Haupthaus entfernt, am Ende des Gartens, in einer Dependance, »Tusculum« genannt, wohnten, keine geringe Verwirrung angerichtet haben mag.

Ich liebte diese »splendid isolation«, wie Mahler es nannte, ebenso wie er. Ein- oder zweimal taten wir der Wirtin die Freude und kamen in den Speisesaal zum Essen. Da zeigte sich wieder, daß sofort die ganze Gesellschaft beklommen schwieg, als Mahler erschien. Der einzige Frechling, der an ihn gleich die dreistesten Fragen richtete, war der Operettenkomiker Treumann. Mahler hat es ihm nicht verübelt, nein, im Gegenteil, er war eigentlich froh, daß der schauerliche Bann gebrochen war.

Einen Tag früher, als wir es vorhatten, fuhren wir nach Wien zurück. Mahler litt es nirgends lange, überall war er gehetzt und ruhelos. Immer rief die Arbeit, sei es nun sein eigenes Werk, sei es die Oper. Kein Genießen! Niemals Ausruhen! Ahasverismus!

Am 14. Juni 1904 fuhren wir, wie in den letzten Wochen täglich, nachmittags mit einem Fiaker in den Prater. Zurückkehrend trafen wir im Hausflur Rosés, im Begriffe in das Burgtheater zu gehen. Sie wollten uns überreden mitzuhalten; es wurde ›Der arme Heinrich‹ gegeben. Ich hatte sofort große Lust, Mahler erst recht, und so fuhren wir mit dem Wagen gleich alle vier weiter.

Die herrlichen Worte Hauptmanns trank ich wie Wein, Kainz spielte, ich war erschüttert, wie es in meinem erregten Zustand begreiflich war. Voll mit Hauptmanns musikhaften Versen kam ich nach Hause, nahm mir das Drama mit ins Bett und las es noch einmal. Träumte klingende Verse und wachte plötzlich auf, wie von Gott berührt, meine Zeit war da – und ich hörte Hauptmann weiter. Ich wollte niemanden wecken, öffnete das Fenster, es war der 15. Juni; alles blühte, rauschte, sang. Ich schaute in die Bäume, hörte den Vögeln zu, ich war ganz ohne Angst. Es war nun 5 Uhr geworden, die Schmerzen sehr heftig. Ich ging zu Mahler, er erschrak, zog sich sofort an, holte die weise Frau und versuchte dann alles, um mir meine Schmerzen wegzusuggerieren. Er verfiel auf den närrischen Gedanken, mir Kant vorzulesen. Ich saß auf seinem Schreibtisch, wand mich vor Schmerzen, und das monotone Geräusch des Vorlesens war zum Verrücktwerden. Verstehen konnte ich ohnedies nicht mehr, was er las. Es war zu viel! Ich revoltierte. Heute weiß ich, daß er unbedingt recht hatte, und daß es nur *eine* Schmerzüberwindung gibt, nämlich die, sich geistig zu konzentrieren. Nur war das Objekt schlecht gewählt, es war zu schwer zu fassen.

Die Geburt um 12 Uhr mittags, in der Mitte der Woche (Mittwoch), in der Mitte des Monats, in der Mitte des Jahres war ein Sinnbild. Dieses Kind war uns gleich eine große Freude und wurde für seine blauaufgeschlagenen Augen »Guckerl« von uns genannt.

Am Tage der Geburt war ich eingeschlafen. Ich erwachte mit einem Schreck. Über meinem Gesicht, eine Handbreit entfernt, pendelte ein riesengroßer Hirschkäfer. Mahler hielt ihn, glückstrahlend und seinen Widerwillen vor Tieren bezwingend, nur noch an einem Bein fest und jubelte: »Du hast doch alle Tiere so gerne. Den habe ich dir gefangen!«

In dieser Zeit hatte ich einmal plötzlich Lust nach einem Stückchen Käse. Derartiges kam nie in unser Haus. Mahler lief sofort in die Stadt in das größte Käsegeschäft, von dem er wußte, und kaufte einen ganzen Ziegel des scharfen Schwarzenbergerkäses. Ich hatte vorher nie gewußt, daß es solche Massen im Ganzen gebe. Da er nie etwas in den Händen tragen wollte, so hängte er sich dies enorme Paket an den Knopf seines Überziehers und vergaß es sofort. Er eilte schnell, und der pendelnde Käse verbreitete einen betäubenden Geruch... In der Walfischgasse wurden gerade Gasrohre ausgewechselt, er fand, daß die Gasse mörderisch rieche, und lief dem Ring zu. Doch überall war der verderbliche Gasgeruch. Da er immer schneller lief, roch es immer stärker. Endlich stürzte er in mein Zimmer, auch hier der verfluchte Gasgeruch! Er erregte unbändige Heiterkeit, war erst böse und ungern davon zu überzeugen, daß er selbst Urheber des Ganzen sei, und lachte dann hell auf.

Mahler war unendlich suggestibel. Hatte ich Schmerzen, war

mir im Magen schlecht – sofort hatte er dieselben Empfindungen. Ebenso war er gläubig wie ein Kind, was seine Physis betraf. Da er ohne jeden Körperinstinkt war, so wußte er aus sich heraus niemals, was ihm gut tat. Er ließ sich Mittel von allen möglichen Bekannten raten und nahm unentwegt von überallher Arzneien. Als ich aus unsrer Wohnung in der Auenbruggergasse wegzog, hatte ich meinen großen, ausgezogenen Eßtisch voll Medikamente liegen, und alle Freunde deckten sich auf Jahre damit ein.

So hatte ihm einmal seine Schwester ein Brot empfohlen, aus unausgeschrotetem Mehl, und dies wurde ihm alle drei bis vier Tage nach Tirol gesandt. Dies Brot, das ich natürlich mitessen mußte, lag mir wie ein Stein im Magen. Ich schwieg und aß es weiter. Aber eines Tages bekam ich Krämpfe. Woher? Ja, ich vermutete, vom Brot. Mahler war wie erlöst. Er sprang auf und rief: »Du verträgst es *auch* nicht? Gott sei Dank! Mir ist seit acht Tagen elend davon. Jetzt müssen wir es ja nicht mehr essen!« Und es wurde abbestellt.

Und so ging es oft.

Eine lustige Episode spielte sich beim Zahnarzt ab. Mahler hatte Zahnschmerzen, aber er wußte nicht, welcher Zahn ihm weh tue. Ich hatte den Zahn bald gefunden. Ich blieb im Wartezimmer des Zahnarztes, das sehr voll war. Plötzlich riß Mahler die Türe auf und rief: »Du, Alma, welcher Zahn tut mir eigentlich weh?« Gelächter der Umhersitzenden. Erstaunen Mahlers.

Mahler war mehr denn je mit uns. Er konnte sich jetzt von den Kindern kaum trennen, mit denen er, mit jedem ganz individuell, sonderbare Beziehungen hatte, wie groteske Geschichten, Späße, Gesichterschneiden. Der älteren erzählte er mit Vorliebe das Märchen von Brentano ›Gockel, Hinkel und Gackeleia‹.

Im Sommer besuchten uns Zemlinsky (mit dem ich im Winter wieder etwas musiziert hatte, der Mahler wie einen Gott verehrte und den dieser auch immer lieber gewann) und Roller, den er seit je liebte; so wurde es ganz lebendig um uns. Mahler wurde menschlicher, mitteilsamer. Er vollendete die Sechste Symphonie und vermehrte die zwei ›Kindertotenlieder‹ um drei weitere, was ich nicht verstehen konnte. Ich kann es wohl begreifen, daß man so furchtbare Texte komponiert, wenn man keine Kinder hat, oder wenn man Kinder verloren hat. Schließlich hat auch Friedrich Rückert diese erschütternden Verse nicht phantasiert, sondern nach dem grausamsten Verlust seines Lebens niedergeschrieben. Ich kann es aber nicht verstehen, daß man den Tod von Kindern besingen kann, wenn man sie eine halbe Stunde vorher, heiter und gesund, geherzt und geküßt hat. Ich habe damals sofort gesagt: »Um Gottes willen, du malst den Teufel an die Wand!«

Der Sommer war schön, konfliktlos, glücklich. Am Ende der Ferien spielte mir Mahler die nun vollendete Sechste Symphonie vor. Ich mußte mich im Hause von allem frei machen, viel Zeit für ihn haben. Wir gingen wieder Arm in Arm in sein Waldhäuschen hinauf, wo wir mitten im Walde ohne Störung waren. All das geschah immer mit einer großen Feierlichkeit.

Nachdem er den ersten Satz entworfen hatte, war Mahler aus dem Walde heruntergekommen und hatte gesagt: »Ich habe versucht, dich in einem Thema festzuhalten – ob es mir gelungen ist, weiß ich nicht. Du mußt dirs schon gefallen lassen.«

Es ist das große, schwungvolle Thema des I. Satzes der VI. Symphonie. Im dritten Satz schildert er das arhythmische Spielen der beiden kleinen Kinder, die torkelnd durch den Sand laufen. Schauerlich – diese Kinderstimmen werden immer tragischer, und zum Schluß wimmert ein verlöschendes Stimmchen. Im letzten Satz beschreibt er sich und seinen Untergang oder, wie er später sagte, den seines Helden. »Der Held, der drei Schicksalsschläge bekommt, von denen ihn der dritte fällt, wie einen Baum.« Dies Mahlers Worte.

Kein Werk ist ihm so unmittelbar aus dem Herzen geflossen wie dieses. Wir weinten damals beide. So tief fühlten wir diese Musik und was sie vorahnend verriet. Die Sechste ist sein allerpersönlichstes Werk und ein prophetisches obendrein. Er hat sowohl mit den ›Kindertotenliedern‹ wie auch mit der Sechsten sein Leben »anticipando musiziert«. Auch er bekam drei Schicksalsschläge, und der dritte fällte ihn. Damals aber war er heiter, seines großen Werkes bewußt, und seine Zweige grünten und blühten.

Ein Wort noch über das Vorspielen. Er sagte immer, er spiele niemals ein unfertiges Werk vor. Tat es auch nie. Es sei eine Unkeuschheit; ebensowenig wie eine Mutter ihr Kind vor der Zeit im Leibe zeigen könne, ebensowenig solle ein Künstler sein unfertiges Werk zeigen.

Einmal sagte ich auf einem Spaziergang: »Ich liebe am Manne nur die Leistung. Je größer die Leistung, desto mehr muß ich ihn lieben.«

Mahler: »Das ist ja recht gefährlich für mich, denn wenn einer käme, der mehr ist als ich – ?«

»Dann müßte ich den lieben«, sagte ich.

Darauf er lächelnd: »Na, einstweilen bin ich unbesorgt. Ich weiß keinen, der mehr ist als ich.«

Doch waren wir beide eifersüchtig aufeinander und leugneten es. Er sagte oft: »Wenn du doch plötzlich durch Krankheit entstellt würdest, zum Beispiel Blatternarben bekämest (seine Worte), *dann* erst, wenn du niemand anderem gefallen kannst, dann erst könnte ich dir zeigen, wie ich dich liebe.«

Die Schuldenlast, die ich übernommen hatte und deren schnelle Tilgung mir Mahler vor unserer Hochzeit mit den Worten ans Herz gelegt hatte: »Ich bau auf ›Gott und meine Euryanth‹, daß du bald damit fertig wirst«, beschwerte mein Herz. Die Einteilung blieb völlig mir überlassen. Mahler bezog alle Kleider vom ersten Schneider, unzählige Paar Schuhe vom ersten englischen Schuster. Ich freilich trug fünf bis sechs Jahre dasselbe Kleid. Ich konnte z. B. eine Einladung zu Baron Albert Rothschild zum Dejeuner nicht annehmen, weil ich keinen Hut hatte. Keinem von uns beiden fiel es ein, daß ich mir ja einen hätte kaufen können. Und Mahler ging allein dorthin.

Das Sparen also, der Hausstand, der für Mahler in peinlichster Akkuratesse geführt werden mußte, die Kleider, der Alltag, all dies hatte unsre Liebesbeziehung etwas abgenützt, aber seine

Liebe, die jetzt in diesen mittleren Jahren durch Hemmnisse und Alltagssorgen zurückgedrängt war und schon begraben schien, harrte wieder der Auferstehung.
Roller hatte nun den Auftrag bekommen, den ›Fidelio‹ neu zu inszenieren.

Wunderbare Dekoration, gänzlich neue Umdichtung und Umgruppierung; die große ›Leonoren‹-Ouvertüre jetzt als Übergangsmusik zum letzten Bild. Und wie aus dem schwarzen Kerker die Musik nun durch die Dunkelheit zum Licht führt, der Vorhang aufgeht und das Bild oben auf der Bastille in hellstem, goldenstem Sonnenschein ersteht, das war fast unerträglich schön. Diese geniale dramaturgische Lösung Mahlers hat sich durchgesetzt. Toscanini macht die Ouvertüre an dieser Stelle noch heute.

Bei dem Quartett »Mir ist so wunderbar« ließ Mahler die vorher stark agierenden Menschen plötzlich ein lebendes Bild stellen und einen Sonnenstrahl durch das Fenster auf die Gruppe fallen. Das Orchester, die Sänger, alles war so bis ins kleinste Detail durchgearbeitet, wie er vorher nie eine Oper herausgebracht hatte. Die Idee dieser Aufführung wurde im Oktober 1904 gefaßt und wirkt noch immer nach.

Ich nährte mein jüngstgeborenes Kind, wollte die letzten Proben aber doch nicht versäumen, und so saß ich versteckt in einer Loge und lief jede halbe Stunde zum Telephon, mich nach dem Befinden der Kinder zu erkundigen. Eine ahnungsvolle Angst um die Kinder erfüllte mich ständig, und sie hat recht behalten, wie es die Zukunft zu meinem Schmerz zeigen sollte. Dann aber mußte ich erfahren, daß alle Angst und Sorgfalt und alles in der Welt nichts nützt, wenn es Gott anders beschlossen hat. Es war Ende September, Mahler verlangte, ich solle das Kleine so schnell wie möglich absetzen. Ich tat es, aber mit schwerem Herzen, nur um der Uraufführung der Fünften Symphonie in Köln willen, bei der ich um keinen Preis fehlen wollte.

Nun sollten wir zusammen nach Köln fahren zu den Proben. Aber die Natur läßt nicht mit sich spaßen. Ich wurde krank durch das plötzliche Abstillen, und unsere Hoffnung, daß ich doch würde nachkommen können, erwies sich als unerfüllbar. Und so lag ich fiebernd im Bett, während die Fünfte das erste Mal erklang. Diese Fünfte war mein erstes, volles Mitererleben gewesen! Ich hatte die ganze Partitur kopiert, ja mehr als das: Mahler ließ oft ganze Zeilen aus, weil er wußte, daß ich die Stimmen kenne, und verließ sich blind auf mich.

Er hatte im Frühjahr eine Leseprobe mit den Philharmonikern vorgenommen, an der ich, auf der Galerie verborgen, teilnahm. Ich, die ich beim Kopieren alle Melodien gehört hatte, hörte sie nun nicht, da Mahler das Schlagwerk, die kleine Trommel dauernd so rasen ließ, daß außer Rhythmus nicht viel zu erkennen war. Ich lief laut weinend nach Hause. Er kam mir nach. Lange wollte ich nicht reden. Endlich sagte ich schluchzend: »Du hast da eine Symphonie für Schlagwerk geschrieben!« Er lachte, holte die Partitur her und strich mit einem roten Bleistift fast die ganze kleine Trommel und auch sonst die Hälfte des Schlagwerkes heraus. Er hatte es selbst gefühlt, aber meine leidenschaftliche Bitte hatte den Ausschlag gegeben. Ich besitze die vollkommen veränderte Partitur. Zu der Uraufführung dieser mir so vertrauten Symphonie reiste nun Mahler allein. Sie fand am 19. Oktober im Gürzenich in Köln statt. Die Aufführung scheint sehr gut gewesen zu sein, der Erfolg groß. Mahler schrieb mir über alles sehr genau. Er mußte weiter, nach Amsterdam, wo er, bei Mengelberg wohnend, sich immer heimischer fühlte. Er dirigierte dort die Zweite und Vierte. Die Vierte, die das erste Mal in Amsterdam gegeben wurde, hatte Mengelberg zweimal an einem Abend auf das Programm gesetzt. *Vierte.* Pause. *Vierte.* Erst dirigierte Mahler, dann Mengelberg. Mahler setzte sich behaglich ins Parkett und ließ sich sein Werk vorspielen. Er sagte mir dann zu Hause, daß es ihm gewesen sei, als ober er es selbst dirigiere, so genau hatte Mengelberg seine Intentionen erfaßt.

Er kam aus Amsterdam morgens in Wien an, sein warmes Bad war bereit; ich saß neben ihm, wie immer, wenn er ankam, half ihm, und er erzählte mir alles, was er erlebt hatte, dann frühstückte er und ging in die Oper. Mahler dirigierte da wöchentlich etwa zweimal. Er studierte fast alles selbst ein oder war bei den Proben anderer eingreifend tätig. Ungeheuer fleißig, behielt er alle Repertoire-Opern, die er einstudiert hatte, lange Zeit unter seinem eignen Taktstock und arbeitete fortwährend weiter an Neueinstudierungen und Premièren. Nur am Morgen schrieb er täglich seine Partituren ins reine.

Die Dritte Symphonie hatte im Dezember einen großen, ehrlichen Erfolg in Wien und mußte wiederholt werden. Mahler spendierte nachher, einer alten, ihm lieben Gewohnheit treu, dem Orchester einen Bierabend bei der ›Goldenen Birne‹ in Mariahilf, dem er selber ungefähr eine Stunde lang beiwohnte. Dies machte ihm immer Spaß. Er liebte die Menschen, mit denen er arbeitete. Sie waren ihm alle, jeder einzelne, wichtig. Wenn das sein Orchester gewußt hätte, wie schön hätte da Zusammenarbeit sein können!

Weihnachten, Neujahr, kleine Feste und auch einmal ein großes Diner bei einem reichen Freunde, wo Mahler in der Mitte des Essens eintraf und sich vor den Augen der andern Gäste (die ihn dermaßen anstarrten, daß sie das Weiteressen vergaßen) sofort einen Calvilleapfel vom Aufsatz nahm, den er, nachdem er ausgiebig an ihm gerochen hatte, neben seinen Teller legte; dann schlang er schnell irgend etwas hinunter, sprang vor dem letzten Gang auf und stürzte in das Rauchzimmer. Hausherr und Haustochter hinterdrein. Vergeblich beteuerte er, daß er allein zu sein wünsche, sie blieben abwechselnd bei ihm, bis das Diner zu Ende war und geräuschvoll die andern nahten.

Alle fürchteten sich vor ihm, und er interessierte alle. Gemütlich aber machte er einen solchen Abend nicht. Der Hausherr hatte den Bitten eines Sängers diesmal nicht widerstehen können und gestattet, daß dieser den Abend benützte, um Mahler vorzusingen. Kaum aber waren die einleitenden Klaviertöne verklungen und der Sänger hatte sich in Positur geworfen, als Mahler, gar nicht leise, sondern überaus ostentativ, aus dem Zimmer ging, im Nebenzimmer noch anstandshalber das Ende des Liedes abwartete und mit mir brüsk die Gesellschaft verließ.

Dieser und ein andrer Abend bei ziemlich kultivierten Adligen waren in den ganzen Jahren in Wien die einzigen sogenannten »Gesellschaften«, an denen wir teilnahmen. Wir berechneten nachher die Kosten: Kleid, Wagen etc. und sahen, daß wir mit dem Geld leicht eine kleine Reise hätten machen können. Wir kamen im Reden darauf, daß jeder nur dem andern eine Freude machen wollte, dies genügte, und so verzichteten wir auf weitere Gesellschaftsabende.

Außerdem hatte sich bei mir etwas Merkwürdiges eingenistet. Als Mädchen schon war ich scheu und unbalanciert, aber diese Scheu wuchs an Mahlers Seite in einem solchen Maße, daß ich, angesprochen, die dümmsten und sinnlosesten Antworten gab, mich immer und überall nur als Anhängsel von Mahler betrachtend. Wozu noch seine ungeheure Popularität kam, so daß wir nicht zwei Schritte auf der Gasse machen konnten, ohne daß die Leute stehenblieben und laut riefen: »Da, der Mahler mit seiner Frau!« Sie lachten, stießen sich an, drehten sich um, so daß ich vor Unsicherheit oft nicht wußte, wie ich die Füße setzen solle. Mahler aber merkte nichts davon. Seine Unbekümmertheit war oft geradezu grotesk.

Wir warteten zum Beispiel auf die Elektrische im Prater. Großes Aufsehen. Die Elektrische schon in Sicht, da fällt es Mahler ein, in einem in der Nähe stehenden Häuschen zu verschwinden. Alles rings lächelte verschämt und musterte mich, die ich in solchen Momenten am liebsten in eine Versenkung verschwunden wäre.

Im Restaurant z. B. unterließ er es nie, den Kellner auf die Speisen aufmerksam zu machen, die gerade ein anderer Gast verzehrte. Er stand dann auf, zeigte mit dem Finger nach der Richtung des glücklichen Besitzers jener Speise, die ihm gefiel und die er nun auch haben wollte. – Laut: »Kellner, was ißt der Herr dort?«

Hierher gehört auch eine Geschichte, die ich nicht selber erlebt habe, die mir aber Mahler erzählte. Sie reicht in die Zeit zurück, als er Operndirektor in Budapest war. Auf einem Spaziergang war er mit seine Schwester Justine in einem eleganten Kaffeehaus gelandet, dessen Tische auf zwei übereinanderliegenden Terrassen standen. Mahler fühlte dringend das Bedürfnis, sich die Hände zu waschen. Gewohnheitsmäßig steht er auf und geht an die Balustrade, von wo er, ohne hinunterzuschauen, gemächlich die Karaffe über die Hände ausleert. Furchtbares Geschrei – Aufspringen – Kleiderabbeuteln – Hinaufschauen – Ach, es ist Mahler! Man beruhigt sich, nachdem er sich höflich entschuldigt hat. Im Laufe des Gesprächs müssen die Hände noch einmal gewaschen werden. Mahler erinnert sich, nimmt wieder die Flasche, geht an die andere Ecke der Terrasse, gießt Wasser über die Hände: neues merkwürdig ähnliches Weibergekreisch. Er schaut hinunter: dieselbe Gesellschaft, noch einmal beschüttet! Die Leute hatten sich, eine neuerliche Dusche fürchtend, an dieses andere Ende der Terrasse geflüchtet. Diese seine ungeheuren Ahnungslosigkeiten und Unbekümmertheiten machten mich immer befangener. Dazu kamen andere merkwürdige Eigentümlichkeiten in seiner Natur, über die ich aber weder etwas aussagen kann noch will! Heut noch nicht! – Kurz, ich verfiel immer mehr einer quälenden Mikromanie. Oft standen mir beinahe die Tränen in den Augen, und ich hatte Mühe, heiter zu scheinen... Mahler sollte es nicht sehen. Meine alte musikalische Arbeit wäre eine vollkommene Heilung für mich gewesen. Die aber hatte er mir in der Verlobungszeit verboten, und ich schleppte nun meine hundert Lieder wie einen Sarg überall mit hin, ohne sie jedoch auch nur anzusehen.

Einmal kam Mahler unerwartet heim und fand mich in Tränen. Er fragte nicht – legte seine Hand auf meinen Kopf und sagte: »Weil nicht alle Blütenträume reiften?« Nun konnte ich mich nicht mehr halten. Hemmungsloses Schluchzen brach aus mir hervor...

Unsere Abmachung in Wien war, daß ich, wenn ich am Vormittag eine für ihn unangenehme Nachricht bekommen hatte, bei Tisch heiter plaudern mußte, weil er sonst das Essen nicht vertrug, und daß ich ihm erst nach seinem Mittagsschlaf, wenn er ausgeruht und widerstandsfähig war, die Botschaft überbringen durfte. Wie verstehe ich ihn heute, nach vielen Jahren, wo ich unter all den Dingen leiden muß, an denen er litt, weil sie mir niemand fernhält, und ich danke Gott, daß ich damals lediglich aus Folgsamkeit ihm seinen Willen erfüllte.

Eine zweite ebenso sonderbare Verabredung war, daß das, was am vorigen Tag richtig war, am nächsten nicht mehr stimmen müsse. Es war also unmöglich für mich zu sagen: »Aber Gustav, du hast doch gestern das Gegenteil gesagt« (und dies tat er oft), weil er für sich das Recht beanspruchte, inkonsequent sein zu dürfen. Diese Eigenschaft hat mich manchmal sehr erschreckt, weil ich seiner Gesinnung und Meinung niemals ganz sicher sein konnte.

SPLENDID ISOLATION

1905

Im Winter wurde ›Rheingold‹ neu einstudiert. Es gab einen Krach nach dem andern mit Roller und den »Rheintöchtern«, die sich weigerten, in den Körben auf den langen Stangen zu singen. Roller »belegte« sie mit Disziplinarstrafen, aber seine Strenge, seine Härte begann bei den Mitgliedern schon böses Blut zu machen. Die Bilder waren schön, aber unbequem, auch für die andern Sänger. Und Mahler war machtlos ihm gegenüber; Roller begann zu dominieren, und Mahlers Macht war im Schwinden.

Tagebuch:

»26. Jänner. Gestern Konzert: Zemlinsky-Schönberg. Meine Ahnung bestätigte sich. Zemlinsky ist trotz vieler kleiner reizender Einfälle und eines ungeheuren Könnens doch nicht so stark wie Schönberg, der zwar ein verworrener, aber doch hochinteressanter Kerl ist. Die Leute gingen scharenweise weg und schlugen die Türen zu, während der Musik. Viele Pfiffe – aber sein Talent war überzeugend für uns beide.«

Als ich zwanzig Jahre alt war, war Alexander von Zemlinsky mein Kompositionslehrer gewesen. Durch ihn hatte ich seinen Schüler Schönberg kennengelernt. Er sagte damals, als ich meine mangelnde Sympathie für Schönberg äußerte: »Schauen Sie sich den nur gut an, von dem wird die Welt noch viel sprechen.« Ich konnte den Glauben an ihn damals in mir nicht entzünden. Aber der Lehrer Zemlinsky wurde später zum Schüler von Schönberg. Niemand konnte sich in seinem Bannkreis seinem überragenden Geist und seiner unwidersprechlichen Logik entziehen.

Allsonntäglich waren wir bei Frau Conrat, einer Freundin von

Brahms, zu Gast. Nach der Ersten Symphonie von Mahler waren wir alle zu spät zu Tisch gekommen, weil wir auf der Gasse leidenschaftlich über das eben Gehörte diskutiert hatten. Diese Musik hatte uns mit Zorn erfüllt. Später traf ich Schönberg wieder; aber da kannte ich Mahler schon; nur wußte es niemand. Ich fragte damals Schönberg, ob er die Aufführung der IV. Symphonie, die bevorstand, anhören werde. Schönberg antwortete mit einem seiner beliebten Paradoxe: »Wie kann Mahler bei der IV. etwas können, wo er doch schon bei der I. nichts gekonnt hat.« Ein echter Schönberg! Und dieser Mensch sollte Mahlers größter und tiefster Anhänger werden. Durch Zemlinsky kam später Schönberg in unser Haus. Es entspann sich zwischen Mahler und diesen beiden eine merkwürdige Art von Freundschaft. Zemlinsky, in übergroßem Stolz, war herb zu Mahler, den er verehrte. »Ja«, meinte er, »alle Leute wollen etwas von ihm und hofieren ihm deshalb. Er soll nie glauben, daß ich etwas von ihm will.« Ich sagte dies Mahler, der ihm durch mich sagen ließ, er solle nicht so unnaiv und getrost freundschaftlich zu ihm sein.

Schönberg wieder war voll jugendlichen Protestes gegen den älteren Künstler, den auch er verehrte. So kamen sie des Abends. Beide falsch instrumentiert. Man aß schrecklich einfach bei uns, dann ging man ans Klavier und fachsimpelte. Am Anfang immer ganz friedlich, aber plötzlich – irgendein hochmütiges Wort von Schönbergs Seite, von Mahler eine etwas von oben herab betonte Zurechtweisung – und es krachte auf allen Seiten. Schönberg gefiel sich in Paradoxen ärgster Art, wenigstens empfanden wir es als solche, heute würde ich es anders hören. Mahler erwiderte dozierend, doktrinär; Schönberg sprang auf und lief mit kurzem Gruß davon. Zemlinsky folgte kopfschüttelnd.

Wenn die Türe sich hinter diesen beiden geschlossen hatte, sagte Mahler: »Daß du mir diesen eingebildeten Kerl nicht mehr einlädst!« Schönberg sagte auf der Stiege wütend: »Dieses Haus betrete ich nicht mehr!« Aber nach ein paar Wochen sagte Mahler: »Sag einmal, warum kommen denn Eisele und Beisele (so nannte er die beiden im Spaß gern) nicht mehr zu uns?« Ich aber sagte nicht: »Du wolltest es ja nicht«, sondern lud sie schnell wieder ein. Und die beiden, die darauf gewartet hatten, kamen ebenso schnell. Trotzdem wurde diese Beziehung erst viel später erquicklich.

Einmal kam Mahler nach Hause: »Heute habe ich für dich gestohlen.« Er zog aus seiner Brieftasche einen vierfach gefalteten Bogen heraus: das innere Titelblatt des ›Tannhäuser‹. Unten in der rechten Ecke stand: »Aus dieser Partitur habe ich am ... dirigiert. Richard Wagner.«

Mahler hatte an diesem Abend ›Tannhäuser‹ dirigiert und, wie schon oft, hatte es ihn auch diesmal wieder geschmerzt, daß dieses heilige Blatt von jedem beliebigen Kapellmeister beim Umblättern abgenutzt und verschmiert wurde, und so fiel ihm ein, daß Blatt herauszunehmen. Ich hatte eine wahnsinnige Freude. Mahler meinte, er habe es gerettet, denn die Herren Kapellmeister blätterten es achtlos um, und tatsächlich waren Wagners Worte schon durch Fett und Schmutz der Dirigentenfinger fast unkenntlich geworden. Wir glätteten das Blatt und ließen es einrahmen. Ich hängte es in großer Harmlosigkeit in unser gemeinsames Musikzimmer an die Wand. Aber nicht lange nachher entdeckte es dort Rosé. »Was – Ihr habt das? Die ganze Oper sucht danach. Nein, Kinder, das geht nicht!« Nahm das Bild mitsamt dem Rahmen und trug es weg... Wir haben jedenfalls nichts mehr davon gehört.

Möchte gern wissen, wo es heute ist.

Alle Fremden von geistigem Rang hatten freie Benützung unserer Loge, und es waren ihrer so viele darin, daß für mich oft kaum Platz frei war. Mahler kam einmal aus der Oper: »Richard Dehmel ist in Wien. Er gefällt mir nicht, aber ich weiß, du interessierst dich für ihn. Soll ich ihn dir bringen?« Und so kam er mit seiner Frau zu uns. Es war eine größere Gesellschaft, immer dieselben: Roller, Klimt, Moser, meine Mutter und Moll. Bald war ein großer Streit ausgebrochen über Richard Wagner. Mahler und wir alle kämpften für Wagner. Mahler liebte Wagner ohne Vorbehalt. Dehmel war nüchtern und modern hart gegen Wagner eingestellt. Der Streit drohte ungemütlich zu werden. Da sagte Dehmel abrupt: »... und übrigens erinnert mich Wagner an eine Klatschrose – und Klatschrosen kann ich nun einmal nicht leiden!«

Alles verstummte; in bedrückter Stimmung nahm man Abschied. Und sonderbar, solche Szenen bleiben allen Beteiligten unvergessen und unverziehen.

Ein andrer recht merkwürdiger Abend: Unser Nachbar über dem See in Maiernigg war der Komponist Theodor Streicher. Dieser besuchte uns im Sommer. Wir hatten ihn wieder besucht, er schien nichts zu wollen, der Verkehr war recht leidlich. Aber im Winter tauchte er wieder auf und schnell quollen aus seinem Munde die Worte: »Ich möchte Ihnen gerne Kompositionen von mir vorspielen.«

Mahler: »Welche Texte?«

Streicher: »›Des Knaben Wunderhorn‹.«

Mahler: »Hm –«

Der Abend kam. Streicher, seine Frau im steifen altmodischen Audienzseidenkleid, Schönberg, Zemlinsky, Klaus Pringsheim (der Schwager von Thomas Mann). Man sprach bei Tisch über alles, nur nicht über Streichers Kompositionen. Nachher endlich machte ich Mahler ein Zeichen, er müsse ihn auffordern, er aber lachte und zuckte die Achseln. Das Gespräch kroch dahin. Streicher und Gattin wechselten verwunderte Blicke. Abermals erinnerte ich Mahler, und endlich, schon gegen Mitternacht, gelang es mir, ihn ins Vorzimmer zu locken, und dort fanden wir weit herausragend in Streichers Mantelrock die furchtbar große Rolle. Lächelnd ging Mahler damit ins Wohnzimmer, und Streicher stürzte erlöst auf ihn und dann auf das Klavier zu.

Er spielte ein Lied vor – ein zweites – ein drittes. Mahler schwieg und biß sich im Mund innen die Wange ab, was er immer tat, wenn er sich langweilte. Aber er sagte kein Wort. Schönberg und Zemlinsky, denen die Situation peinlich wurde, waren aufgestanden und flankierten rechts und links wie Stoßvögel den immer nervöser werdenden Streicher. Ihre weichen Herzen ließen sie jetzt kleine Schönheiten entdecken. Streicher, der die Unart hatte, vor dem Vorspielen eines jeden Liedes den Text erst vorzulesen und eventuell zu erläutern, machte sie jetzt auf besonders schöne Einfälle, »merkwürdige« Modulationen aufmerksam, er keuchte, schwitzte und tat das Ungeschickteste, was man in einem solchen Falle tun kann; er spielte weiter. Mahler nahm überhaupt keine Notiz mehr von der ganzen Sache, lag quer über dem Sofa, Pringsheim lehnte am Klavierende, ich hinter dem Vorspielenden. Wir durften uns nicht ansehen, sonst wären wir in ein unauslöschliches Lachen ausgebrochen. Frau Streicher fixierte uns der Reihe nach – es war qualvoll komisch. Endlich empfahlen sich die Streicherischen mit großer Kühle, und unser aller Heiterkeit brach hervor. Ja – das war Mahler, ganz er – nicht imstande, *ein* unehrliches Wort zu sagen!

Tagebuch.

»Am 28. Jänner: – Generalprobe von Mahlers eigenem Liederabend. Große Ergriffenheit im Publikum. Es war das erste Mal, daß die Menschen Mahlers Lieder annahmen. Früher war da viel Gegnerschaft und Kritik in der Zeitung sowie auch unter den Hörern gewesen.«

Ende März begannen nach vielen Für- und Gegenreden die Proben zur ›Rose vom Liebesgarten‹ von Hans Pfitzner. Pfitzner hatte mir unterdessen – ein großes Geschenk – sein Streichquartett gewidmet. Wir hatten viel miteinander korrespondiert, wir waren, trotz der Entfernung, Freunde geworden. Jetzt kam er nach Wien zu den Vorproben. Schrecklich nervös, genau jeden Mitwirkenden auf die Minute des Zuspätkommens prüfend und in seiner egozentrischen Art auf niemand Rücksicht nehmend. Der einzige Mensch, der ihn damals immer beruhigen konnte, war ich.

Tagebuch.

»21. März. Gestern spielte ich Pfitzner, auf seinen Wunsch, alte Lieder von mir vor. Er fand sie gut, versicherte mir mit Freude, daß ich entschiedenes Kompositionstalent habe und eine gesunde Melodik. ›Ich möchte mal eine Zeitlang mit Ihnen studieren, es ist so schade um Sie!‹ Welche wehmütige Freude mich da durchzog. Ein minutenlanges Glücksgefühl.

22. März. Schöne Tage mit Hauptmann. Der und Gustav zusammen – es ist herrlich, ihnen zuzuhören! Der Abend gestern wurde durch Pfitzners Anwesenheit etwas verdorben. Irgendwo ist er beschränkt. Er sagte, daß die tiefste und wahrste Seite an Wagner sein Deutschtum sei. Hauptmann und Gustav waren einer Meinung, daß je größer ein Künstler sei, er desto höher *über* den Nationen stehen müsse. Pfitzner wand sich wie ein Wurm und ging bald verwundet weg. Seitdem ist er verändert. Dies war nach einer Vorstellung des ›Fidelio‹, die Pfitzner und ich zu Hause mit Vorspielen seiner und dann später meiner Lieder verbracht hatten. Wir hatten dann mit Mahler und Hauptmann im Kellerrestaurant bei Meissl & Schadn Rendezvous. Im Eifer unseres Spieles hatten wir die Zeit vergessen, so daß wir zu spät kamen, was indes von niemand übel vermerkt wurde. Pfitzner hatte mir jedes seiner Lieder ungefähr zehnmal vorgespielt. Immer so lange, bis es mir restlos gefallen hatte.

Heute war wieder Streit zwischen Mahler und Pfitzner über ›das ewig Weibliche zieht uns hinan‹. Etwas Unerquicklicheres als dieses Gespräch läßt sich nicht vorstellen. Beide einander *absichtlich* mißverstehend, zum Schluß jeder beleidigt. Außerdem ist Mahler eifersüchtig.«

Er hatte damals eine merkwürdige Taktik, seine Eifersucht zu überwinden: er lud Pfitzner beständig ein und ging dann weg, uns allein lassend. Wir haben viele Stunden miteinander vermusiziert und verredet, aber Mahler war immer um mich: er hätte dazu nicht wegzugehen brauchen. Da aber unser Beisammensein zu dritt ungemütlich war, weil Mahler und Pfitzner aus zu verschiedenem Holz geschnitzt waren und die kurzen Momente eines schnell wieder schwindenden Sichverstehens durch mich vermittelt wurden, war es so jedenfalls ruhiger und wohltuender.

Tagebuch.

»Herrlicher Frühlingstag. Probe in der Oper. ›Rose‹. Nachher hatte Mahler eine kurze Probe seiner Orchesterlieder in der Oper (mit Weidemann) angesetzt. Mahler bat Pfitzner, der bei den Proben zur ›Rose‹ natürlich anwesend war, bei dieser Weidemann-Probe doch zu bleiben, aber Pfitzner, mit der eigenen Probe fertig, dachte nicht daran, Mahler zuliebe auszuharren, murmelte etwas von dringend Zutunhaben und lief davon. Lief zu mir. Am Weg kaufte er noch schnell eine rote Rose, die er mir wortlos auf das Klavier legte. Übrigens war er erregt, böse erregt. Er war, es war der 1. Mai – dem Arbeiterzug am Ring begegnet. Voll Wut über »proletenhafte« Gesichter war er schnell in eine Seitengasse eingebogen und fühlte sich selbst in meinem Zimmer noch verfolgt.

Bald kam Mahler. Mit einem Gemisch von Humor und Verdruß sah er Pfitzners Flucht nun im wahren Licht. Aber es machte ihm heute nichts. Er war zu glücklich. Er war dem Arbeiterzug auf dem Ring begegnet, war eine Zeitlang sogar mitgewandert – alle hätten ihn so brüderlich angesehen –. *Das* eben wären seine Brüder! Diese Menschen seien die Zukunft!

Krach! Da war er wieder, der stundenlange Disput! Ohne Wohlwollen von beiden Seiten geführt, ich dazwischen.«

Pfitzner klagte mir oft, er könne nicht die geringste Beziehung zu Mahlers Musik finden. Er halte das *überhaupt* nicht für Musik. Mahler kannte seine Ansicht, trotzdem hat er sich bei den Proben zur ›Rose vom Liebesgarten‹ halb tot »gerackert«, sie herrlich dirigiert und sich derart in dieses Werk verbissen, daß er bei der Première nach dem ersten Akt ausrief: »Seit der Walküre, erster Akt, ist etwas ähnlich Großartiges nicht geschrieben worden!« Er war glücklich über Meisterschaft und Erfolg des andern!

Hauptmann, der in diesem Winter zur Première seiner ›Rose Bernd‹ (im Burgtheater) nach Wien gekommen war, hatte eine zärtliche, von Mahler nicht voll erwiderte Liebe zu diesem gefaßt. Ich fühlte aber instinktiv, daß für Mahler dieser Verkehr segensreich war oder werden würde, und verabredete jeden Morgen das Zusammensein für den Tag. Mahler kam immer vor die vollendete Tatsache. Und es wurde von Mal zu Mal schöner. Wir waren immer allein zu viert. Sie sprachen über Christus. Hauptmann schrieb sehr bald darauf den ›Emanuel Quint‹. Mahler sprach in herrlicher Erregung. Hauptmann hörte still zu; als Mahler einmal aus dem Raum ging (wir aßen im Hotel Erzherzog Karl), sagte Hauptmann: »Ihr Mann spricht alles klar aus, was ich chaotisch empfinde. Ich habe noch von keinem Menschen so viel gehabt wie von ihm!« Mahler liebte Hauptmann immer mehr, doch machten ihn dessen langsames Denken und das gehemmte Sprechen leicht ungeduldig.

Ich hatte es gewußt, dieser dunkle und dieser helle Dämon, die müßten zusammen einen schönen Klang ergeben. Damals passierte etwas sehr Peinliches. Wir saßen bei der Première von ›Rose Bernd‹ in Hauptmanns Loge. Nach dem ersten Akt ging die Türe auf, unser Freund R. kommt auf uns zu: »Nicht wahr, das ist ein langweiliges und schlechtes Stück!« Fußtritte, Armkniffe, nichts nützte. Er sah nun einmal Hauptmann nicht. Mahler sprang schnell auf und drängte ihn zur Türe hinaus. Wir haben nicht erfahren, ob Hauptmann das gehört hatte. Und wir liebten das Stück und den Dichter.

Nach der Première der ›Rose vom Liebesgarten‹ im April war bei uns ein großer Festabend. Max Reinhardt, irgendein Bankier aus Berlin (ein Freund von Pfitzner), Cossmann aus München, Roller, Zuckerkandls, meine Leute, Rosés und Pfitzner. Mahler, dem der Kreis Pfitzners etwas fremd war, fühlte sich gelangweilt. Er stand während des Essens auf (was er öfters tat) und ging in das Musikzimmer, um zu lesen. Niemand verdroß dies außer dem dicken Bankier, der sich darüber das Maul zerriß und verkündete, daß er *das* Haus nicht mehr betreten werde! Mahler haßte immer das Lange-bei-Tisch-Sitzen. Oft, wer auch da war, stand er auf, ging in das Nebenzimmer, rauchte oder las und kam nach einer Weile wieder zurück. Trotzdem war er neugierig, was gesprochen werde, und rief immer plötzlich herein, wovon die Rede sei. Alle Freunde wußten das, niemand störte es je. Unsere Haushaltsführung war einfach, aber im Material äußerst kostspielig. Alles war rein und gesund, aber ohne jeden Luxus. Dies schien gewiß vielen recht sonderbar, aber wir wollten es nicht anders.

Wir hatten Schönberg und Zemlinsky wieder eines Abends zu Gast. Wie immer wurde nur braunes Bier (Spatenbräu, das Mahler sehr liebte) verabreicht. Bei Tisch war es erst ganz fröhlich, dann aber umwölkte sich Schönbergs Stirn, und ein fachsimpelndes Gespräch, das ohne starke Widersprüche schien, endete in einem wahren Taumel von Paradoxie von seiten Schönbergs. Mahler sagte endlich böse: »Hören Sie schon auf mit Ihrem Bierschwefel!« Darauf Schönberg: »No, *ich* kann doch nichts dafür, daß wir keinen Wein bekommen!«

Die beiden kamen immer öfter. Mahler war von ihnen zum Ehrenpräsidenten der jungen »Vereinigung der schaffenden Tonkünstler« ernannt worden. Mahler hatte ihnen nun am 29. Februar die Wunderhornlieder und die Humoresken geboten und in einem späteren Konzert die ›Domestica‹ von Strauss dirigiert. Dies waren ihre bestverkauften Konzerte, aber die Vereinigung mußte eingehen, wie alles in Wien, ja wahrscheinlich überall in der Welt, was nicht auf die *Gesellschaft* aufgebaut ist.

Im Mai wollte ich nach Maiernigg, aber Mahler bat mich, mit ihm nach Straßburg zu kommen. Ich ging schweren Herzens von den Kindern weg. Am 21. und 22. Mai waren die beiden Konzerte. Mahler dirigierte seine Fünfte und Beethovens Neunte. Richard Strauss war auch da.

21. Mai 1905. Straßburg. Elsässisches Musikfest.

Fünfte Symphonie . . . . Mahler
(Mahler Dirigent)
Rhapsodie . . . . Brahms
(Frau Kraus-Osborne)
Violinkonzert . . . . Mozart
(Henri Marteau)
Sinfonia Domestica . . . . Strauss
(Strauss Dirigent)

22. Mai. II. Konzert
(Mahler als Dirigent des ganzen Konzertes)

Coriolan . . . . Beethoven
G-Dur Konzert . . . . Beethoven
An die ferne Geliebte . . . . Beethoven
Neunte Symphonie . . . . Beethoven

Der Schluß der Rhapsodie im ersten Konzert mußte wiederholt werden; Strauss, der zur letzten Probe erst gekommen war, bekam Angst wegen seiner Aufführung. Er schäumte, er wurde heftig in seinem Zorn. Die ›Domestica‹: eine furchtbare Aufführung, kein Einsatz kam.

Wir waren acht Tage früher dort angekommen, Mahler hatte, wie immer, viele Proben, und seine Aufführungen waren herrlich. Nach der Aufführung der Fünften setzten Mahler und ich uns auf einen Balkon und genossen den Abend. Dieser Balkon war außen am runden Künstlerzimmer angebracht, und wir waren dort völlig unsichtbar. Plötzlich hörten wir das Toben von Strauss: »Diese Seiltänzerbande! Soll in Venedig, in Wien singen, die Kuh, nicht in einem ernsten Konzert! Schluß wiederholen! Schluß wiederholen!« schrie er ein über das andere Mal. »Mir meine Oboisten ermüden, keiner kann mehr weiter! Aber natürlich, so ein Bonze wie der Brahms! Wenn *ich* so einen C-Dur-Dreiklang zum Schluß hinlegen tät, hätte ich den gleichen Erfolg!« Und so tobte er, und wir saßen ratlos dabei. Endlich kam die Pause. Kraus, der Gatte der Osborne, der von den Schimpfereien des Strauss gehört hatte, wollte ihn fordern, verlangte eine Ehrenerklärung für seine Frau, schrieb ein Protokoll auf, das wir als Zeugen unterschreiben sollten – kurz, es drohte sehr ungemütlich zu werden. Mahler suchte Kraus zu beschwichtigen. Vergeblich. Er schrie: »*Meine* Frau hat nicht bei Wanamaker, in einem Warenhaus, gesungen!«* Doch die Pause war aus, es mußte weitergehen. Strauss stieg wütend hinunter und aufs Podium. Mahler und ich mußten unsere lieben Plätze verlassen und uns diesen Höllenbreughel anhören, dem die Aufführung wirklich gleichkam. Wir schlichen wie betäubt aus dem Saal und wieder auf unseren Balkon, von dem aus wir hie und da Klänge vernahmen. Aufstehen, Stühlerücken, das Ende der Aufführung war da. Doch war damals die Suggestion um Strauss schon so groß, daß er nach diesem Chaos doch etwas wie Applaus hatte, vermischt mit einigem Zischen, was übrigens bei der vollendet aufgeführten Fünften Mahlers auch passiert war.

Strauss erschien, Schaum vor dem Munde. Ein paar Herren vom Komitee kamen, baten um Entschuldigung, während doch Strauss, der zu wenig Proben abgehalten hatte, im Unrecht war, und standen ganz verdutzt in den Ecken. Er rannte wie ein Tiger auf und ab, schimpfte über alle Musikfeste und über das Komitee. Trotzdem versuchte man es, Strauss, Mahler und mich zum Bankett einzuladen. Doch er sagte für sich, für Mahler und für mich gleich ab. Endlich verschwanden die Zitternden; Mahler zog Strauss durch eine Nebentüre ins Freie. Wir gingen zusammen ins Hotel, und Straussens Laune wurde zusehends besser. Mahler sagte ihm nun, daß er, Strauss, allein der Schuldige gewesen sei, weil er ohne Probe dirigiert habe. Wir schilderten ihm, wie er gerast habe, darauf er: »Das muß i gleich meiner Frau schreiben, die glaubt gar nicht, daß i so bös sein kann. Erzählt es ihr aber

* Strauss hatte in New York bei Wanamaker dirigiert, während verkauft wurde. Man hat ihm dies in Amerika lange nicht verziehen.

auch, damit sie Angst kriegt.« Darauf beschlossen Mahler und er, zum Bankett zu gehen, um den schlechten Eindruck zu verwischen, den Straussens Wut gemacht hatte. Ich blieb im Hotel, da ich diesen Veranstaltungen immer aus dem Wege gegangen bin. Nach einer halben Stunde kam Mahler laut lachend zurück. Er erzählte, sie seien dorthin gekommen – großes Erstaunen, dann Freude über beider Anwesenheit. Darauf hielt Strauss eine fulminante Rede auf das Komitee. Mahler war vergessen und konnte ungehindert nach Hause gehen.

Auch sonst waren wir dort viel allein. Der Verein der deutschen Tonkünstler mied Mahler auffallend. Schillings grüßte feige, Rösch schaute ganz weg, der Antisemitismus blühte schon, und Mahler bekam ihn zu fühlen. Wir konstatierten es, sahen sie an Nebentischen gemeinsam tafeln, ohne Neid. Waren wir doch froh in unserer uns oktroyierten Isolation. Wir fuhren viel über Wiesen und Felder spazieren, über die alten Schanzen: alles hell und grün überwuchert. Schanzen, die Frieden, aber nicht Krieg auszuatmen schienen.

Unsere Freunde kamen aus Paris an: Oberst Piquart, Painlevé, der große Mathematiker und spätere französische Ministerpräsident, Paul und Sophie Clemenceau und Baron L'Allemand. Das sogenannte Quartett aus dem Dreyfus-Prozeß. Sie waren am Nachmittag angekommen. Piquart war, ohne erst das Hotel aufzusuchen, sofort ins Konzert gegangen, wo er, mit den Händen die Augen bedeckend, um nicht erkannt zu werden, lang vor Anfang ruhig den Beginn des Konzertes abwartete. Er war damals Oberst in Pension. Durch die Dreyfus-Affaire suspendiert, aber vor der Möglichkeit stehend, reaktiviert zu werden, durfte er sich nicht ohne Erlaubnis über den deutschen Festungsgürtel wagen. Um den langwierigen Formalitäten auszuweichen, war er einfach durchgegangen.

Piquart machte sofort den Eindruck eines Helden der Gesinnung und des Gemüts. Seine Intervention in der Dreyfus-Affaire war viel mutiger als die Zolas, der, heldenhaft genug, sein »j'accuse« in die Welt geschrien hatte. Aber Piquart hatte als Offizier gewußt, daß er alles verlor, wenn er bei seiner Anklage blieb, Ehre, Beruf, Brot und vielleicht Leben.

Diese Aufführung der Neunten Symphonie von Beethoven war die schönste, die ich je in meinem Leben gehört habe. Das Publikum tobte so, daß es von meinem Galerieplatz so aussah, als sei Mahler in Lebensgefahr. Alle Menschen stürzten mänadengleich wie in einen Trichter in ihn hinein, der versank. Piquart, Clemenceau und ich liefen dann auf die Straße rund um das Haus, um nach ihm zu fahnden, der an der Spitze eines ungeheuren Menschenkegels, den Hut in der Hand, lief. Als er uns sah, stöhnte er vor Freude. Clemenceau rief einen gemächlichen alten Landauer an, und ehe die Enthusiasten, die Miene machten, die Pferde auszuspannen, dazu kamen, waren wir davon. In einem kleinen verborgenen »Beisel« aßen wir dann alle unerkannt zu Nacht.

Am nächsten Morgen fuhren Piquart, Clemenceau und Painlevé nach Sesenheim, wo sie alle Spuren Goethes verfolgten. Es war vielleicht der kultivierteste Zirkel Europas. Piquart war kaum ein Mensch zu nennen. Er glich einem seraphischen Wesen, hatte Augen wie eine Bergquelle, so blau und klar; sprach wenig, aber Weisheit, und jeder, der ihm begegnete, mußte fühlen, daß dies ein ganz starker Charakter und ein Genius sei. Als ich das erste Mal in seine Augen sah, *wußte* ich, daß Dreyfus ungerecht verurteilt worden war, was ich vorher durch die widerliche Zeitungshetze *für* Dreyfus keineswegs geglaubt hatte. Piquart sprach fließend Deutsch, kannte die gesamte Literatur, kannte Mahlers Musik, die er, mit L'Allemand vierhändig spielend, kennengelernt hatte; an alles Metaphysische glaubte man bei ihm, nur nicht daran, daß er einen Kriegshelden vorstellen sollte.

Strauss war damals heiter und mitteilsam. Seine ›Salome‹ war vollendet. Strauss fragte Mahler, ob er ihm die Oper aus dem Manuskript vorspielen könne. Es hatte da vorher eine kleine Geschichte gegeben. Als Strauss Mahler erzählt hatte, daß er die ›Salome‹ von Wilde komponieren wolle, opponierte Mahler heftig. Er hatte tausend Gründe dagegen, zuerst ethischer Natur, nicht zuletzt die wahrscheinliche Unaufführbarkeit in katholischen Ländern. Strauss stritt, war aber doch irritiert, wenn auch nicht für lange. Ich sagte Mahler nachher, ich wundere mich, daß er Strauss habe abreden wollen, ein bestimmtes Buch zu komponieren. Es sei so, als würde man einem Mann abraten, seine Geliebte zu heiraten.

Nun also war Strauss mit der Komposition fertig geworden, und es lag Triumph in seiner Aufforderung. Er hatte einen Klavierhändler ausfindig gemacht, und wir drei wanderten in ein Lokal, in dem Dutzende von Klavieren standen. Der Raum hatte übrigens nach allen Seiten hin große glänzende Schaufenster, an denen unausgesetzt Menschen vorübergingen oder stehenblieben, um hineinzusehen – und sich die Nasen plattdrückten, um etwas zu erlauschen.

Strauss spielte und sang unvergleichlich gut. Mahler war hingerissen. Wir kamen zum Tanz. Er fehlte. »Dös hab i no net g'macht!« sagte Strauss und spielte nach der großen Lücke weiter bis zum Schluß. Mahler meinte: »Ist das nicht gefährlich, den Tanz einfach so auszulassen und später, wenn man nicht mehr in der Stimmung der Arbeit steckt, ihn zu machen?« Aber Strauss lachte sein leichtsinniges Lachen: »Dös krieg i schon.« Aber er hat es nicht gekriegt, denn der Tanz ist das einzig Schwache in dieser Partitur – nur eine Kompilation des übrigen. Mahler war völlig bezwungen. Man kann eben alles wagen, wenn man das nötige Genie hat, Unglaubwürdiges zu machen.

Mit großer Aufregung wurde in der Musikwelt die Neueinstudierung und Inszenierung des ›Don Juan‹ mit Rollers neuen, wenn auch heute überholten, so doch damals bahnbrechenden Dekorationen erwartet, mit den Seitentürmen, die während der ganzen Vorstellung stehenblieben und nur durch verschiedene Beleuchtung immer andere Bühnenbilder ergaben. Dies war das erste Mal, daß die sogenannte »Andeutungsbühne« verwendet, wenn nicht wiederentdeckt wurde. Roller ging damals ziemlich weit im Expressionismus, ohne von seiner nachmaligen Existenz viel zu ahnen. Er ließ am Schluß des ›Don Juan‹ schwarzen Samt über die ganze Bühne hinaufrollen, so daß Don Juan quasi von der Finsternis »gefressen« werden sollte. Die an sich schöne Idee gab aber die Illusion nicht. Die alten Theater-Rauch- und Feuersäulen hatten das mehr getan.

Im Sommer 1905 hatte Mahler die VII. Symphonie in *einem* Furor niedergeschrieben. Mitte des Sommers 1904 hatte er bereits die »Bauskizzen«, wie er sie nannte, entworfen. – Ihm schwebten bei den Nachtmusiken Eichendorffsche Visionen vor, plätschernde Brunnen, deutsche Romantik. Sonst ist dieses Symphonie programmlos.

Dazwischen entstanden die Orchesterlieder und -gesänge.

Tagebuch der Frau Ida Dehmel (Witwe des Dichters Richard Dehmel), mir zur Benutzung überlassen:

»22. März 1905. Das Kapitel *Mahler*. Ich hörte seinen Namen zuerste von Nodnagel, im Jahre 95. Dann war ich vielleicht noch im selben Jahr in einem Konzert mit nur Mahlerschen Kompositionen: Ausgeschenkter Saal, höchstens zwanzig Plätze verkauft, totaler Mißerfolg, höchstens zwanzig (darunter Lechter, Wolfskehl, ich), denen ein neues Licht aufging. Dann hörte ich Weingartner einen Symphoniesatz dirigieren, der damals noch einen Titel trug: Was die Blumen erzählen – das war alles. Beim Dehmel-Abend im Ansorge-Verein war er mit seiner Frau, und darauf machten wir ihm einen Besuch in der Hofoper. Hätte ich nun auch nie etwas von ihm gehört gehabt, so würde ich doch sofort gefühlt haben: ein genialer Mensch. Ein Mensch mit ›Gefühlswucht‹ (ich glaube, das Wort stammt von Lublinski). Ganz Nerv, ganz Energie, mit einer Stirn, einem Blick, einer Stimme, die besagen: Hier findet die Welt einen Resonanzboden. – Man hält ihn noch nicht des Vergleiches mit Strauss wert. Bald wird der Vergleich zu Tode gehetzt werden – siehe Liliencron-Dehmel. Dann wird Strauss gleich Liliencron sein, Mahler gleich Dehmel. Womit ich nicht etwa die Potenzen egalisieren will. Strauss blendet und blitzt, erzählt Geschichten und hält sich am äußerlich Irdischen. Mahler glüht und leuchtet, weist aufwärts und reißt uns mit, weit über unser Einzelschicksal hinaus. Damals in Wien ahnte mir das aus seiner Persönlichkeit, jetzt weiß ich es aus seiner Fünften Symphonie. – Auch Du warst damals sehr von ihm gefesselt, und wir nahmen mit Freuden an, als er uns einlud, am nächsten Tag mit ihm in das Berlioz'sche Requiem zu gehen (das Schuch schlecht und recht dirigierte) und dann bei ihm mit seinen nächsten Freunden zusammen zu essen. Das war ein schöner Mittag. Außer uns waren Karl Moll und Frau, Roller und Klimt da. Ich saß zwischen Mahler und Klimt. Es war einer der Tage, wo alle Sinne befriedigt werden, so daß sie noch in der Erinnerung ein Gefühl angenehmster Sättigung behalten. Die schöne, blonde, strahlende Frau, die ihre gesegneten Umstände durchaus nicht zu verbergen suchte, die heitere, bequeme, reiche Wohnung, gut Essen und gut Trinken, und Menschen zusammen, von denen jeder einzelne den Mut und das Recht hat zu sagen: Ich bin Ich! Das war neben dem vielen Verzärtelten, das uns Wien gezeigt hat, das Starke dort.

Dann in Weimar, im Oktober 1904 war wieder ein schöner Tag, der mir mit Mahler verwoben ist. Da waren wir zum Frühstück bei Ludwig von Hofmanns: Frau Förster-Nietzsche, Ansorge, Van der Velde mit Frau und seiner Schülerin Fräulein von Scheel, Dora Hitz, Herr und Frau von Münchhausen – (nicht Boerries) und Gerhart Hauptmann mit Frau. Es wäre noch schöner gewesen, wenn ein paar Menschen gefehlt hätten. Denn diese angenehmen Kunstgenießer haben die Eigenschaft, alles auf ein ausgleichendes Niveau der anmutigen Konversation zu bringen. Außerdem: Frau Förster-Nietzsche hat etwas Imponierendes nur, wenn sie die gereizte Löwin ist; und Frau von Hofmann, Grete Hauptmann und die Baronin Münchhausen sind pikante, reizende Frauen, aber sie haben keine Spur von der stolzen Würde und der strahlenden Fruchtbarkeit der Frau Mahler und ihrer Mutter. Immerhin auch *der* Tag war schön. Mich führte Hauptmann zu Tisch, und wir sprachen von Mahler. Er zeigte sich von der Persönlichkeit Mahlers so begeistert, daß man an Hypnose glauben konnte. Mahler sei ihm die Verkörperung des Genies, und das, obgleich er seine eigene Musik noch nicht kenne, sondern nur in seinem persönlichen Wesen und aus seiner Art zu dirigieren. Der beseligendste Kunstgenuß seines Lebens sei der ›Tristan‹, von Mahler dirigiert, von Roller ausgestattet. So oft er lese, daß Mahler da oder dort ein eigenes Werk aufführe, müsse er sich geradezu festhalten, um nicht hinzureisen.

Und nun haben wir Mahler also hier gehabt. Wir sind vor der Hauptprobe zwei Stunden bei ihm gewesen, haben uns nach der Probe mit ihm ausgesprochen, am Montag habe ich sein Konzert gehört und am Dienstag früh, während Du in Halle warst, bin ich mit ihm nach Berlin gefahren. Nun darf ich mir wohl als menschliches und musikalisches Wesen ein Urteil erlauben, und da sage ich denn: hat mich zuerst der Mensch Mahler an den Musiker Mahler glauben lassen, so glaube ich jetzt so fest an den Musiker, daß ich ihm allerlei Allzumenschliches verzeihe. Als Musiker aber belege ich ihn mit dem Namen: Genie, so sparsam ich damit umgehe. Mich hat diese Fünfte Symphonie durch alle Empfindungswelten getragen. Ich habe daraus das Verhältnis des reifen Menschen zu allem Lebendigen gehört, habe ihn aus der Einsamkeit schreien hören nach dem Menschen, nach einem Menschen, nach der Heimat, zu Gott, hab ihn fast unterliegen sehen, hab ihn trotzig auflachen hören und ernst siegen gefühlt. Ich habe, zum ersten Mal im Leben, vor einem Kunstwerk geweint, im zweiten Satz der Symphonie, wo es wie eine fremde Zerknirschung über mich kam, die mich in die Knie zwingen wollte. Das Adagietto hätte für mich fehlen dürfen, und dem Schlußsatz merke ich etwas störend die Verstandesarbeit an, trotzdem ist diese Symphonie ein Meisterwerk ersten Ranges, und gerade der Schlußsatz interessierte mich beim zweiten Anhören so leidenschaftlich, daß ich jede Note geradezu verschlang. Mahler hatte uns vorhergesagt, daß Scherzo werde uns beim ersten Hören wahrscheinlich dunkel bleiben, kein Kritiker habe damit bis jetzt etwas anzufangen gewußt. Und Dir machte das Scherzo den stärksten Eindruck, ebenso übrigens dem Brecher, der uns erzählte, es sei als Erstes von dieser Symphonie entstanden.

Menschlich außerordentlich interessant war mir Eure Unterhaltung über die Meier-Graefe'sche Rundfrage ad ›nationale Phrase‹. Da war eine Entschiedenheit und Präzision in seiner Antwort, die mir sehr gefiel. Er lasse sich nie auf Rundfragen ein, weil er sie für absolut überflüssig halte, alle Phrasen seien für ihn so überflüssig und gleichgültig, daß er keinerlei Bedürfnis habe, ihnen auch noch entgegenzutreten, und wenn er sich bei Eurer Rundfrage mit nationaler Tendenz beteiligte, würden ihm hundert Stimmen zurufen: Was hat der Jude dabei zu tun! Außerdem habe er als Organ der Äußerung die Musik und nicht die Feder, die er schauderhaft ungeschickt und ungern handhabe. ›Vielleicht, wenn ich's besser könnte, würde ich mehr schreiben. Aber ich glaubs nicht: denn da hat Wagner als abschreckendes Beispiel gewirkt. Zu was sind seine ganzen geschriebenen Bände da? Man muß sie geradezu erst vergessen, um das Genie Wagner gebührend zu lieben.‹

Sehr erfreut war er über die Aufnahme seiner Symphonie in Hamburg. Schon nach der Probe sagte er, der starke herzliche Beifall sei ihm eine Genugtuung, und auf dem Weg nach Berlin sprach er ausführlicher darüber. Reisen, besonders das Hotelleben sei ihm eine Pönitenz. ›Aber Sie reisen *doch*, wohl aus Sorge um Ihre Kinder‹, warf ich ein. ›Meinen Sie die leiblichen oder die musikalischen?‹ (Ich hatte nur an die Musenkinder gedacht.) ›Ja, ich muß nämlich für beide sorgen. Eigentlich möchte ich nur noch meiner musikalischen Produktion leben, und ich fange, ehrlich gesagt, auch schon an, meine Theaterpflichten zu vernachlässigen, aber den Ausfall meiner hohen Direktionsgage muß ich auf andere Art, etwa durch Gastdirigieren zu decken suchen. Ich bin wirklich neugierig, ob ich einmal einen Pfennig aus der Aufführung meiner Werke zu sehen kriege. Das ist also der eine Reisegrund. Der andere ist: die Fünfte Symphonie ist jüngst in Prag und in Berlin dirigiert worden und hat beide Male keine Wirkung gehabt. Da dachte ich: Du mußt doch einmal sehen, ob's an der Symphonie oder am Dirigenten liegt, und nun weiß ich's, denn in Hamburg hat sie doch stark gewirkt. Wir Musiker sind ja übler dran als die Dichter. Lesen kann jeder. Aber eine gedruckte Partitur ist ein Buch mit sieben Siegeln. Selbst die Dirigenten, die's enträtseln können, bringen es mit ihren verschiedenen Auffassungen durchtränkt vor das Publikum. Da gilt es, eine Tradition zu schaffen, und das kann doch nur ich selber.‹ Er fragte mich nach unserer Meinung über Dehmel-Kompositionen und freute sich offensichtlich, daß wir uns von Fried viel versprechen. Das sei ganz seine Meinung. Auch über Pfitzner waren unsere Ansichten gleich. Nur dieses Textsuchen der Musiker sei ihm absolut lächerlich (auch bei Pfitzner). Bei einem vollendeten Drama erübrige sich die Musik, ein Dramatiker von Beruf werde es nie über sich gewinnen, seinen Stoff nur darum nicht das Letzte abzugewinnen, damit dem Musiker etwas zu tun übrigbleibe, und aus einem schlechten Drama werde auch die genialste Musik niemals ein großes Kunstwerk schaffen. Wer also nicht die Doppelbegabung Wagners habe, solle seine Hände davon lassen. Es käme ihm auch immer wie Barbarei vor, wenn Musiker es unternehmen, vollendet schöne Gedichte in Musik zu setzen. Das sei so, als wenn ein Meister eine Marmorstatue gemeißelt habe und irgendein Maler wolle Farbe darauf setzen. Er, Mahler, habe sich nur einiges aus dem Wunderhorn zu eigen gemacht; zu diesem Buch stehe er seit frühester Kindheit in einem besonderen Verhältnis. Das seien keine vollendeten Gedichte, sondern Felsblöcke, aus denen jeder das Seine formen dürfe. – Wenn ich noch sagen soll, wann er mir menschlich, allzumenschlich erschien: als er über Strauss sprach und über die Strauss'sche und Hauptmann'sche Ehe. Von Strauss'scher Musik sprach er nur flüchtig, wohl aber von seiner Art des ›Vertriebes‹. Strauss sei in erster Linie Geschäftsmann, Künstler erst in zweiter, und wo die beiden in Kollision kämen, da siege immer der Geschäftsmann. Daraus sprach etwas Neid auf Strauss' Erfolg mit, das heißt, auf den pekuniären, das fühlte ich. Von der Strauss'schen Ehe sprach er mit Verachtung, ja mit Ekel. Diese Verbindung sei so, daß man durchaus an Masochismus denken müsse. Nach meinen Erfahrungen mußte ich ihm recht geben. Ich war eine einzige Stunde mit Frau Strauß de Ahna zusammen, in Pankow, Parkstraße 25; dort machte sie mit ihrem Mann einen Besuch, als eben auch Kessler und Hofmannsthal dort waren. Was sie in dieser kurzen Zeit Wildfremden gegenüber an Taktlosigkeiten, Indiskretionen und Unbildung zu Tage förderte, das ist der Tiefstand alles dessen, was ich bei Frauen erlebt habe. ›Ja, die Männer, die Hauptsach' is, daß mer's an der Strippen halt't.‹ Dabei machte sie eine Bewegung, als hielte sie Zügel in der einen Hand, in der andern eine Peitsche. Sie erzählte u. a.: Jeden Sommer lebe ihr Mann mit ihr, dem Kind und der Kinderfrau auf dem Gut ihrer Eltern, ›also sozusagen von meinem Geld‹. Wenn sie dann nach Berlin käme, nähme sie zwei Monate von seinem Gehalt, ›verstehn S', von *sei'm* Geld‹ und kaufe sich Schmucksachen dafür. Wahrhaft triumphierend trug sie das vor, daß sie sich nicht von Mann, Kind und Kinderfrau etwas von *ihrem* Geld, ›das heißt, was später mein wird‹ abessen lasse! Sie hörte dann im Nebenzimmer Kessler zu Strauss mit Bewunderung von Zarathustra oder dem Eulenspiegel sprechen. Das brachte sie förmlich in Wut: ›Auch noch bestärken tun's eahm, solche Sachen zu schreiben, die kein Mensch aufführt. Wem g'fallen die denn? Solch'ne paar Leut; mir nicht, ich kenn mich nicht aus drin! Soll Sachen schreiben, die überall aufgeführt wern!‹ Mußte ich in bezug auf die Strauss'sche Ehe Mahler recht geben, so wars mir schon schwerer, über Hauptmanns still zuzuhören. Ich erzählte ihm, was Grete Hauptmann Dir gesagt hatte (bei Hofmanns im letzten Jahr), daß ein kleines Gedicht, das Du ihr, der damals Fünfzehnjährigen, ins Album gedichtet hattest, von wahrhaft suggestivem Einfluß auf ihre Entwicklung gewesen sei, durch die Art, wie Du sie als Nixe oder Waldfee angesprochen habest. ›Daraus ist dann das ›Rautendelein‹ geworden‹, sagte sie in Weimar zu Dir. Über diese Erzählung geriet Mahler in eine Art Furor. Der Mensch sei das Produkt von Generationen, sein Wesen schon festgelegt, ehe er zur Welt komme. Man solle sich doch ja keine willkürliche Selbstbestimmung anmaßen; jeder Mensch gehorche immerzu einem unumgänglichen Zwang. Die Grete Hauptmann aber täte gut, das Nixenhafte, ›das heißt das Kaltegoistische‹, mehr abzustreifen. ›Der arme Gerhart tut mir leid, der ist viel zu gut für sie. Wenn das meine Frau wäre, die müßte klein beigeben.‹ Solche Sätze sind natürlich meinen Ohren keine liebliche Musik. Ich hatte schon vorher von seiner (Mahlers) Frau gesprochen, gesagt, daß uns ihre Sonnenhaftigkeit einen wundervollen Eindruck hinterlassen habe. Das hörte er wohl beifällig an, aber er antwortete damit, daß er zum Beispiel erzählte, seine Frau mache ihm alle Klavierauszüge aus seinen Symphonien. Das hätte ausgezeichnet klingen können, aber es klang ein wenig nach Utilitätsbetonung. Kurzum, der Mann, den ich für ein Genie halte, betrachtet sich offenbar als ein höchst empfindliches Instrument und umgibt sich deshalb mit dem Stachelzaun Egoismus. – Um von etwas anderem zu reden: Er ist, außer meinem Vater, der erste Jude, der mir als Mann imponiert; der mir nicht, grob gesagt, impotent vorkommt. Es freut mich, daß eine so schöne, stolze, starke Christin sich mit ihm verheiratet hat.«

SPLENDID ISOLATION

1906

Der Winter, in dem Mahler in den Morgenstunden wieder seine Siebente ausfeilte und in die Reinpartitur übertrug, brachte am 29. Jänner ›Die Entführung aus dem Serail‹, wieder mit Rollers Türmen, aber doch schon bedeutend besser gelöst, in einer ausgezeichneten Aufführung. Knapp danach machte sich Mahler für ein paar Ferientage frei, die wir auf dem Semmering verbrachten. Es lag hoher Schnee, wir fuhren Schlitten, tranken Grog und sangen unentwegt das letzte Quartett aus der Entführung. Ich erinnere mich noch heute eines Gespräches im Schlitten über Mozart. Mahler sprach viel über das »Constanzerl«, dem er seine schnelle Wiederverheiratung nicht verzeihen wollte. Sprach viel über das elende Leben Mozarts, den er menschlich mehr liebte als alle anderen.

Am 30. März folgte ›Die Hochzeit des Figaro‹, die Mahler etwas umdramatisiert hatte. Eine der schönsten Aufführungen, die er, wie ›Don Juan‹, ›Fidelio‹, ›Tristan‹, nie aus der Hand gab. Mahler war im Lauf dieses Winters in Breslau gewesen, wo er die Dritte dirigiert hatte, eingeladen durch Neisser, den Vorstand der Musikalischen Gesellschaft. Er liebte Albert Neisser und seine Frau, die in einem kunstsinnigen Hause alle Menschen von Rang empfingen. Kurze Zeit später führte er in Breslau seine V. Symphonie auf. Während er abwesend war, kamen d'Albert und seine x-te Frau nach Wien und spielten und sangen mir ›Flauto solo‹ vor, von dem sie hofften, daß Mahler es dann aufführen werde, was er auch tat. D'Albert spielte, sang und mimte sein Werkchen bezaubernd.

Mahler und ich waren im Mai nach Graz zur österreichischen Première der ›Salome‹ gefahren, um sie zu hören, da es Mahler nicht gelungen war, dieses Werk von der Zensurbehörde für Wien freizubekommen. Auch sein Vorschlag, den Jochanaan in Baalschem umzutaufen, war nicht akzeptiert worden, ja, Mahler hatte fast eine Kabinettsfrage daraus gemacht. Wir fanden Strauss im Hotel ›Elefant‹ auf uns wartend. Er schlug sofort eine Autopartie für den Nachmittag vor. Also nach den Gollinger Wasserfällen! Gleich nach Tisch ratterten wir los. Es war nach einem Regen, alles war durchweicht, das Auto schleuderte. Strauss macht das nichts. Bei einem kleinen Gasthof angekommen, wurde eine opulente Jause bestellt und dann zu den Wasserfällen gegangen. Es war so schön, daß wir uns nicht losreißen konnten. Endlich fühlten wir Hunger und saßen wieder an den Holztischen nieder. Aber auch dort war es so gemütlich, daß Strauss um keinen Preis weg wollte. »Ach was, ohne mich anfangen können's ja doch nicht. Sollen nur warten.« Er war von grimmigem Humor. Endlich, es begann kühl zu werden und zu dämmern, sprang Mahler auf und sagte: »Gut, wenn Sie nicht kommen, so fahre ich und dirigiere für Sie.« Das half. Strauss stand langsam auf, und während Mahler den Chauffeur zur Eile drängte, hielt ihn Strauss zurück. – Es schien, als habe Mahler Straussens fehlendes Autorentrema, vielleicht aber war Strauss gar nicht so ruhig, wie er uns glauben lassen wollte, vielleicht war er sehr erregt und cachierte das hinter Frivolität.

Am Morgen nach dem Abend, der ein großer Erfolg war, obwohl man christlich-soziale Skandale befürchtet hatte, kam Strauss zu unserem Frühstück und begann Mahler Vorwürfe zu machen: ›Er nähme alles, z. B. die Oper – diesen Stall – zu schwer, er solle sich schonen. Niemand gäbe ihm etwas dafür, wenn er sich aufgerieben hätte. Ein solcher Saustall, der nicht einmal die ›Salome‹ aufführen wolle – nein, es stände nicht dafür!‹

Im Grunde hatte er recht. Immer war ich dieser Meinung gewesen. Denn so wichtig mir jede Note war, die er schrieb, so gleichgültig stand ich seinem gewiß vorbildlichen Schaffen in der Oper gegenüber. Ich *wußte* schon damals, daß alles Reproduzieren ephemer ist, seine Produktion dagegen ewig!

Mahler pflegte zu sagen: »Strauss und ich graben von verschiedenen Seiten her in unsern Schachten desselben Berges. Wir werden uns schon treffen.«

Mahler und ich standen bei der Rückreise nach Wien, wie das so unsere Gewohnheit war, im Korridor; die Natur war frisch, nach langem Regen. Wir sprachen über den Begriff »Erfolg« und seine Irrtümer. Neben uns stand ein alter Herr, der sichtlich zuhörte und plötzlich in das Gespräch eingriff. Es war Peter Rosegger. Mahler leugnete die Wahrhaftigkeit irgendeines Erfolges. Wir kamen ja von der ›Salome‹-Première. Es war Jubel über Jubel gewesen, und doch waren wir überzeugt, daß einer von hundert höchstens die Musik (vielleicht) wirklich verstanden hatte, alle andern aber als Herde mitliefen. Und wir? Waren wir nicht auch während der Aufführung voller Zweifel gewesen über die Stoffwahl, über die Musik des Tanzes, die uns mißfallen hatte, ja über so vieles, trotz aller Meisterschaft, und plötzlich entschied das Publikum den Erfolg. Mit welchem Rechte und *wer* hatte da entschieden? Rosegger meinte, Volkes Stimme sei Gottes Stimme. Und nun warfen wir die Frage auf: Das Volk *über* der Zeit oder *in* der Zeit? Er war ein jovialer, lieber alter Herr, sehr rund im Innern, harmonisch und gesund. Fast wie ein Gegensatz zu Mahler, dem *Unruhenden.* Er fühlte sich Mahler überlegen, aber Mahler fühlte sich ihm nicht unterlegen.

Eines Abends fuhren Mahler, meine Mutter und ich aus Klagenfurt nach Krumpendorf, wo unser Diener uns mit dem Boot erwartete. Es war eine starre, mondhelle Nacht. Mahler saß mir gegenüber. Sein Havelock war bis zum Halse geschlossen. Das lange, weiße Gesicht, mit der ehernen, hohen Stirn leuchtete phosphoren. Er sah erschreckend aus, wie der Tod als Mönch verkleidet. Ich konnte mein Grauen nur loswerden, indem ich es ihm sagte. Er lachte und erzählte uns, daß er in Hamburg einst auf einem Maskenball als Mönch verkleidet gewesen sei, daß sich niemand an ihn heranwagte, weil er zu »echt« ausgesehen habe. So muß Savonarola ausgesehen haben, wie er in dieser Nacht.

Im Frühjahr hatte Mahler sich seine Sechste von den Philharmonikern vorspielen lassen. Die starken Schläge der großen Trommel im letzten Satz dünkten ihn zu leise, und er bestellte eine enorme Kiste, die mit Haut bespannt wurde und mit Keulen geschlagen werden sollte. Vor der Probe ließ sich Mahler dieses Instrument vorführen. Die Philharmoniker standen auf der Bühne der Oper (die beleuchtet war, während der Zuschauerraum im Schwarzen lag), um dieses Monstrum herum. Lautlose Stille. – Spannung. Der Paukist holte aus, ein dumpfer schwächlicher Ton – die Antwort. Noch einmal – alle Kraft zusammennehmend – gleiches Resultat. Nun wurde Mahler ungeduldig. Er sprang vor, entriß dem Mann die Keule – schwang sie – sie sauste nieder – wieder nichts. Nun begann schon alles zu lachen. Man nahm die brave, alte große Trommel her und siehe – der Donner ertönte. Trotzdem ließ Mahler doch mit großen Kosten die Kiste nach Essen schicken, wo sie wieder ausprobiert und – als unbrauchbar – endgültig verworfen wurde.

Ähnlich war auch eine kleine Episode, die zwar nicht ganz hierher gehört:

Mahler schurigelte einmal die Orchestermitglieder während der Proben zur V. Beethoven-Symphonie wegen der drei ersten Schläge derart, daß einige aufsprangen, um wegzulaufen, die andern verbissen wütend sitzen blieben, bereit, passive Resistenz zu üben. Mahler sah das und rief: »Meine Herren, heben Sie sich Ihre ganze Wut für die Aufführung auf, dann werden wir den Anfang *endlich* richtig herausbringen.«

Das Tonkünstlerfest des Allgemeinen Deutschen Musikvereines war diesmal im Juni in Essen. Die Uraufführung der Sechsten stand bevor.

Von den Proben, die Mahler dort allein mitmachte (ich hatte nun zwei Kinder, war gesundheitlich geschwächt und konnte nicht so mithalten, wie ich wollte), schrieb er mir voll Erregung über das Werk, über die Proben und über einen neuen Freund, den er erworben hatte. Es war Ossip Gabrilowitsch, der ihm immer mehr ans Herz zu wachsen schien. Zu den letzten Proben kam ich. Der einzige, an dem Mahler noch immer gelegen war, war Strauss, daneben waren alle anderen mehr oder weniger belanglos. Oscar Fried folgte Mahler wie sein Schatten.

Die letzten Proben! Der Schlußsatz dieses Werkes mit den drei großen Schicksalsschlägen! Kein Werk ist ihm beim ersten Hören so nahe gegangen. Nach der Generalprobe ging Mahler im Künstlerzimmer auf und ab, schluchzend, händeringend, seiner nicht mächtig. Fried, Gabrilowitsch, Buths und ich standen still und versteinert, keiner wagte den andern anzusehen. Strauss kam plötzlich laut polternd bei der Tür herein. Spürte nichts. »Mahler, Sie müssen irgendeine Trauerouvertüre oder so was Ähnliches morgen vor der Sechsten dirigieren – der hiesige Bürgermeister ist gestorben. Es ist so üblich – na, was habt ihr denn? Was ist denn los? Na –« Und er ging geräuschvoll und herzkalt hinaus und ließ uns erstarrt zurück.

Bei der Aufführung dirigierte Mahler die Symphonie fast schlecht, weil er sich seiner Erregung schämte und Angst hatte, daß die Empfindung während des Dirigierens aus ihren Grenzen brechen könnte. Die Wahrheit dieses schrecklichsten letzten Antizipando-Satzes wollte er nicht ahnen lassen!

Mengelberg war nur für diesen Abend gekommen. Nachher zeigten wir uns anstandshalber einen Augenblick beim Bankett. Mahler war in einem solchen Zustand, daß ich ihn nicht allein dorthin gehen lassen wollte. Seine Düsterkeit schwand unter den Leuten. Er brachte mir Mengelberg, den er mir vorstellte und der mir wie »Loge« erschien. Ich wurde zum Souper feierlich neben Strauss »aufgebahrt«. Strauss sagte zu mir: »Warum sich der Mahler im letzten Satz die größte Wirkung wegnimmt, indem er gleich zu Anfang die stärkste Stärke gibt und dann immer schwächer wird, das versteh' ich nicht.« Er hat ihn nie verstanden. Hier und immer sprach der Theatermensch. Daß Mahler den ersten Schlag am stärksten, den zweiten schwächer und den dritten, den Todesschlag des verendenden Helden, am schwächsten machen mußte, ist jedem klar, der die Symphonie nur einigermaßen begriffen hat. Vielleicht wäre die Augenblickswirkung in umgekehrter Dynamik stärker gewesen. Aber um die ging's ihm nicht.

Am Tage unserer Ankunft in Essen hatten wir Strauss auf der Straße getroffen. Mahler hatte knapp vorher einen großen Erfolg in Wien mit der Zweiten gehabt, die wiederholt werden mußte. Strauss kam auf Mahler zu und rief: »No, Sie Berühmtheit von Wien, wie geht es Ihnen denn?« Wir waren so betroffen, daß wir wortlos weitergingen. Wir sahen Strauss dann öfter von weitem, gingen ihm aber aus dem Wege.

Strauss hatte die Gewohnheit, das ganz mittlere Talent in den Vordergrund zu stoßen. So rühmte man ihm Güte nach, und ihm konnte dabei nicht viel geschehen. Zum Beispiel war da ein Musikus namens Hermann Bischoff, von dem er jedes Jahr beim Tonkünstlerfest ein und dieselbe Symphonie aufführen ließ – von dem er dann jedesmal geheimnisvoll sagte: »Werd'ts es sehn, dieses Jahr is's ihm g'raten!« Es wurde aber nie ein Kunstwerk daraus, wie ein Kind nie besser würde, wenn man es der Mutter mehrere Male aus dem Leib herausnehmen und wieder hineingeben könnte.

Gegen Mahler, den Komponisten, erwies er sich jetzt höhnisch und bissig. Den Operndirektor ließ er gelten.

Ebensowenig wie Strauss war es aber auch Pfitzner vergönnt, Mahler zu erkennen.

Mahler war das Judenproblem nicht fremd. Er hat oft sehr darunter gelitten. Besonders als Cosima Wagner, die er verehrte, ihm die Stelle an der Wiener Oper unmöglich machen wollte, weil er Jude war (er mußte sich, um eine so hohe Stellung im K. u. K. Hofärar bekleiden zu dürfen, taufen lassen). Er neigte übrigens stark zum katholischen Mystizismus. Der jüdische Ritus hat ihm nie etwas gegeben. Er konnte an keiner Kirche vorbei, ohne hineinzugehen, er liebte Weihrauchgeruch, die gregorianischen Gesänge. Seine Wahrhaftigkeit sagte ihm, daß seine Skepsis der jüdischen Religion gegenüber und seine Taufe keineswegs sein Judentum vergessen machen könnten. Dies wollte er auch nicht. Andererseits bat er mich immer wieder, ihm zu sagen, wann er zu stark gestikuliere, weil er dies als unkultiviert an anderen haßte. Niemals durfte man vor Mahler jüdische Witze erzählen; er konnte sich darüber ernsthaft erbosen. Wie recht hat er doch gehabt!

Seine religiösen Gesänge, die II., die VIII., alle Choräle in den

Symphonien sind echt empfunden – und nicht von außen hineingetragen! Er hat seine jüdische Herkunft nie abgeleugnet – eher betont. Er war christgläubig. Er war Juden-Christ und hatte es schwer. Ich war Heiden-Christin und hatte es leicht.

In Maiernigg gab es wieder die vierzehn Tage Anfangslähmung, die ihn fast in jedem Jahr alle Schrecken der Unproduktivität fühlen ließen. Da – plötzlich überfällt es Mahler in dem Augenblick, wo er sein Arbeitshaus am Morgen betritt – »Veni creator spiritus«. Er schrieb den ganzen Anfangschor mit dem halbvergessenen Text aus dem Gedächtnis nieder. Es wollten sich aber Text und Musik nicht ineinanderfügen; die Musik war breiter geworden als die Worte. Mahler, in rasender Aufregung depeschierte nach Wien und ließ sich den ganzen alten lateinischen Hymnus telegraphieren. Der vollständige Text paßte genau in die Musik. Er hatte intuitiv die vollen Strophen auskomponiert.

Er arbeitete in diesem Sommer übermenschlich, spielte mir damals oft aus dem neuen Werk vor, war unerhört glücklich und erhoben. Leider mußte er die Arbeit unterbrechen, um in Salzburg (es war ein Musikfest) ›Figaros Hochzeit‹ zu dirigieren. Mahler, der mit dem ganzen Opernensemble in Salzburg den ›Figaro‹ aufführte, sich aber von allen Menschen vollkommen fernhielt (außer von Roller), traf auf der Straße Lilli Lehmann, die ihm höhnisch zurief, er solle sich ihren ›Don Juan‹ anhören, das sei der wahre Mozart. Mahler ging mit Roller am Abend in den ›Don Juan‹ und war empört und belustigt zugleich über ihre dilettan-

tische Art, das Ganze anzupacken. Er sagte halblaut zu Roller: »Ein Mann muß eure Herzen leiten, denn ohne ihn pflegt jede ›Kuh‹ aus ihrem Wirkungskreis zu schreiten.« (›Zauberflöte‹-Variante.) Eine Dame vor ihnen drehte sich um, sie hatte gehört; es war Lilli Lehmann.

Ich gebe einen Teil eines Feuilletons der ›Neuen Freien Presse‹ von Korngold, Sommer 1926, wieder:

»›Figaro‹ in Salzburg: eine unauslöschliche Erinnerung steigt auf. Eines Fest-›Figaro‹ wegen war Gustav Mahler 1906 in die Mozart-Stadt gekommen. Visionen einer neuen Symphonie bedrängten ihn; aber er kam glücklichen Vorgefühles voll, fast übermütig. Ein abgegriffenes Büchlein lugte ihm aus der Rocktasche hervor: ›Faust‹. Die Sequenzen des mittelalterlichen geistlichen Dichters, die den ersten Teil der Symphonie – es wurde die Achte – beherrschen sollten, waren gestaltet. Nun harrten die Goetheschen Parallelstellen der Ausführung. In dieser Stimmung machte der Wiener Operndirektor, als er seinen Kritiker von der Straße her in einem Café erblickte, Miene, wie ein mutwilliger Cherubim durchs offene Fenster hineinzuspringen. In eben dieser Stimmung ließ er sich aber auch von dem kleinen Theater zu einer Tat genialer künstlerischer Anpassung inspirieren. ›Figaro‹ wurde in Salzburg der Ideal-›Figaro‹: in der bezaubernden Grazie, im leichten, beschwingten Halbton-Parlando, in der unvergleichlichen Abtönung der Ensembles. Niemand, der diese Aufführung erlebt hat, kann sie je vergessen.«

Mahler hatte mir den Chor »Alles Vergängliche ist nur ein Gleichnis« vorgespielt und -gesungen. Ich stand vollkommen unter dem Bann dieses Werkes und schickte ihm nach einigen Tagen aus dem Gedächtnis den ganzen Einfall mit der vollen Harmonie. Er fragte mich beim Abschied, ob er mir von Salzburg irgend etwas mitbringen dürfe, und ich bat um Salzburger Marzipan und Mozartkugeln. Bei seiner Rückkehr holte ich ihn von Klagenfurt ab. Er stieg aus, hinter sich eine große Kiste dreinschleifend – Hunderte von Mozartkugeln und Marzipankartoffeln mußten nun schnell aufgegessen werden, und die ganze Nachbarschaft hatte ihre Freude an seiner ungeheuerlichen Generosität und – Ahnungslosigkeit.

In Maiernigg zurück, arbeitete er wie im Fieber weiter an der Achten, die nun mit dem Schluß des 2. Teils ›Faust‹ enden sollte.

Dieses war unser letzter friedlicher, schöner, ruhiger Sommer. Denn dann kamen Jahre des Schreckens und der Zerstörung dessen, was wir aufgebaut hatten.

Anfang September mußte er, wie immer, in Wien einrücken und zog, um nicht in der Stadt sein zu müssen, nach Dornbach, in das Haus einer lieben, alten Dame, die einst mir, dem Kinde, eine mütterliche Freundin gewesen war.

Eine Stelle aus einem Brief von Dr. R. Horn über Mahler zitiere ich: »Zu Hause angekommen, fand ich die Dornbacher Familie in dem Augenblick vor, als sie Mahler als ›doppelten‹ Gast der Walfischgasse und der Dornbacher Villa erwartete.* Da wurde mancher Seufzer der Großmama laut; im tête-à-tête mit mir ließ sie manche Klage hören; unausgesetzt hing sie dem Problem nach, wie es komme, daß sie so kerngesund im ganzen Leben gewesen und daß leider die *ganze* übrige Familie verrückt sei. – Aber der gefürchtete Gast machte gar nicht so viele Umstände, wie man geglaubt hatte. Wenn er seine Äpfel beim Frühstück-, Mittag- und Abendmahl vorfand, wenn in Dornbach der erste, in der Walfischgasse der zweite Band von Bielschowsky's Goethe-Biographie lag, da war er beseligt; Goethe und Äpfel sind beinahe das einzige, was er konstant zu sich nimmt.

Viele philosophische Spaziergänge gab es in diesen Tagen; nur mit Mühe konnte ich mir meine Nachmittagssiesta erobern. Mahler denkt bekanntlich, wie es sein impetuoses Wesen mit sich bringt, zwar meist sehr tief, oft genial, aber, was mich übrigens nicht im geringsten stört, meistens sprunghaft.«

* Frau Conrat hatte Mahler sowohl in ihrer Sommervilla als auch in ihrer Wiener Wohnung ein Zimmer eingeräumt.

Am 4. Oktober war die Première von ›Der polnische Jude‹ von Erlanger, dem Werk eines Eklektikers, das Mahler nur wegen seines Schellengeläutes, einer Parallelstelle des Anfangs seiner eigenen IV. Symphonie, angenommen hatte; was ich ihm nach der belanglosen Première sagte und er mir auch ruhig zugab.

Im Oktober hatten sich unsere Freunde aus Paris angesagt. Paul Painlevé, Madame Romazotti, George Piquart, Paul und Sophie Clemenceau und Baron L'Allemand. Alle Streiter für Dreyfus und untereinander verbunden. Für sie hatte Mahler ein fabelhaftes Opernprogramm zusammengestellt. ›Figaro‹ – ›Don Juan‹ – ›Tristan‹. Er dirigierte täglich für unsere Gäste, und ganz Wien stand Kopf, daß Mahler eine solche Festwoche arrangiert hatte. Niemand aber wußte, warum.

Es war am 19. Oktober, abends in der Oper, bei der Aufführung des ›Tristan‹, gerade der ergreifende Augenblick, als Tristan am Steuer des Schiffes, gehorsam dem Rufe Isoldens, zu ihr hinabsteigt, unter den Klängen des Schicksalsmotivs. In diesem Moment erhob sich in einer Loge ein Herr, zog nervös seine Uhr und verließ, nachdem er noch einen Blick des Bedauerns auf die Bühne geworfen, eiligst das Haus. Es war Piquart, den ein chiffriertes Telegramm George Clemenceaus zwang, augenblicklich abzureisen, um in Paris das Portefeuille des Kriegsministers zu übernehmen. Unser Fest war nun gestört.

Visitenkarte.

19. 10. 1906.

Lieber Meister!

Entschuldigen Sie mich. Ich muß plötzlich nach Paris abreisen. Meinen innigsten Dank für Ihre freundliche Aufnahme und für den herrlichen künstlerischen Genuß, den Sie mir bereitet haben. Freundliche Empfehlungen an Frau Mahler und Molls.

3, rue Ivon – Villarceau. Général Piquart.

Sowohl General Piquart als auch Paul Painlevé blieben nach Mahlers Tode meine Freunde. Piquart sah ich jedes Jahr in Paris, wohin er immer kam, wenn er wußte, ich sei da. Und Painlevé kam einige Male nach Wien, wo er immer unser Gast war. Als er das letzte Mal da war, jammerte er sehr über seinen »Cauchemar«, wie er Hitler nannte, und ich sagte ihm: »Hitler n'est pas né à Braunau mais à Versailles«, worauf er sein kurz hervorgestoßenes »Oui, oui, oui, – vous avez tout à fait raison« äußerte. Dies konnte nur ein so großer freier Mensch sagen – wie er.

Jeden Morgen ging unser älteres Kind in Mahlers Arbeitszimmer. Dort sprachen sie lange miteinander. Niemand weiß, was. Ich störte die beiden nie. Wir hatten eine penible Engländerin, die das Kind immer rein und wohlgepflegt an die Zimmertüre brachte. Nach langem kam Mahler, das Kind an der Hand, zurück. Meistens war sie dann von oben bis unten mit Marmelade »angepatzt«, und ich mußte nun erst die Engländerin beruhigen. Aber beide kamen so verbunden und befriedigt von ihren Gesprächen an, daß ich meine heimliche Freude daran hatte. Es war ganz sein Kind. Wunderschön und trotzig, unzugänglich zugleich, versprach es gefährlich zu werden. Schwarze Locken, große blaue Augen! War es ihr nicht vergönnt, lange zu leben, so war sie doch ausersehen, ein paar Jahre seine Freude gewesen zu sein, und das ist Ewigkeitswert an sich. In ihrem Grabe wollte er mitbegraben sein, und so ist es geschehen.

Mahler pflegte öfters zu sagen: »Der Künstler ist wie ein Jäger im Dunklen, er weiß nicht, ob er trifft und was er trifft!«

Er sagte: »Es gibt nur eine Erziehung, und diese geschieht durch das Beispiel. Beispiel geben ist alles!«

Mahler war ein Feind aller Aussprachen, allen Zankes, allen Klatsches.

»Ich muß oben bleiben. Ich kann mich durch nichts irritieren oder gar herunterzerren lassen. Es ist schwer genug, sich immer oben zu halten.«

LEID UND ANGST

1907

Schwarz angestrichen im Kalender unseres Lebens. Es begann wie jedes andere Jahr: Schöne Aufführungen, Arbeit, Eintracht. Im Februar kamen als Neueinstudierungen von Mahler und Roller, ›Walküre‹, im Frühling ›Lohengrin‹ und Glucks ›Iphigenie in Aulis‹ heraus. Letztere das Gelungenste, ja Vollendetste, was Mahler und Roller zusammen geschaffen haben.

Im Vorfrühling fuhren wir mit Freunden nach Brünn, wo Mahler die Erste Symphonie so aufführte, wie ich sie mir immer gedacht hatte. Ich war darauf gekommen, daß Mahler im letzten Satz den ersten Einfall der Klimax vertuscht und einen zweiten zum Höhepunkt erkoren hatte. Für mich blieb der erste der wesentliche, und er rekonstruierte damals für mich die erste Version durch verstärkte Dynamik. Er erkannte, daß diese Stelle essentiell die wichtigere war. Mahler drehte sich in der Probe, als diese Stelle zum ersten Male gespielt worden war, nach mir um. Ich leuchtete. Er klopfte ab und ließ das Ganze, obwohl es glänzend gegangen war, repetieren, nur damit ich es noch einmal so hören könne.

Nedbal bemerkte noch, wie Mahler im Theater am Abend auf der Marmorbrüstung seinen Arm unter den meinen schob, damit mein bloßer Unterarm nicht auf dem kalten Stein liege. Nedbal hat dies später oft und mit Tränen in den Augen erzählt. Damals begann Mahler ein neues starkes, bewußtes Gefühl für mich zu bekommen; im Gegensatz zu seiner anfänglichen Ahnungslosigkeit seiner eigenen Empfindung gegenüber.

Einen Tag nach der Brünner Aufführung fuhr er nach Petersburg, wo er die Fünfte dirigierte. Bevor ich nun zu den schweren Ereignissen komme, will ich Heiteres aus Mahlers Jugend berichten, wie er es mir erzählt hat.

Bruckner hatte zwei Schüler, die ihm alle Klavierauszüge seiner

Symphonien machten, die ihn aber anscheinend quälten und beherrschten. Es waren die Gebrüder Schalk. Bruckner liebte Mahler sehr und übertrug ihm den Klavierauszug der III. Symphonie. Als Mahler mit dem fertigen ersten Satz ankam, freute sich Bruckner kindisch und sagte verschmitzt lächelnd: »Jetzt brauch' i die Schalks nimmer!« Dieser Satz wurde bei allen möglichen und unmöglichen Gelegenheiten im Hause Mahler angewendet.

Mit Bruckner traf er als ganz junger Mensch oft mittags im Gasthaus zusammen. Bruckner zahlte das Bier, und Mahler mußte sich die Semmeln selbst zahlen, und da Mahler damals nie Geld hatte, so war damit sein Mittagessen erledigt. Bruckner hatte immer einen großen Kreis von jungen Musikern um sich, mit denen er unbefangen und kindlich plauderte. Da aber einige Juden dabei waren, so titulierte er sie höflich »die Herren Israeliten« – wenn er etwas über Juden erzählen wollte.

Mahler hatte einen Jugendfreund, an dem er mit Bewunderung hing. Er hieß Hans Rott. Dieser war es, dessen Symphonie, obwohl die bessere, bei der Konkurrenz durchgefallen war. Die Mutter dieses Rott klopfte einst an einem heißen Sommertag bei Bruckner an, um sich über die Fortschritte ihres Sohnes zu erkundigen. Lautes »Herein«, und sie stand im Zimmer. Bruckner aber kam ihr, splitternackt aus seinem Tub gestiegen, entgegen, um ihr die Hand zu schütteln. Sie entfloh schreiend. Er aber konnte lange nicht begreifen, »was die Frau denn habe?« Er hatte in der Arbeit die Außenwelt vergessen. An heißen Tagen pflegte er in der Badewanne – daneben einen Sessel, auf dem die Partitur lag – zu komponieren. Bruckner war also nicht im eigentlichen Sinne Mahlers Lehrer, aber er achtete den jungen Musiker und bevorzugte ihn.

Von seinen Lehrmethoden waren die seltsamsten Erzählungen im Umlauf. Diese Methoden waren äußerst naiv, aber anschaulich. Er fragte seine Schüler: »Wißts, was a Vorhalt in der Musik ist? – Also nachher schaugts her!« Er zog ein ungeheuer schmutziges Sacktuch aus der Hosentasche. »Das ist dreckig, was? Is a unreiner Akkord. So«, und nun zog er ein reineres hervor, »das is also besser – leitet scho über.« Und nun kam ein blütenweißes Tuch zum Vorschein. »So, und jetzt san mar in der Tonika.«

Bruckner war in einer Mädchenschule als Musiklehrer angestellt, doch wurde er plötzlich entlassen. Weil es von seiner Seite zu Unsittlichkeiten gekommen war. Niemand indes glaubte dies. Nur Ahnungslosigkeit dem weiblichen Geschlecht gegenüber ließ ihn als Wüstling erscheinen.

Siegfried Ochs erzählte mir viel später eine rührende Geschichte, die er selbst mit Bruckner erlebt hatte.

Ochs dirigierte in Berlin eine Festaufführung der Brucknerschen Messe. Nachher sollte Bruckner zu Ehren ein großer Abend bei Ochs stattfinden. Am Nachmittag telephonierte Bruckner, er könne nur mit seiner Braut oder gar nicht kommen. Braut? Seit wann war er verlobt? Ochs schwante Böses, und er stürzte ins Hotel. Er fand einen völlig geknickten Bruckner vor. Am Abend sei plötzlich das Hotelstubenmädchen gekommen und... kurz, am Morgen weinte und schrie sie, er habe ihr die Ehre genommen und er müsse sie nun heiraten... Bruckner hatte ihr die Ehe versprochen, und nun sei er eben verlobt. Ochs rief nach dem Mädchen und fragte sie direkt um die Abfindungssumme. Diese war recht beträchtlich. Bruckner aber küßte in überströmender Dankbarkeit Ochsens widerstrebende Hände.

Die Liebe Mahlers für Bruckner war in ihm bis zu seinem letzten Augenblick. Er führte nacheinander alle Symphonien in New York auf, obwohl die Kritik elend schlecht war. In Wien war es eine Selbstverständlichkeit, Bruckner zu propagieren.

In sein Handexemplar des ›Te Deum‹ von Bruckner schrieb er auf die Titelseite, auf der steht: für Chor, Soli und Orchester, Orgel ad libitum (nachdem er diese Worte mit dicken Strichen ausgestrichen hatte) »für Engelzungen, Gottselige, gequälte Herzen und feuergeläuterte Seelen!«

Mahler ging mit achtzehn Jahren nach Bad Hall, wo er beim Vater der Operettensängerin Zwerenz eine ganz sonderbare Anstellung als Kapellmeister im Sommertheater bekam. Er mußte sich verpflichten, vor der Aufführung die Noten auf den Pulten aufzulegen, das Klavier abzustauben und nach der Vorstellung die Noten wieder einzuräumen. In den Pausen mußte er das Kinderwagerl mit dem Baby Mizzi Zwerenz um das Theater rollen. Nicht verstehen allerdings konnte er sich dazu, Chargenrollen zu spielen, was von ihm verlangt wurde. Er hat später oft gesagt, wie schade es sei, daß sein Hochmut dies verhindert habe, da er eine Menge nie mehr Einzuholendes dabei gelernt hätte.

Dort fiel er doch so sehr aus dem Rahmen, daß eine Gesellschaft eleganter Adeliger, die sich um den Maler Angeli gruppiert hatten, sich um Mahlers Anwesenheit bei ihren Zusammenkünften bewarb. Er fühlte sich geschmeichelt durch die ersten kultivierten Menschen, die ihm da begegneten. Er blühte auf. Man unternahm gemeinsam weite Ausflüge, die ihn allerdings immer mehr von seinen Pflichten abzogen, so daß er einmal lang nach Beginn der Aufführungszeit zurückkam, und so verlor er dort seine Stellung. Alle brachten ihn an die Bahn, und er schied mit der Versicherung, sie alle in Wien aufzusuchen, beglückt darüber, solche Prachtmenschen gefunden zu haben. Sobald er sie in Wien zurück wußte, begab er sich auf den Weg und fand nur verschlossene Türen. Er fühlte sich sofort als Jude zurückgestoßen, mied neue Menschen und zog sich von da ab auf seine Jugendfreunde zurück. (Vielleicht hat es gar nicht dem »Juden« gegolten, sondern der »Sommerbekanntschaft«.)

Oft sagte er: »Ich bin dreifach heimatlos: *als Böhme unter den Österreichern, als Österreicher unter den Deutschen und als Jude in der ganzen Welt.* Überall ist man Eindringling, nirgends ›erwünscht‹.«

Mahler ging von Hall nach Laibach, wo er sofort bei Publikum und Mitgliedern des Theaters durch sein sonderbares Wesen auffiel. Er hatte sich eine enorm große runde Hornbrille machen lassen, um recht gut nach allen Seiten sehen zu können, und studierte fest darauf los. ›Margarethe‹ (›Faust‹) ohne Soldatenchor – ein einziger Soldat sang den Chor »feste Burgen« usw., über die Bühne gehend. Beim Korrepetieren passierte es ihm einmal, daß er einer Sängerin, die einen schlechten Lebenswandel führte, während des Spielens eine Moralpauke hielt, worauf diese sich auf das Klavier schwang, unter klatschenden Schlägen auf ihre Schenkel Mahler bewies, daß ihn das einen Schmarrn angehe, und ihn wegen seines Asketenlebens nun ihrerseits verhöhnte und verdächtigte. (In Hamburg war ihm dasselbe geschehen. Als die Sängerin Sch.-H. sah, daß ihre Bemühungen um Mahler fruchtlos waren, ließ sie von ihm ab, setzte aber sogleich den übelsten Klatsch über ihn in Umlauf.)

Es wurde ihm ungemütlich, der Haß wuchs um ihn . . . Da las er in der Zeitung, daß in Kassel die Kapellmeisterstelle vakant geworden sei, weil der bisherige Dirigent durchgebrannt war. Ohne Meldung und vorherige Entlassung also auf die Eisenbahn und nach Kassel! Er sprach sofort beim Direktor vor. Dieser fragte den Fremden, ob er ›Martha‹ ohne Probe übernehmen könne. Mahler bejahte, obwohl er nie davon eine Note gesehen hatte, und erbat sich die Partitur, um sie im Laufe des Nachmittags »noch einmal durchzugehen«. Er hat an diesem Nachmittag die ganze Partitur *auswendig* gelernt! Am Abend dirigierte er so glänzend, daß er vom Fleck weg engagiert wurde.

Doch dauerte dort sein Glück und seine Ruh nicht lang. Er verliebte sich zu gleicher Zeit in zwei Sängerinnen, die ihr Spiel mit ihm trieben. Er fühlte Schmerz und Qualen, dichtete sie beide an, nicht wissend, daß sie Freundinnen waren, sich gegenseitig ihre Trophäen zeigten und ihn zum Schluß in endlosen Tratsch und Konflikt brachten. Er verließ fluchtartig gegen Ende der Saison Kassel und wagte erst wieder in der Eisenbahn frei zu atmen. Er hatte, wie gesagt, beide unausgesetzt angedichtet – war ein Gedicht mitten in der Nacht fertig geworden, so hinderte ihn die späte Stunde nicht, es augenblicklich durch einen Dienstmann abzusenden. Die Wut der Gestörten erschütterte ihn nicht.

Mahler wurde nun zweiter Kapellmeister in Leipzig, Arthur Nikisch sein Freund und Förderer. Durch ihn kam er in das Haus des Enkels von Carl Maria von Weber. Er verliebte sich in dessen viel ältere Frau, und es begann eine Zeit voller Qualen und Glück für beide. Unter ihrem Einfluß begann er wieder zu komponieren. Seine eigene Kunst war ihm durch das Hetzleben des überanstrengten und umhergeschlagenen jungen Musikers abhanden gekommen. Da er eine leidenschaftliche Liebe für Jean Paul hatte, schrieb er eine Symphonie, die er ›Titan‹ nannte und die auch unter diesem Titel in Weimar, beim Musikfest, ihre Uraufführung erlebte.

Später, da man Mahler fortwährend um Ausdeutung der verschiedenen Romansituationen in der Musik bat, fühlte er das Mißverständliche der sogenannten Programm-Musik, eliminierte den Titel, und die Titansymphonie wurde die I. Symphonie, wie wir sie heute kennen.

Die tiefe Neigung, die Mahler zu Frau von Weber hatte und die voll von ihr erwidert wurde, hatte sich bei dem gemeinsamen Studium, das sie beide betrieben, sehr vertieft. (Sie klaubten nämlich gemeinsam aus Papierstückchen des Weberschen Nachlasses die Skizzen zu den »drei Pintos« zusammen. Aus diesen hat Mahler dann die Oper zusammengestoppelt, die mehr Mahlersche als Webersche Musik beinhaltete und doch ein Stückwerk blieb, das sich auf keiner Bühne halten konnte.) Die anfänglich flüchtige Neigung der beiden war zu großer Flamme angefacht, und sie faßten den Entschluß zu fliehen.

So tief die Liebe Mahlers zu dieser Frau war, so tief ging auch die Furcht vor dem letzten Schritt, er war ja ganz arm und mußte seine Familie ernähren. Daher war (wie er mir geschildert hat) seine Erleichterung groß, als der Zug abging und die Frau, die mit ihm fliehen wollte, nicht da war! – Mahler atmete bewußt einer wirklichen Freiheit entgegen.

Brahms und Mahler standen einst im Sommer in der Nähe von Ischl während eines Spazierganges schweigend auf einer Brücke, unter der ein Wildbach schäumte. Lange standen sie, nachdem sie zuvor erregt über die Zukunft der Musik debattiert hatten, wobei Brahms ergrimmt über die mitlebenden jüngeren Kollegen raisoniert hatte. Jetzt schauten sie fasziniert dem Brechen der Wellen über die Steine zu, endlich hob Mahler sein Gesicht und zeigte auf die ewig weiterspringenden Wellchen unter der Brücke und sagte lächelnd: »Welche ist die letzte?«

Mahler war in den letzten Jahren Hort und Hilfe für alle Aufstrebenden geworden. Besonders war es Schönberg, den er vor der Brutalität des Mob zu schützen suchte. Zweimal griff er bei Konzertskandalen unmittelbar ein.

Das erste Mal wurde das Quartett Op. 7 aufgeführt. Der Kritiker K. rief (ein unverzeihlicher Fehler), als das gesamte Publikum sich still, aber solidarisch amüsierte: »Aufhören!« auf das Podium hinauf, warauf ein Gepfeife und Gejohle einsetzte, wie ich es vor- und nachher nie gehört habe. Ein Kerl postierte sich vor die erste Reihe und zischte Schönberg an (der wieder und wieder kam, um, mit seinem jüdischen Brucknerkopf nach allen Seiten um Verzeihung bittend und zu gleicher Zeit gebieterisch verlegen, sich zu verneigen). Mahler sprang auf, stellte sich neben den Mann und sagte scharf: »Ich muß mir doch einmal so einen Kerl anschauen, der zischt.« Worauf der andere mit der Hand ausholte, um Mahler einen Schlag zu versetzen. Moll sah dies, er drängte sich blitzschnell durch das chaotisch umherstehende Publikum und trennte zu beider Erstaunen die Erbosten. Aus dem Bösendorfersaal jagte er den feisten Bürger vor sich her, der sich, durch die größere Kraft Molls eingeschüchtert, abdrängen ließ. Vor dem Ausgang raffte er sich zusammen und schrie: »Beruhigen Sie sich, bei Mahler zische ich *auch*!«

Das zweite Mal war die ›Kammersymphonie‹ im Musikvereinssaal aufgeführt worden. In der Mitte fingen die Leute an, laut mit den Stühlen zu rücken und ostentativ den Saal zu verlassen. Mahler erhob sich wütend, gebot Ruhe und erzwang sie. Nach Schluß der Aufführung stand er so lang vorne an der Logenbrüstung und applaudierte, bis die letzten Scharfmacher aus dem Saal waren. Dann erst fuhren wir heim, den ganzen Abend über das Problem Schönberg sprechend. Mahler sagte: »Ich verstehe seine Musik nicht, aber er ist jung; vielleicht hat er recht. Ich bin alt, habe vielleicht nicht mehr das Organ für seine Musik.«

Am selben Abend rief mich der Professor der Musikgeschichte G. Adler an: »Gustav hat sich heute furchtbar exponiert... es kann seine Stellung kosten... Sie sollten derartiges verhindern! Ich bin nach Hause gegangen und habe über die Wege der Musik geweint! Ja, ich habe geweint...« Arme Musik!

Die Oper war durch Mahler zu einer ungeahnten Höhe gediehen. Den Dirigenten Franz Schalk hatte Mahler schon vorgefunden. Bruno Walter hatte er aus Deutschland geholt; er schätzte ihn sehr, und da dieser noch jung und äußerst begabt war, erhoffte er sich große Hilfe von ihm. Roller hatte jetzt das gesamte Inszenierungs- und Kostümwesen in der Hand, und Mahler selbst war überall als »Gott über den Wassern«. Seine größte Liebe auf dem Gebiete der Oper galt Mozart und Wagner. Selbst dirigierte er immer den ›Figaro‹, ›Dalibor‹ von Smetana, ›Iphigenie‹ von Gluck, den ›Tristan‹; die andern Opern Wagners hatte er abgegeben.

›Fidelio‹ war eine seiner Meisterleistungen. Ich besitze ein ganzes Regiebuch davon. Es ist ihm gelungen, aus diesen Werken Zugopern zu machen. Als er die Wiener Oper übernahm, hatte er als Glanzvorstellungen ›Manon‹ und ›Werther‹ vorgefunden. Als er ging, »standen« der ganze Mozart, der ganze Wagner und alle Meisterwerke der klassischen Kunst. Die ›Walküre‹ hat er einmal so dirigiert, daß alle, die den Schluß des ersten Aktes von dem Moment an »so blühe denn Wälsungenblut« miterlebten, zu atmen vergaßen. Es war ein Tempo im Orchester, wie ich es nie vorher und nie wieder gehört habe. Bruno Walter, der im Anfang unbeholfen und unroutiniert war, kam Mahlers Wünschen immer näher, während Schalk, der fertigere, ihn niemals restlos befriedigte.

Für die am 11. März 1907 zu Ehren des Königs von Sachsen stattfindende Galavorstellung hatte Mahler den ›Lohengrin‹ neueinstudiert. Zum théâtre paré aber wurde nur der erste Akt gegeben. Mahler hatte den ›Lohengrin‹ gewählt, um das Geld für eine neue Glanzausstattung bewilligt zu bekommen. Es war ergötzlich mitanzusehen, wie ahnungslos der ganze Hof sich betrug. Mahler saß am Pult, mit dem Blick auf den Fürsten Montenuovo, der den Blick auf die große Inkognitologe gerichtet hielt, und als mein Onkel Nepallek (der Oberzeremonienmeister war) mit dem weißen Stab das Zeichen gab, daß Seine Majestät die Loge betreten habe, nickte der Fürst Mahler zu, und das Vorspiel begann sofort. Der Kaiser plauschte laut mit seinem Gaste. Geräuschvoll setzten sie sich nieder. Das ganz Publikum lärmte wie der hohe Herr, und ich wurde so wütend, daß ich meine Loge verließ. Ich sagte Mahler nachher, ich hätte das Gefühl gehabt, einen Lakaien zum Manne zu haben.

Aber wie sehr er herrschte, mögen die folgenden kleinen wahren Episoden aufzeigen. Eines Tages kommt die Sängerin Mizzi Günther mit einem warmen Empfehlungsschreiben vom Thronfolger Erzherzog Franz Ferdinand zu Mahler. Mahler nahm den Brief, zerriß ihn und sagte: »So, und nun singen Sie.« Oder: der Kaiser, der vor langen Jahren mit der Sängerin E. B.-F. eine kleine Liebelei gehabt hatte, verlangte ihr Reengagement. Nun hatte sie aber keine Stimme mehr, und Mahler sagte: »Gut, aber ich werde sie nicht auftreten lassen.« Darauf erwiderte der Obersthofmeister Montenuovo, daß es dem Kaiser eben gerade darauf ankäme, daß sie aufträte, es scheine sich um ein altes Versprechen zu handeln, da er ihr Gehalt ohnehin aus seiner Privatschatulle bezahle. Mahler antwortete: »So werde ich sie auftreten lassen, aber auf jedem Programm vermerken ›Auf Allerhöchsten Befehl Seiner Majestät des Kaisers‹.« Daraufhin hatte er Ruhe. Und es muß zur Ehre des damaligen Regimes gesagt sein, daß ihm diese Kühnheiten eher nützten als schadeten.

Nun sollte er den ›Lohengrin‹ an Schalk abtreten, der ihn vorher dirigiert hatte. Mahler wollte aber nicht, daß diese herrliche Aufführung dem Schalkschen Schlendrian verfalle, und so erfand er einen teuflischen Plan. Er machte eine Probe und setzte sich oben auf die Bühne, mit dem Rücken gegen die Bühne, mit dem Gesicht zu Schalk, der das Orchester leiten sollte. Schalk hatte den Befehl, jede Nuance, jede Taktstockbewegung Mahlers sklavisch nachzuahmen. Hier wurde der Stolz eines Menschen in einer Weise gebrochen, wie sie ärger kaum denkbar war. Schalk gehorchte widerwillig. Das Orchester grinste heimlich; jeder gönnte ihm diese Demütigung, die von Mahler nicht als *das* gewollt war, aber das Resultat war, um mit der Fischpredigt zu reden, »sie bleiben wie allen« (nämlich Schalks Tempi), und er hatte nun einen wirkungsvollen Feind mehr am Theater, wo ohnehin mehr als genug von der Sorte wimmelten.

Mahler wollte hier seine eigene Auffassung sozusagen als »Tradition« durchsetzen. Das berühmte Wort »Tradition ist Schlamperei« – war von Mahler ganz anders intendiert gewesen. Er meinte, als man ihn darauf aufmerksam machte, daß er eine Stelle in irgendeiner Oper anders nehme, als man es traditionell gewohnt war – »Ich mache es so! Was man unter Tradition versteht, ist meistens Schlamperei.«

Wenn Mahler in eine Situation kam, die ihm unangenehm war, so sagte er: »Wer hat mich gebracht in dieses Land?« und dann lachte er. Dies muß ein Zitat sein, doch weiß ich nicht woher.

Bis dahin hatte Mahler Ungeheueres geleistet: die Fünfte, die Sechste, die Siebente, die Achte. Drei ›Kindertotenlieder‹, alle späteren Gesänge und Skizzen zum ›Lied von der Erde‹, dessen Bezifferung er umgehen wollte. Er hatte eine solche Angst vor dem Begriff Neunte Symphonie, da weder Beethoven noch Bruckner die Zehnte erreicht hatten. So schrieb er ›Das Lied von der Erde‹ erst als Neunte, strich dann die Zahl durch und sagte mir bei der später folgenden Neunten Symphonie: »Eigentlich ist es ja die Zehnte, weil das Lied von der Erde ja meine Neunte ist.« Als er dann an der ›Zehnten‹ schrieb, meinte er: »Jetzt ist für mich die Gefahr vorbei!« Doch hat er eine Aufführung der Neunten nicht erlebt und niemals seine Zehnte vollendet. Da Beethoven nach der Neunten starb und Bruckner seine Neunte gar nicht mehr vollenden konnte, so war es eine Art Aberglauben geworden, daß kein großer Symphoniker über die Neunte hinauskomme.

Unsere Sommerferien waren ausschließlich seiner Arbeit und seinem Wohl gewidmet. Seiner Ruhe! Alles ging auf Zehenspitzen. Die armen Kinder durften weder laut lachen, noch schreien. Wir waren alle seiner Arbeit versklavt, aber das war so richtig, und ich würde es immer wieder so halten.

In diesen ersten fünf Jahren haben wir uns auch materiell von den Schulden, die ich übernommen hatte, befreit. Fünfzigtausend Kronen! Eine ungeheure Summe, die ich restlos abzahlte, womit ich gerade damals fertig geworden war. Alles war an Justine abzuzahlen, die das Geld in unbegreiflichem Leichtsinn vergeudet hatte. In diesen ersten Jahren bin ich ziemlich wesenlos und ausgestrichen neben Mahler hergegangen. Alles war für ihn *selbstverständlich*.

Im Sommer in Maiernigg kam Mahler einmal schweißbedeckt aus seinem Arbeitshäuschen heruntergelaufen, konnte sich kaum fassen und bekam es endlich heraus: Die Sommerhitze! Die Stille! Der panische Schrecken! Es hatte ihn gepackt. Entsetzen! Diese Empfindung des brodelnden schrecklichen Auges des großen Pan entsetzte ihn oft, und er kam dann mitten aus seiner Arbeit, aus seiner Einsamkeit, um in menschlicher, warmer Nähe unseres Hauses wieder zu sich zu kommen und weiterzuarbeiten. Ich durchrannte dann jedesmal das ganze Haus, das hochgebaut in drei Stockwerken über dem See lag, und alles mußte schweigen. Die Köchin darf nicht laut sein, die Kinder werden in ihr Zimmer gesteckt, ich spiele nicht Klavier, singe nicht, rühre micht nicht. Und das so lange, bis irgendeine Zäsur erreicht ist und Mahler strahlend heiter, wie immer nach der Arbeit, auftaucht und sich mit unserem Leben verbindet. Dergestalt waren *meine* Erlebnisse. Ich hatte keine eigenen mehr.

Dieses mein Aufgeben des eigenen Lebens, er merkte es nicht. Er war dermaßen in sich verbissen, daß ihm jede Störung, welche auch immer, unerträglich war. Arbeit – Arbeit, hochgemutes Dasein – Verzicht auf eigene Freude – Streben ins Unendliche, dies war sein Leben, für und für!

Ich hatte mich, mein Sein und Wollen vollkommen ausgestrichen – und bewahrte mit Mühe und Not meine Fassung. Nichts von allem hat er gemerkt. Seine Natur war schon unerhört egozentrisch, aber nie für sich und immer für das Werk.

Ich entfernte mich – mit größtem Respekt – innerlich von ihm und wartete auf irgendein Wunder.

Wie dumm! Ich hatte es neben mir – allerdings ein reines Abstraktum –; denn ich blieb ein Mädchen neben ihm, trotz Kindern und ewigen Schwangerschaften. Aber er sah nur mehr den Kameraden, die Mutter der Kinder, die Hausfrau, und sollte es zu spät erfahren, was er verloren hatte! Diese genialen Karnivoren, die meinen, Vegetarier zu sein! Ich habe es mein ganzes Leben so angetroffen: Ethik wird gesprochen, aber – sie kann kaum erlebt werden.

Die Aufführungen in der Oper waren Feste; Mahler kannte keine Grenzen. Nirgends! Er sagte: »Ich kann Menschen, die untertreiben, nicht leiden, nur solche, die übertreiben!«

Roller war immer bei uns. Mittags, abends, und es gab kein anderes Gespräch in unserem Hause mehr als Inszenierungsangelegenheiten. Alfred Roller, der kalt und von unerträglicher Würde war, hatte in der Oper keinen Freund; Mahler stützte ihn beständig. Roller wuchs. Da fiel es Roller ein, er wolle ein Ballett selber dichten und choreographisch einrichten. Mahler gab ihm sofort die Erlaubnis und alle Mittel dazu. Der hagere Lebensverneiner begann ein Tänzer zu werden. Alle Ballerinen waren andauernd in seinem Bureau, und es kam zu Unregelmäßigkeiten, ja zu Unrechtmäßigkeiten von seiten Rollers gegen den legitimen Ballettmeister des Hofoperntheaters. Nun wollte der Obersthofmeister Montenuovo diesem Treiben, dem Mahler fernstand, von dem er kaum gewußt haben dürfte, nicht länger zusehen. Roller hatte wieder, ohne den Ballettmeister Hassreiter zu fragen, eine Ballettprobe in seinem Bureau angesetzt, und alle Balletteusen waren aus Angst vor Mahler, den sie immer hinter Roller vermuteten, zu ihm gekommen, obwohl der Ballettmeister eine Probe für sich selber anberaumt hatte. Dieser stand nun in einem leeren Saal. Wütend ging er direkt zum Fürsten Montenuovo. Und dieser ließ Mahler kommen.

Mahler stellte sich sofort auf Rollers Seite, und an diesem Tag entließ Obersthofmeister Mahler nach zehnjährigem Zusammenleben das erste Mal ungnädig mit den Worten: »Direktor Mahler, es ist das erste Mal, daß Sie eine Unrechtmäßigkeit schützen. Mein Beamtenherz kann und will Ihnen da nicht folgen.«

Von da ab wurde Montenuovo unangenehm, gereizt, auf Gelegenheit lauernd, Mahler zu entfernen. Und die kam! Mahler hatte die Gewohnheit, in sein großes Hauptrepertoirebuch auch sein eigenes Programm einzutragen. Und er schrieb in die Rubrik »Nach Ostern« ganz harmlos: »Rom drei Konzerte«. Der Urlaub aber galt nur für die Osterzeit, und Mahler wollte, von Rom aus, um einen kurzen Nachurlaub (für das dritte Konzert) einkommen. Dieses Hauptbuch aber wanderte, von böswilligen Beamten des Sekretariats getragen, direkt zum Fürsten, und dieser zitierte Mahler zu sich. Er fing damit an, Mahler vorzurechnen, daß bei allen Urlauben, die er sich nehme, die Kassenrapporte sich verschlechterten, wofür Mahler augenblicklich den Gegenbeweis erbringen konnte. Aber das Gespräch spitzte sich so zu, daß beide übereinkamen, sich Mahlers Demission zu überlegen. So fuhren wir nach Rom! Teils glücklich, endlich der Oper los und ledig zu sein, teils bang vor einem gänzlich unbekannten Schicksal. Denn wenn auch die Schulden getilgt waren, so hatten wir doch nichts erspart, und Mahler war sehr müde. Niemand erfuhr von uns in Rom das geringste.

Wir sind Dienstag, den 19. März nach Rom abgereist. Am Semmering erste Panne. Der Zug blieb auf der Strecke stehen. Ich sprang aus dem Bett, alle übrigen Reisenden desgleichen, es gab eine ziemliche Aufregung, denn der Zug war mit plötzlichem Ruck stehengeblieben, aber Mahler, der nun endlich, da es nicht mehr rüttelte, schlafen konnte, befahl Ruhe und interessierte sich nicht im geringsten für den Bruch der Maschine. So schlief er drei Stunden, während alle andern Menschen sich aufregten. Aber sein »Dem-Leben-aus-dem-Wege-Gehen« sollte sich hier wie immer rächen. Denn zwischen Bologna und Rom hatten wir den zweiten, knapp vor Rom den dritten Maschinenbruch. Wir verloren unseren Schlafwagenanschluß, viel Geld und alle Koffer, die irgendwo liegengeblieben waren. Wir mußten wochenlang in schnell gekaufter Wäsche herumgehen. Mahler, der gewöhnt war, nur feine, weiche Hemden zu tragen, mußte in ein steifes kriechen, und wir fanden beide, daß er wie ein Firmling darin aussähe.

Das Tragische an dem Komischen war, daß in den verlorenen Koffern die Orchestermaterialien für die Konzerte irgendwo stilllagen, während Mahler nun zufällig Vorhandenes dirigieren mußte.

Der Historiker Spiro führte uns sehr geschickt herum, kannte jeden Stein des Forum Romanum »beim Namen«. So hatten wir in der Zwischenzeit von einer Probe zur andern die schönsten Stunden. Am liebsten fuhr Mahler hinaus auf die Via Appia.

Immer konnte ich beobachten, daß Mahler alles mehr vom literarisch-historischen Standpunkt aus sah und weniger als Natur in ihrer voraussetzungslosen Wahrheit.

Zum ersten Konzert, das eine Sensation zu werden versprach, mußte sich Mahler einen Frack ausleihen. Dieser Frack war für einen langen Menschen gebaut worden. Mahler paßte hinein wie ein Kind in den Schlafrock des Großvaters. Der deutsche Besitzer der Pension, in der wir der Billigkeit halber wohnten, bot ihm seinen Frack an. Aber es zeigte sich, daß vorn auf der Brust ein ungeheurer Stern aufgenäht war (das Abzeichen einer Turnergemeinschaft), wie das bei redlichen deutschen Männern aus Köln so üblich ist, aber am Podium etwas sonderbar gewirkt hätte. Schwer war es, den Mann zu überzeugen, daß dieser Stern den Frack unmöglich mache, und er ging gekränkt hinweg. Nun machte ich mich über den langen Frack her. Ärmel und Hosen wurden eingenäht und den Schlitz, der vollkommen offenstand (ich will nicht näher bezeichnen, wo), wollte ich zunähen, aber dies duldete Mahler nicht. So steckte ich den Schlitz von innen mit einer großen Goldnadel zu, denn eine andere hatte ich nicht bei der Hand. Ich ermahnte Mahler, vor dem Konzert nicht daran zu rühren. Er ging voraus, wie immer, um zu sehen, ob alles in Ordnung sei, Material, Orchester, Sitzordnung etc., und ich kam knapp vor der Aufführung, aber noch zeitig genug, um eine schreckliche Blamage zu verhüten: die Nadel war nicht mehr dort, wo sie sein sollte, sie war sehr sichtbar geworden. In Ordnung gebracht, bestieg Mahler lachend das Podium.

Königin Margherita war in der Loge und befahl Mahler in der Pause zu sich. Scherzend erbot sie sich, Mahler die Koffer suchen zu helfen, aber weder sie noch der Veranstalter des Konzertes, Graf San Martino, noch der österreichische Gesandte Graf Lützow, noch irgend jemand anderer konnte helfen.

Mahler war damals für alle ein kurioser Kauz, dem man gerne aus dem Wege ging, und der das bißchen Achtung, das er empfing, lediglich seiner Stellung als *Hofoperndirektor* verdankte. Mahler war in dieser Zeit nervös und gereizt. Mag sein, daß der Abschied von der Oper, der bevorstand, ihm näher ging, als er es zeigen wollte, kurz alle, die uns damals sahen, bewunderten meine Geduld und machten ihm offen wegen seiner Launenhaftigkeit Vorwürfe. Ich mußte zum Beispiel am Abend, knapp vor der Abreise, den großen Koffer dreimal auspacken. Mahlers Skizzen zur Siebenten waren eingepackt, und zwar, auf seinen Wunsch, ganz unten im Koffer. Die Träger standen vor der Türe, und Mahler befahl, den Koffer umzupacken, weil er die Partitur obenauf liegen haben wollte, um sie gegebenen Falles schnell herausnehmen zu können. Wir gingen die Stiegen hinunter, begleitet von Freunden und Verehrern, da – unten im Hof – wurde Mahler plötzlich sehr nervös, er müsse die Partitur in der Hand tragen. Also mußte ich den Koffer, und es war ein großer Reisekoffer, fast auf der Straße aufmachen und die Partitur herausnehmen, die wir dann immer abwechselnd bis Wien in der Hand trugen. Wenn solches auch sehr begreiflich ist, war es doch oft schwer, so zu leben.

Der Physiker Boltzmann schrieb damals einen wunderbaren Brief an Mahler, in dem er sagte, daß es doch eigentlich ungeheuerlich sei, daß zwei solche Menschen sich in einer Stadt befanden, ohne einander zu kennen. Wie Mahler reagierte, weiß ich nicht mehr, nur so viel, daß Boltzmann kurz darauf tot war und Mahler ihn nie gesehen hatte.

Niemals in den fünf Jahren sind wir abends ausgegangen, nie in irgendeine heitere Gesellschaft, in ein Theater – nur in die Oper und nur, wenn er dirigierte, was allerdings mein Glück war, so daß ich gar nichts anderes wollte. Einmal aber waren wir in der Operette ›Die lustige Witwe‹, die uns vergnügt machte. Mahler und ich haben nachher zu Hause getanzt und uns den Walzer von Lehár gleichsam nach dem Gedächtnis rekonstruiert. Ja, es geschah etwas Komisches. Eine Wendung konnten wir nicht finden, wie wir uns auch bemühten. Wir waren aber beide damals so »verschmockt«, daß wir es nicht über uns brachten, den Walzer zu kaufen. So gingen wir beide zur Musikalienhandlung Doblinger. Mahler begann ein Gespräch mit dem Geschäftsführer über den Verkauf seiner Werke, und ich blätterte scheinbar achtlos in den vielen Klavierauszügen und Potpourris der ›Lustigen Witwe‹, bis ich den Walzer und die Wendung hatte. Dann trat ich zu ihm. Er verabschiedete sich schnell, und auf der Straße sang ich ihm die Wendung vor, damit sie mir nicht wieder entfalle.

Dieses Beispiel und manches dieser Art von mir mit ihm Erlebte zeigten mir, daß Mahler Heiterkeit und Lustigkeit liebte, daß er aber aus irgendeinem dunklen Prinzip dem allen aus dem Wege ging. Er konnte ungeheuer lachen; lachte aber ein anderer, so fühlten seine Nerven sich beleidigt. – Er sagte oft, wenn wir über

Menschen sprachen: »O das ist ein schönes Gesicht, ein *verlittenes!*« Oder: »das ist ein leeres Gesicht, steht kein Leid darin.« Und diese schwer durch Wolken dringenden Sonnenstrahlen seiner Heiterkeit befreite er erst im letzten Jahr, wo er durch allzuviel Leid erkannte, was Freude ist.

Gewöhnlich kam Mahler ernst nach Hause, legte sich nach dem Nachtmahl auf unseren blauen Diwan, und ich las ihm vor. So ›Zwei Menschen‹ von Dehmel, ›Parsival‹ von Wolfram von Eschenbach, ›Tristan‹ von Gottfried von Straßburg oder auch Aktuelles. Damals hörte ich ein Kolleg Professor Siegels an der Universität: ›Himmelsbild und Himmelsgewölbe von Aristoteles bis Kant‹. Ich schrieb mit, versuchte, es zu Hause auszuarbeiten, las es Mahler am Abend vor, und er war rührend lieb in seinem Eifer, mir alles damals Unverständliche zu erläutern, wobei er selbst oft um Hilfe zu seinen Philosophen gehen mußte. Auf diese Art kamen wir auf Giordano Bruno und Galilei. Ich las ›Die triumphierende Bestie‹, ›Das Aschermittwochmahl‹ vor, – Galilei, dann die ›Geschichte des Materialismus‹ von Lange usw. Jemand sagte einmal zu mir: »Alma, du hast ein Abstraktum zum Mann, keinen Menschen!« Dies war die Wahrheit. Niemals aber möchte ich auch nur *einen* Tag aus dem damaligen Leben missen.

Krank und leidend kam ich aus Rom zurück. Die Engländerin hatte in meiner Abwesenheit dem kleineren Kind drei Finger an der Hand verbrüht. Das Kind sah schlecht aus, sein Ausdruck gefiel mir nicht, es konnte nicht die Verbrühung allein sein; es fieberte, erbrach sich endlich – Scharlach. Ich wartete die Krise und Genesung ab und begab mich dann ins Sanatorium, um eine notwendige Operation an mir vornehmen zu lassen, mein Herz blieb bei meinem rekonvaleszenten Kinde. Die ältere war zu meiner Mutter gebracht worden. Als ich geheilt und das Kind wieder gesund war, trafen wir uns alle am Bahnhof und fuhren nach Maiernigg, wie alljährlich aufs Land. Zuvor hatte Mahler seine Demission erbeten und sofort erhalten.

Auf dem Lande zeigten sich schon am dritten Tag bedrohliche Symptome bei dem älteren Kinde. Es war Scharlachdiphterie, und das Kind von Anfang an verloren. Vierzehn Tage Bangigkeit – Verfall – Erstickungsgefahr. Entsetzliche Zeit! Die Natur half mit: Gewitter, rote Himmel. Mahler liebte dieses Kind dermaßen, daß er sich mehr und mehr in sein Zimmer verkroch, von diesem geliebten Kinde im Innern Abschied nehmend. In der letzten Nacht, in der der Kehlkopfschnitt gemacht wurde, stand die ganze Zeit hindurch der Diener vor Mahlers Schlafzimmertür, damit er, falls er durch den Lärm geweckt würde, beruhigt und wieder in sein Schlafzimmer zurückgebracht werde. Und so schlief er die ganze Nacht. Diese furchtbare Nacht, in der meine Engländerin und ich einen Operationstisch richteten und das arme, arme Kind einschläferten. Ich rannte während der Operation am Strand entlang, laut schreiend, von niemandem gehört. Es war fünf Uhr früh (der Arzt hatte mir das Zimmer verboten), da kam meine Engländerin und sagte: »Es ist vorbei.« Und ich sah dieses herrliche Kind mit großen Augen liegen und röcheln, und so litten wir alle noch einen Tag – bis es aus war.

Mahler lief immer weinend und schluchzend an ihrer, vielmehr meiner Schlafzimmertüre vorbei, denn in einer Art Selbstvernichtungswillen hatte ich sie in mein Bett gelegt. Er floh, nur um keinen Laut mehr von ihr zu hören. Er konnte es nicht mehr ertragen. Wir telegraphierten meiner Mutter, die sofort kam. Wir schliefen alle drei in seinem Zimmer. Wir konnten einander nicht eine Stunde verlassen. Wir hatten Angst, wenn einer von uns das Zimmer verließ, er käme nicht wieder. Wir waren wie Vögel im Sturm, wir fürchteten die nächsten Stunden – und wie recht hatten wir!

Das Schicksal war noch lange nicht fertig mit uns. Ein Verwandter räumte uns alle Furchtbarkeiten, die ein Todesfall mit sich bringt, aus dem Wege. Am zweiten Tag nach dem Ende des Kindes bat Mahler meine Mutter und mich, hinunter an den Strand zu gehen. Dort bekam sie aus mir unerfindlichen Gründen einen Herzkrampf. Ich bückte mich zum See hinunter, um ihr einen nassen Umschlag auf das Herz zu machen. Da kam Mahler mit entstelltem Gesicht den Weg herab. Meine Augen irrten an ihm hinauf in die Höhe und – ich sah über mir, auf der Landstraße, wie der Sarg auf den Wagen gehoben wurde. Nun wußte ich die Ursache ihres plötzlichen Herzkrampfes und seiner Züge. Mahler und ich waren so fassungslos, so hilflos, daß ich – fast mit Glücksgefühl – in eine lange Ohnmacht fiel.

Der Arzt kam, konstatierte große Herzschwäche und verordnete Ruhe und Liegen, er verstand es nicht, daß ich in einem solchen Zustand des Herzens überhaupt noch herumgehen konnte. Mahler wollte etwas Heiterkeit in unser trauriges Zimmer bringen und sagte: »Gehn S', Doktor, wollen Sie mich nicht auch untersuchen? Meine Frau hat immer Angst wegen meines Herzens. Sie soll heute eine Freude haben, sie braucht es.« Und der Doktor untersuchte ihn. Tiefernst erhob er sich. Mahler war auf dem Sofa gelegen, Dr. Blumenthal hatte geknict, und er sagte fast heiter (wie die meisten Ärzte, wenn sie eine Todeskrankheit diagnostizieren): »Na, auf dieses Herz brauchen Sie aber nicht stolz zu sein!« Und mit diesem Befund begann das Ende Mahlers.

Diese Vorkommnisse, zu denen noch der Rücktritt Mahlers von der Oper kam, verwandelten unsere ganze Existenz. Wir waren innerlich und äußerlich heimatlos. Furchtbar, fast unverständlich groß, war die Wirkung der Worte des Arztes auf Mahler gewesen. Er war mit dem nächsten Zug nach Wien gefahren, um dort Professor Kovacs zu konsultieren, welcher des Landarztes Diagnose voll bestätigte: Doppelseitiger, angeborener, obwohl kompensierter Klappenfehler. Nicht Bergsteigen, nicht Radeln, nicht Schwimmen, ja er empfahl, unglaublich kurzsichtig, diesem an äußersten Sport gewöhnten Manne eine Terrainkur, um sich an das »Gehen« zu gewöhnen! Erst fünf Minuten, dann zehn Minuten und so langsam steigernd, bis man sich ans Gehen *gewöhnt*. Und

Mahler tat, wie ihm geheißen. Mit der Uhr in der Hand »gewöhnte er sich das Gehen an« – und hatte sein ganzes früheres Leben vergessen.

Ich packte das Notwendigste ein, und wir flohen aus Maiernigg, wo alles Erinnerung war und uns quälte, nach Schluderbach in Tirol. Hier in der neuen herrlichen Natur lebten wir etwas auf und versuchten, unser zukünftiges Leben uns vorzustellen. Als wir einmal in Schluderbach spazierengingen, sagte mir Alfred Roller: »Der Befund des Arztes kommt mir nicht unerwartet. Bei den Proben zu ›Lohengrin‹ war es einige Male vorgekommen, daß Mahler, als er die Chormassen nach vorn und hinten zog, um ihnen Bewegung einzugeben, stehenbleiben mußte, um Atem zu holen, und sich dabei unwillkürlich an das Herz gefaßt hatte.« Roller wollte damals mit mir darüber sprechen, hatte es aber immer wieder verschoben, aus Angst, mich zu beunruhigen.

Vor Jahren hatte ein lungenkranker alter Freund meines Vaters, der seine ganze Liebe jetzt auf Mahler übertragen hatte und an nichts anderes dachte als daran, für seinen Liebling Liedertexte und Anregungen jeder Art zu finden, ihm die neu übersetzte ›Chinesische Flöte‹ gebracht (Hans Bethge). Diese Gedichte gefielen Mahler außerordentlich, und er hatte sie sich für später zurechtgelegt. Jetzt – nach dem Tod des Kindes, nach der furchtbaren Diagnose des Arztes, in der schrecklichen Stimmung der Einsamkeit, fern von unserem Hause, fern von seiner Arbeitsstätte (die wir geflohen hatten), jetzt überfielen ihn diese maßlos traurigen Gedichte, und er skizzierte schon in Schluderbach, auf weiten einsamen Wegen, die Orchesterlieder, aus denen ein Jahr später ›Das Lied der Erde‹ werden sollte!

HERBST

1907

Kabel und Briefe kamen. Der Direktor der Metropolitan-Opera, Conried, wollte Mahler drüben haben, und Mahler betrachtete es als einen Wink des Himmels. Weg von Wien, wo man ihn verstoßen hatte (Deutschland hatte trotz vielen früheren Versprechungen plötzlich *versagt*), in ein neues Land, neue Menschen, nur fort!

Im Sommer hatte Mahler nicht mehr viel gearbeitet. Die Achte war fertig, harrte der Aufführung, die Neunte, aus der später ›Das Lied der Erde‹ wurde, war erst im Entstehen. Jetzt wollte er schnell noch etwas Geld verdienen, um dann in großer Zurückgezogenheit irgendwo leben und arbeiten zu können.

Mahler wurde telegraphisch von Conried nach Berlin berufen und schloß dort sogleich für die Saison 1907–1908 auf vier Monate ab. Mich unterrichtete er telegraphisch vom Stand der Verhandlungen. Drei Neueinstudierungen in der Oper und zwei bis drei Konzerte. Wohlgemut kam Mahler aus Berlin und fand in Wien ein Schreiben Montenuovos vor, der ihn bat, zu ihm zu kommen. Es war an einem Nachmittag. Ich wartete stundenlang in einem kleinen Teesalon. Seelenvergnügt kam er endlich an. Er hatte dem Fürsten, und zwar mit dessen eigenen Worten, das Anerbieten, nun wieder als Operndirektor in Wien zu bleiben, abgeschlagen.

Montenuovo hatte nämlich im Frühjahr gesagt, »er könne einen Direktor, der immer auf Konzertreisen sei und für seine eigene Musik Propaganda mache, nicht brauchen«. Damals hatte ihm Mahler geantwortet, daß es den Nimbus der Oper mehre, wenn der Direktor auch persönliche Erfolge habe. Jetzt sagte der Fürst, er habe sich zu Mahlers Überzeugung durchgerungen; dieser habe recht. Und nun antwortete Mahler: »Sehen, Durchlaucht, jetzt habe aber *ich* einsehen gelernt, daß ein Operndirektor nichts zu tun haben soll als seine offizielle Arbeit und also *da* zu sein.« Wir hatten erfahren, daß sich Montenuovo im Laufe des Sommers eine Menge Refus geholt hatte. So bei Nikisch, bei Schuch, auch mit Weingartner wollte es nicht gehen. Niemand wollte Mahlers Nachfolger werden. Niemand wollte auch um eine so geringe Gage diesen ungeheuer verantwortlichen Posten übernehmen. Montenuovo verpflichtete Mahler ehrenwörtlich zu schweigen und gestattete ihm so nicht einmal die Möglichkeit, sich vor der Öffentlichkeit zu rehabilitieren, die in Mahler noch immer den hinausgeworfenen Operndirektor verhöhnte.

Uns aber machte das nichts. Er war jetzt mit seinem Kontrakt in der Tasche zufrieden und kehrte noch einmal, von Grund auf verwandelt, im Spätherbst in der Oper als Direktor ein. Er dirigierte ein letztes Mal seine Lieblingsopern, machte eine wunderbare Aufführung der Zweiten Symphonie im Konzertsaal und zuletzt, am 15. Oktober, ›Fidelio‹.

Berichten muß ich, daß diese letzten Aufführungen leer waren und Mahler auch noch diese Kränkung erlebte: vom Publikum verlassen worden zu sein.

Als Mahler seinen Kontrakt mit Conried nach New York unterzeichnete, schrieb er die Klausel hinein, daß er unter keiner Bedingung den ›Parsifal‹ dirigieren wolle, denn er wollte nicht dem testamentarischen Willen Wagners zuwiderhandeln.

In der letzten Wiener Zeit wollten noch einmal alle Freunde Schönbergs und Zemlinskys mit Mahler zusammensein. Der Verabredung nach traf man sich beim ›Schutzengel‹, einem Gasthaus in Grinzing. Ich war zu Hause geblieben. Für mich waren solche Massenansammlungen immer anstrengend und öde. Mahler kam um Mitternacht äußerst aufgeräumt in mein Zimmer. Seine Kleider rochen dermaßen nach Rauch, daß er sich erst umzog, ehe er mir berichtete. Und nun erzählte er so lustig, daß wir beide bis tief in die Nacht hinein lachen mußten. Er war also zu den andern gestoßen, ein heiliges Schweigen hatte auf allen gelastet. Er hatte abrupt die Speisekarte gefordert, um Leben in die

Menschen zu bringen. Der Kellner kam mit der Suppe, beide Daumen im Teller. Mahler schickte die Suppe zurück. Der Kellner brachte in der Hand eine Semmel, Mahler verlangte eine andere. Der Kellner ging zur Kredenz nach hinten, legte die Semmel auf einen Teller und brachte dieselbe Semmel wieder. Die Schönberg-Schüler, die mit Angst und Bewunderung die Vorgänge betrachtet hatten, begannen zu fühlen, daß Mahler sich amüsiere, und das Eis war gebrochen. Nun wurde es heiter und so laut, daß keiner mehr sein eigenes Wort verstehen konnte.

Mahler wollte nach Hause, denn Lärm vertrug er nun wieder nicht. Er hatte deshalb mit Schönberg und Zemlinsky besprochen, daß er beim Restaurant ›Zögernitz‹ abspringen werde und die beiden nach ihm, um des lästigen Schülerschwalles ledig zu werden. Aber alle Schüler sprangen automatisch aus der schnell fahrenden Elektrischen heraus und man saß wieder dicht gedrängt im rauchigen Lokal, und wieder folgte aus lauter Scheu und Betretenheit heraus kein Gespräch, und später arger Lärm.

Mahler warf in den Lärm die Frage hinein: »Wie steht es bei euch mit Dostojewski?« Worauf eine Menge junger Stimmen antwortete: »Den brauchen wir nicht mehr, wir haben Strindberg!« Diese Antwort, die so viel Vergänglichkeitsfeststellung barg, gab uns in dieser Nacht viel zu denken. Mahler scheint darauf heftig geantwortet zu haben. Alle jungen Menschen brauchen die Anlehnung an irgendeine große Zeiterscheinung. Gestern Strindberg, heute Wedekind, morgen Shaw, übermorgen der neuentdeckte Dostojewski und so ad infinitum. Es kommt ja nicht darauf an, die Mode wechselt ihre Götter. Die Hauptsache ist, daß Götter da sind.

Das alles erzählte er mir jetzt am Bettrand sitzend; lächelnd, rauchend und nachtmahlend, denn er hatte vor Ekel nichts berührt, und ich hatte ihm schnell einiges bereitet.

Der Abschied von Wien war da. Schönberg und Zemlinsky hatten ihre Schüler und die Freunde Mahlers auf dem Bahnhofperron versammelt. Man hatte ihnen einen heimlichen Eingang auf den

Perron verschafft. Sie standen, als wir ankamen, alle schon da, die Hände voll Blumen, die Augen voll Tränen, stiegen in unser Coupé, bekränzten es, die Sitze, den Boden, alles. Wir fuhren langsam aus der Halle, ohne Bedauern, ohne Sehnsucht. Zu schwer waren wir getroffen, wollten nur weg, nur in die Ferne. Wir waren sogar fast glücklich, je mehr wir uns von Wien entfernten. Wir sehnten uns nicht einmal nach unserem Kinde, das wir bei meiner Mutter gelassen hatten. Wir wußten: keine Sorgfalt und Liebe kann das Entsetzliche fernhalten. Man ist nirgends gefeit. Wir waren weißgeglüht. So glaubten wir. Aber eines waren wir trotz alledem beide: voll Zukunft!!

Mahler sagte während der Fahrt: »Die Repertoire-Oper ist hin. Ich bin froh, daß ich den Abstieg hier nicht mehr selber miterleben muß. Es ist mir doch bis zum Schluß gelungen, das Publikum darüber hinwegzutäuschen, daß ich mit Wasser gekocht habe.«

In Paris erwartete uns unser Freund Gabrilowitsch, der Mahler bis zur Verrücktheit verehrte. Wir standen abends allein im Zimmer, und er sagte plötzlich: »Ich muß Ihnen ein furchtbares Geständnis machen – ich bin im Begriff, mich wahnsinnig in Sie zu verlieben. Helfen Sie mir, daß ich dem entgehe. Ich liebe Mahler und darf ihm niemals Schmerz bereiten!« Ich schwieg benommen. Also war ich doch liebenswert, nicht alt, nicht häßlich, wie ich mich damals sah! Er tastete im Finstern nach meiner Hand, das Licht zuckte auf, Mahler stand im Zimmer, voll Liebe und Güte, und der Spuk war verflogen. Mir aber half diese Szene eine Zeitlang über manchen Anfall von Kleinheitswahn hinweg.

Nun kam die Fahrt von Paris nach Cherbourg; dort ein kleiner Tender – Nacht – bewegte See, endlich von weitem ein Lichtmeer, unser Schiff, die ›Amerika‹. Mahler fürchtete sich vor der Seefahrt, wollte es aber nicht zeigen. Da kam das große, glitzernde Riesenschiff urplötzlich ganz nahe auf, die Marseillaise erklang, und alles war vergessen. Voll Mut und Kampflust tanzten wir hinüber auf das große Schiff. Oben wurden wir sofort empfangen, in unsere Staatsräume geführt. Im Salon wurde ein fabelhaftes Mahl aufgetragen, und auf einmal fühlte ich mit Jauchzen, daß wir fuhren. Mahler war böse, als ich es aussprach; er wollte nichts davon merken, denn nun war die Musik fort und die Angst wieder da. Heftige Stürme und Seekrankheit, der er zu steuern strebte, indem er sich kerzengerade auf den Rücken übers Bett legte – wie auf einen Kardinals-Sarkophag – nichts aß, nichts sprach, bis das Übel nachließ. Dies waren, trotz den wunderbaren Eindrücken vom Meer, die Erlebnisse jener ersten Fahrt.

NEUE WELT

1907–1908

Ankunft im Hafen von New York. Das ungeheuerste Natur- und Menschenschauspiel. Wir waren so berauscht, daß wir unsern Kummer vergaßen. Er sollte wiederkommen.

Mahler ging noch am Morgen unserer Ankunft in die Metropolitan und erhielt die Weisung, als erste Oper den ›Tristan‹ zu dirigieren. Ich begleitete ihn, und so übersichtlich ist diese göttliche Stadt, daß ich allein und mit absichtlichen Umwegen nach Hause ins Hotel Majestic ging.

Im elften Stock, viele Zimmer, zwei Flügel natürlich! Also Heimatsgefühl. Andreas Dippel (der damalige business manager der Metropolitan) holte uns zum Lunch zum »Obergott« Conried, der bereits gelähmt war – Tabes – und deutliche Zeichen von Euphorie zeigte. Dieses erste Mittagessen, diese Komik! Die tiefe Unkultur des Ehepaars, und diese Wohnung! Wir kamen aus dem versteckten Lachen nicht heraus, und auf der Straße platzten wir beide heraus. Im Rauchsalon Conrieds stand zum Beispiel eine Ritterrüstung, die von innen rot beleuchtet werden konnte. In der Mitte dieses Raums ein Ruhebett, darüber ein Baldachin, gedrehte Säulen, dort lag der große Conried, wenn er den Mitgliedern Audienz erteilte. Sonst dunkle, zusammengetragene Stoffe und grelle, bunte elektrische Birnen. Und Conried dazu, der Sonnenthal »gemacht« hat und auch Mahler »machen« werde. Mahler kam bald in die ernste Arbeit, leichter und müheloser als in Wien, weil er hier nur auf das rein Musikalische losging und sich vom Rollerschen Inszenierungszwang der letzten Wiener Zeit (der ihm die Musik vergewaltigt hatte) erholen durfte.

Das Orchester, der Gesang, das Haus, das war wunderbar! Und die Szene, die Conried selber in der Hand hatte – oft, aber nicht immer scheußlich –, ging Mahler nichts an. Die Fremdstad sang die Isolde, Knote den Tristan. Das erste Mal in meinem Leben habe ich den zweiten Akt rein singen gehört. Mahler schwelgte in Musikwonnen.

Sein erstes Auftreten in New York gestaltete sich ein wenig komisch. Als wir in den Lift steigen wollten, trat mir Mahler die ganze Schleppe ab. Ich mußte zurück und sie nähen, denn ich stand halb nackt, als das Operntelephon läutete. Mahler wollte um keinen Preis – abergläubisch, wie er war – ohne mich fahren. Wir gingen nicht zum Telephon, waren beide ungewöhnlich gleichmütig, und als alles fertig war und wir im Auto saßen, sagte Mahler: »Geschieht ihnen schon recht, warum haben sie micht nicht abholen lassen?«

Das Publikum wartete geduldig, Mahler stürzte ans Pult, und eine der schönsten Aufführungen, die ich je erlebt habe, kam zustande. Sein Triumph war entschieden! Die Amerikaner sind sehr kritisch und nehmen nicht jede europäische Berühmtheit in Gnaden auf. Sie verstehen wirklich etwas von Musik. Mottl zum Beispiel fiel durch. Dies war gewiß ein Unrecht, aber er mußte nach den ersten Aufführungen, die enttäuscht hatten, nach Deutschland zurückfahren. Er hatte es sich zu leicht machen wollen!

Es hätte so schön sein können, aber wir waren durch den Tod des Kindes vernichtet. Mahler lag halbe Tage lang im Bett, um sich zu schonen, der Name des Kindes durfte nicht ausgesprochen werden, und so kam es, daß ich manchmal in der ersten Morgenfrühe, wenn ich schlaflos die ganze Nacht auf und ab gegangen war, mich auf die Stiege im elften Stock setzte, nur um hie und da einen menschlichen Laut von unten her zu hören.

Damals waren Mahler und ich uns vorübergehend fremd, das Leid hatte uns einander entfremdet. Er verargte mir, ohne es zu wissen, den Tod des Kindes. Außerdem wußte er jetzt, daß er selbst krank war, und alles andere verlor für ihn an Gegenwart. Er war nervös, auffahrend, gereizt, und dieser Winter war sehr traurig für mich – sicherlich für uns beide. Der traurigste Abend aber war der Weihnachtsabend, der erste ohne die Kinder und in der Fremde. Mahler wollte nicht daran erinnert sein, daß Christfest sei, und ich war verlassen und einsam und weinte ununterbrochen den ganzen Tag.

Es klopfte gegen Abend, Baumfeld (dieser gute Schlemihl mit seiner fixen Idee eines deutschen Theaters in New York) trat ein. Er sah meinem verweinten Gesicht die Wahrheit an und ruhte nicht eher, bis wir beide mit ihm gingen, wo wir Christbaum, Kinder und Freundesgesichter sahen, was schon Befreiung von uns selbst bedeutete. Einige Schauspieler und Schauspielerinnen, die nach dem Nachtmahl kamen, vertrieben uns, da die eine, ein verdorbenes Frauenzimmer, »Putzi« genannt wurde; so hatten wir Erinnerung und Leid. (Putzi hatten wir unser verstorbenes Kind immer genannt.)

Manchmal nahmen wir irgendwo eine Dinner-Einladung an. So unsere erste bei Mr. B., dem amerikanischen Direktor der Hamburg-Amerika-Linie, wo ich, der ungeheuren Stadt noch unkundig, die Einladung mit der Adresse zu Hause gelassen hatte und statt der Ziffer 72 die 27ste Straße im Kopf hatte, wodurch wir fast eine Stunde zu spät kamen. Die Hausfrau war unbeherrscht wütend. Endlich saß man und aß, als Mahler, der mir vis-à-vis, zur Rechten der Hausfrau saß, seine Stimme erhob und die plötzlich schweigende Tafelrunde folgendes hörte: »Was sagen Sie? Wagner war undankbar gegen Liszt? Und er hat einen schlechten Charakter gehabt? Und Sie? Was ist Ihnen der ›Tristan‹?« Frau B., angstvoll, leise, beschwichtigend: sie könne nächtelang nach jeder ›Tristan‹-Aufführung nicht schlafen. Darauf Mahler: »Und Sie wagen irgendeinen Maßstab an Wagners Charakter anzulegen, ihn mit Philister-Elle zu messen!!« Frau B. verstummte, alles schwieg, die Tafel wurde aufgehoben. Eine Ahnungslose trat zu mir und sagte: »Macht Ihr Herr Gemahl bei Dinners immer Szenen?«

Eines Morgens konnte ich nicht aufstehen. Mahler telephonierte um einen Arzt, er kam, holte einen zweiten, und diese beiden konstatierten eine solche Herzschwäche, einen solchen Nervenzusammenbruch, daß mir eine vierwöchige Rastkur verordnet wurde. Ich bekam Strychnin, durfte mich nicht bewegen und durfte mich endlich, endlich meinem Leid und meiner körperlichen Erschöpfung hingeben. Sofort fühlte Mahler seine Leiden weniger – und wendete all seine Gedanken an meine Genesung.

Die Künstler und Stimmen, die Mahler damals zur Verfügung hatte, waren eine vollkommen neue Erfahrung für ihn. Jede Rolle wurde mit allerersten Kräften besetzt. Er hatte für die italienische Oper und Mozart: Caruso, Bonci, Scotti, Schaljapin, die Gadsky, Sembrich, Farrar, Eames; für deutsche Opern: Burian, Knote, Burgstaller, Jörn, Goritz, die Fremdstad, van Roy etc. Für die ›Verkaufte Braut‹, mit der Destinn, ließ er eigens sechs Tänzerpaare aus Prag nach New York kommen, die die böhmischen Originaltänze mit dem Ballettkorps einzustudieren hatten. Die ›Verkaufte Braut‹ aber befremdete und konnte sich nicht auf dem Repertoire halten. Nach einer Aufführung des ›Tristan‹ mit Fremdstad und Burian sagte Mahler: »Über dieser Aufführung war ein Stern! Nie ist mir der Tristan so gelungen!«

Als die Saison in New York beendet war, ging das ganze Ensemble der Oper nach Boston; wir waren viel mit van Roy beisammen, der den Wotan in der ›Walküre‹ sang und unentwegt von seiner Rolle sprach. Er langweilte Mahler. Er brachte das Gespräch auf Bayreuth, van Roy erzählte eine Geschichte von Cosima Wagner, natürlich wieder ihn betreffend: Sie hatte in genialer Voraussicht den blutjungen, unbekannten Sänger nach Bayreuth kommen lassen, und ihm, dem Fassungslosen, die Rolle des Wotan übergeben. Sie schritt nun mit ihm die Stiege hinunter. Beim Haustor verabschiedet sie ihn. Sie bleibt stehen; als er weggeht, fühlt er ihren segnenden Blick. Er geht schwankend weiter, muß sich endlich umdrehen und stehenbleiben. Cosima war aus ihrer Erstarrung erwacht, rückwärts entwichen und kniete nun an Wagners Grab und betete. Und van Roy wußte es, daß sie Wagners Geist anflehte, er möge ihm helfen, seine Rolle zu meistern. Es war das Schöne an van Roy, daß er seine Rollen als Mission auffaßte, wenn er durch diese Monomanie auch manchmal lästig wurde. Heute sehe ich mit Bewunderung, welch ein einfacher, wahrhaftiger, »moderner« Mensch Mahler in dieser Sphäre weihevoller Komödianten jederzeit war.

Boston selbst war langweilig und ruhig im Gegensatz zu den andern amerikanischen Städten. Mahler und ich lebten auch hier isoliert die wenigen Tage, und die einzige Einladung zu einem Lunch, die wir hatten, zu Miß Gardener (der großen Sammlerin italienischer Kunst), verbummelten wir, obwohl wir uns für ihren Museumspalast ehrlich interessierten, weil wir – den Eingang in ihr Haus nicht fanden. Dieses Haus sieht wie eine Riesenzisterne aus, ohne Fenster, ohne Tür. Mahler und ich stiegen aus dem Auto und gingen um das Haus. Da wir aber keine Tür oder Glocke fanden, ließen wir's sein, fuhren in unser Hotel, froh, allein zu sein und tun und lassen zu können, was uns beliebte. Hatten wir doch überall auch unter den Menschen so etwas wie einen leeren Raum um uns.

Öfters im Winter fuhr das Opernensemble nach Philadelphia. Das erste Mal mit dem ›Tristan‹. Ich saß in der ersten Reihe, knapp hinter Mahler, und auf einmal sah ich schleierlos in seinem Gesicht so furchtbare neue Leidenszüge, bekam eine solche Todesangst, ihn zu verlieren, daß ich mit meinen eigenen todverängstigten Nerven einen Herzkrampf bekam und in Ohnmacht fiel. Professor Leon Corning, der mich beobachtet hatte, zerrte mich aus der Reihe heraus und brachte mich hinter die Bühne, in die Garderobe von Heinrich Knote. Mahler, der sich oft nach mir umdrehte, sah plötzlich meinen Platz leer und mußte mit der Ungewißheit darüber, was geschehen war, weiterdirigieren. Corning rannte in die Apotheke, und als Mahler nach dem Aktschluß heraufstürzte, konnte ich schon aufrecht sitzen. Aber ich blieb nun hinter der Bühne.

Es war so neu und sonderbar für mich, die Theaterleute bei der

Arbeit zu sehen. Ich sprach mit der Fremdstad, einer ausgezeichneten Sängerin. Plötzlich wird sie aufmerksam, unruhig, geht nahe an die Kulisse heran, sagt: »Warten Sie einen Moment«, stürzt hinaus und singt den Liebestod – und wie unnachahmlich schön!

Van Roy aber war *immer* Wotan. Im Zwischenakt, mit dem Speer, schritt er gravitätisch umher, sprach nicht, lächelte nicht, jeder Zoll ein Gott. Gegenpol – die Gadsky: räusperte sich, spuckte herum, riß dumme Witze und räumte ihr Gesicht erst zusammen, wenn der Vorhang sich hob, und war eine echte Fricka.

›Don Juan‹ in Philadelphia, Riesen-Linz, wie wir es nannten. Donna Elvira soll auftreten, große Arie, aber sie kann nicht kommen, weil in dem kleinen Gelaß auf der Bühne die Türe vergessen worden ist. Mahler macht Fermaten über Fermaten, lächelt entzückend, schaut nach mir, wir amüsieren uns über diese prächtige Schmiere; endlich tritt die Gadsky beherzt aus der Zimmerecke hervor, nachdem vorher das ganze Gemach stürmisch gewackelt hat, einen Moment sieht das Publikum die Hinterbühne, dann wird die Ecke schnell geschlossen, die Arie beginnt, sehr schön, viel schöner als auf unseren Musikministerien, wie ich unsere Oper nannte (mit ihren hundert Erlässen auf Gängen und Bühnenräumen).

Es waren aber auch Ohren-Feste, die hier gefeiert wurden: Don Juan – Scotti, Donna Anna – Fremdstad, Elvira – Gadsky, Zerline – Farrar, Ottavio – Bonci, Leporello – Schaljapin.

Oder ›Walküre‹: Van Roy, Fremdstad, Burgstaller. Oder ›Siegfried‹: Knote oder Burgstaller oder Burian. ›Figaro‹: Sembrich, Eames etc., kurz, die herrlichsten Sänger der Erde sangen dort unter Mahlers Stab, wie er dies früher in Wien nie gehabt hatte. Nach der Vorstellung sprach uns ein Mister Hilprecht an und lud uns für den nächsten Tag in sein Museum ein. Ausgrabungen aus Babylon, die er geleitet hatte. Säle, Säle, Sumerer – 3000 v. Chr., Keilschriftziegel, Börsenberichte aus dem damaligen Babylon. Die Reliefs merkwürdiger Gesichter. Mongolisch-jüdisch. Wir waren gefesselt von seinen Erläuterungen. Ein Jahr später hatte er die heftigsten Angriffe über sich ergehen lassen, man warf ihm vor, diese Inschriftensteine gefälscht zu haben. Ach Gott, hat er sie gefälscht, so hat er sie so gut imitiert, daß er viele Jahre alle Gelehrten hinters Licht geführt hat. Kommt es letzten Endes auf die »Wirklichkeit« an? Uns beiden hat er mit seinem Enthusiasmus und seinen Erklärungen viel gegeben.

Die Rückfahrt nach New York wurde mit Knote und Leon Corning unternommen. Corning, dieser große Arzt, der die Spinalanästhesie erfunden hat, war von scheuer Zurückhaltung, er sprach kaum, aber in seinem fakirhaften, schwarzfaltigen Gesicht wetterleuchtete es unaufhörlich. Er war in Amerika sehr bekannt, sehr gefürchtet und wegen seines Geizes berüchtigt. Er war Millionär und konnte manchmal plötzlich ungeheuer nobel sein. So legte er zum Beispiel dem Kinde seines Schwagers Knote zweihunderttausend Dollar als Geschenk in die Wiege. Niemand hatte sein Haus in New York gesehen. Wenige Tage nach der Rückkehr aus Philadelphia holte uns ein Auto ab. (Cornings Hilfeleistung bei meiner Ohnmacht im ›Tristan‹ hatte uns nahegebracht, und wir hatten uns sehr mit ihm angefreundet.) Ein Herr mit Zylinder stand am Wagenschlag, wir hielten ihn für einen Diener, kümmerten uns nicht weiter um ihn, denn er saß beim Chauffeur auf. Bei Corning angekommen, riß der Unbekannte den Wagenschlag auf, verbeugte sich und ging mit uns ins Haus. Er war Gast gleich uns, aber taubstumm! Oben empfing uns Leon Corning. Nur so nebenbei stellte er uns seiner Frau vor (sie verschwand auch sofort wieder) und führte uns in sein Arbeitszimmer.

Sah er schon aus wie eine Figur von E. T. A. Hoffmann, so war diese Stube ein mittelalterliches Alchimistenzimmer. Drähte hingen unter der Zimmerdecke kreuz und quer in den Raum herab, Treppen führten hinauf, herunter zu einem eisernen Galgen und altertümlichem Gerät. Er ging voraus, öffnete ein kleine Türe und führte uns in eine Panzerzelle, in der Patienten durch Einatmen von kondensierter Luft zum Einschlafen gebracht wurden. Ein verknülltes Bett, die Abformung eines menschlichen Körpers in den Polstern, ein aufgeschlagenes Buch auf demBoden. Der Raum kaum breit und hoch genug, um darin aufrecht stehen zu können. Alles war gespenstig; die Frau fegte in schwarzem Trauerkrepp durch die Zimmer, ohne Wort, ohne Blick, eine gestorbene Maske mit spitzen Totenaugen. Er führte weiter ins Musikzimmer, drei bis vier Flügel nebeneinander. Doktor Corning wurde heiter und spielte auf und ab gehend uns Flöte vor. Endlich ging die Tür auf, und ein Lebewesen betrat den Raum. Eigentlich zwei. Cornings Bruder und dessen Frau. Bis dahin hatten wir oft das Gefühl gehabt, mit diesem skurrilen Menschen und dem scharf beobachtenden Taubstummen in einem Spukhaus zu sein.

Man ging in ein ganz kleines quadratisches Zimmerchen zu Tisch. Kleine Kerzchen schwelten auf der Tafel und mußten sofort ausgelöscht werden, was die Atmosphäre undurchsichtig, die Luft zum Ersticken machte. Die kleine elektrische Lampe konnte den Qualm kaum durchdringen. Auf jedem Tellerchen lag etwas undefinierbar Kleines, und eine halbe Flasche Champagner wurde uns zu Ehren aufgemacht, von der jeder einen Fingerhut voll bekam. Wir waren sieben Personen. Der Bruder flüsterte: »Wie sind Sie hierhergekommen? Mein Bruder ist krankhaft geizig. Niemals hat er Gäste. Was ist ihm nur heute eingefallen?« Mit Rührung sahen wir jeder vor seinem Platz kleine Symbole aus Bronze auf dem Tisch stehen: Mahler ein kleines Dirigentenpult, ich ein Klavier, und wir fühlten, dieses Kind mit dem Gesicht voller Größe hatte diesen Abend tagelang vorbereitet. Die Frau aber sprach kein Wort; wollte sie aber den Mund auftun, so versperrte ihn ein böser Blick ihres Mannes.

Die junge Kunstgewerbeschülerin Marie Uchatius war einst bei mir im Hotel Majestic. Wir wurden aufmerksam. Auf der breiten Straße, entlang des Centralparks, Getümmel und Lärm. Wir lehnen uns aus dem Fenster, unten eine große Menschenmenge. Ein Leichenbegängnis – der Kondukt naht. Jetzt wissen wir auch aus unsern Zeitungskenntnissen, es war ein Feuerwehrmann, der bei einem Brand den Opfertod fand. Der Zug steht. Der Obmann tritt vor, hält eine kurze Ansprache, wir ahnen im 11. Stock mehr als wir hören, daß gesprochen wird. Kurze Pause, dann ein Schlag auf die verdeckte Trommel. Lautloses Stillstehen – dann Weitergehen. Ende.

Diese seltsame Totenfeier preßte uns die Tränen aus den Augen. Ich sah ängstlich zu Mahlers Fenster hin, aber da hing auch er weit hinaus, und sein Gesicht war tränenüberströmt. Die Szene hatte einen solchen Eindruck auf ihn gemacht, daß er diesen kurzen Trommelschlag in der Zehnten Symphonie verwendet hat.

Ein ander Mal: ich saß in meinem Zimmer, Mahler in dem seinen, arbeitend. In der Stille des 11. Stockwerkes plötzlich ein schriller Lärm von tief unten. Ein Leiermann mit einem alten, tremolierenden italienischen Leierkasten. Ich, die ich Mahlers Lärmempfindlichkeit kannte, lief zum Telephon und bat in der Office, man möge den Mann auf meine Kosten sofort wegschikken. Gleich war es still. Da riß Mahler die Tür auf und rief: »Denke dir, da hat eine so liebe Drehorgel gespielt, es hat mich in meine Kindheit versetzt, und plötzlich hört sie auf. Zu schade!«

Mahler, der in Wien intransigent war, als Chef der Oper und als Dirigent, war in New York ein völlig anderer. In Wien hatte er alle Striche bei Wagner aufgemacht, dem Publikum fünf-, sechsstündige Aufführungen diktiert und streng darauf geachtet, daß niemand zu spät komme. Im Anfang hat er sich während des Dirigierens bei Konzert wie bei Oper wütend umgedreht und den Zuspätkommenden durch seine funkelnden Brillengläser angestarrt, bis der vollkommen Verschüchterte an seinem Platz angelangt war. (Toscanini hat dies von ihm übernommen.) In späteren Jahren reservierte er eigens eine Loge, und niemand durfte nach dem Anfang den Saal betreten. In der Loge harrten die Leute nun der Pause, wo sie eilfertig ihre Sitze aufsuchten. Kaiser Franz Joseph, dem dies der Obersthofmeister erzählte, hatte darauf gesagt: »Aber, aber, das Theater soll doch eine *Freude* sein!« Nun, in New York, nicht allein, daß Mahler sofort alle Striche wieder einführte, erfand er noch neue, um die Opern zu kürzen.

Dekorationsschlampereien, die in Wien ein Donnerwetter ausgelöst hätten, amüsierten ihn dort. Und nicht etwa, weil er sich vor seiner Krankheit fürchtete, auch nicht, als ob er am Ende das New Yorker Publikum mißachtet hätte, im Gegenteil, er fand sich drüben sehr verstanden, nein – aber seine Einstellung zur Welt und zu allem war überhaupt eine andere geworden. Der Tod des Kindes, sein eigenes Leiden. Alles andere verlor daneben etwas an Wichtigkeit.

Conried, ein ahnungsloser Banause, machte die größten Schnitzer, ohne Mahler zu irritieren. So schlug er vor, da kein disponibler Bassist da war, den Titurel von einem Tenor singen zu lassen!

Oder: Terzett im ›Don Juan‹. Die Verwandlung ging nicht schnell genug, also sollen die drei behäbigen Sänger auf eine Kulisse steigen – und einfach auf dieser hinausgezogen werden!

So gab es unzählige Dinge, die Mahler mir, trotz seiner jetzigen Schwermut, mit größter Heiterkeit hernach zu Hause erzählte.

Im ersten Winter waren wir nur drei Monate drüben. Am Ende dieses Aufenthaltes lernten wir bei O. H. Kahn (einem der Hauptgeldgeber der Metropolitan Opera) Dr. Joseph Fraenkel kennen, der für die nächsten Jahre entscheidenden Einfluß auf Mahler und mich gewinnen sollte. Dieses Genie von einem Menschen und Arzt, in den wir uns beide am ersten Tag gleichermaßen verliebten, wurde unser Freund. Er war der genialste Improvisator, blendend im Witz, kühn ohne Grenzen in seinen Gedankenflügen, vielleicht etwas spleenig, aber immer originell. So hat er beispielsweise gesagt: Ich teile die Menschen ein, in diejenigen, *mit* denen ich lebe, und in die, *von* denen ich lebe.

Oder: Prometheus hat den Menschen das Feuer nicht gebracht, damit sie es auf Zündhölzer abziehen.

Auf diese Erkenntnis hin hat er von seinen großen Entdeckungen keinerlei Aufzeichnungen hinterlassen.

Seine Ohrentheorie hatte er uns dermaßen eingeimpft, daß wir keinen Menschen mehr ohne Konstatierung seiner Ohrenbeschaffenheit betrachten konnten. Auf den Wegen von Lavaters ›Physiognomischen Fragmenten zur Beförderung der Menschenkenntnisse und Menschenliebe‹ weitergehend, war er zu den überraschendsten Resultaten gekommen. Er sagte, alle Teile des Gesichts stehen unter dauernder Kontrolle bis auf die Ohren, die zeigen deshalb die nackte Wahrheit.

Mahler war ihm immer mehr, zuletzt derart verfallen, daß Fraenkel ihm alles hätte ordinieren können, er hätte es widerspruchslos getan.

Wir hatten im Anfang einsam, ja klösterlich gelebt. Mahler war fast die ganze Zeit gelegen, die Mahlzeiten im Bett nehmend, sonst lesend, und war nur zu den Proben aufgestanden oder abends zur Aufführung, wenn er zu dirigieren hatte, so verschrocken war er durch die Diagnose der Ärzte. Ich wieder litt an Halluzinationen, sah überall das todwunde Kind – es war ein Elend mit uns!

Trotzdem gestaltete sich unsere Heimreise besser. Mahler hatte wieder etwas körperliches Selbstvertrauen gewonnen, und sofort war auch meine Welt heller. Auf dem Schiff war im Herbst eine junge Stewardeß angestellt, die uns bedient hatte. Mahler hatte damals geseufzt: Wer doch ihre Kraft hätte und so jung wäre! Und nun erfuhren wir auf unsere Fragen nach ihrem Verbleib, sie sei schon seit Monaten tot –, sie sei damals gleich auf der Rückfahrt nach Europa gestorben.

Unsere Rückreise ging nach Cuxhaven. Es war Mai. Ich besorgte wie immer alles, Gepäck, Zoll usw. Mahler wollte mir helfen. Er sah aber so elend, so gealtert aus, daß der deutsche Beamte laut sagte: »Der Herr Vater soll sich nicht bemühen, Sie können es gut mit mir allein machen.« Mir hat es mehr weh getan als Mahler, der es leider gehört hatte.

Wir blieben wenige Tage in Hamburg und fühlten uns dort recht unwohl. Mahler mußte weiter nach Wiesbaden, und ich fuhr ihm nach wenigen Tagen nach. Er dirigierte dort die Erste Symphonie und die Hebriden-Ouvertüre von Mendelssohn – vor absolut leerem Saale. Die Veranstalter hatten in der Voranzeige geschrieben »bei erhöhten Preisen«, und das Publikum hatte gestreikt.

Berliner und Gabrilowitsch waren nach Wiesbaden gereist, um

uns zu begrüßen und um das Konzert zu hören. Wir drei waren ziemlich die einzigen im Saal. Bei Tisch erlaubte sich Berliner einen Spaß, der ihm sehr verübelt wurde. Mahler hatte die Gewohnheit, während des Essens die Etiketten von den Wein- und Bierflaschen abzukletzeln. Berliner ging vor dem Essen in die Office und befahl dem Kellner, das gleich vorher zu tun. Mahler nahm eine Flasche, schob sie verwundert zurück. Nahm die zweite, sein Blick streifte Berliner, er erkannte den Schuldigen, war ernstlich böse, und die Stimmung war bis lange nach Tisch verdorben.

Von dort reisten wir nach Wien. Mahler blieb da, und ich fuhr mit meiner Mutter nach Toblach. Im Mai, in hohem Schnee, fuhren wir jedes Haus ab, bis wir das Richtige hatten: Ein großes Bauernhaus außerhalb des Ortes, elf Zimmer, zwei Veranden, zwei Badezimmer, allerdings etwas primitiv, aber herrlich gelegen. Das nahmen wir sofort für den Sommer, kamen zurück, packten und übersiedelten alle nach Toblach, wo Mahler im Laufe von drei Sommern, seinen letzten, ›Das Lied von der Erde‹, die Neunte und das Fragment der Zehnten Symphonie schreiben sollte.

SOMMER
1908

Köstlich war die Szene bei der Zimmerverteilung! Wir führten ihn stolz von einem Raum in den andern, und er suchte, nach vielem Hin und Her, die beiden größten und schönsten Zimmer für sich aus. Sodann wurde das größte Bett aus dem ganzen Haus aufgespürt und hineingestellt, obwohl er kleiner war als ich. Sein Egoismus war vollkommen naiv, und er wäre furchtbar erschrokken, wenn er ihn erkannt hätte. Meine Mutter und ich gingen hinter ihm drein und freuten uns seiner harmlosen Freude. Wir ließen nun zwei Flügel und ein Pianino kommen, das in sein Gartenhaus gestellt wurde: das Arbeitszimmer.

Jetzt endlich kam Ruhe über uns, die nur hie und da durch Gäste unterbrochen wurde. Es kamen: Gabrilowitsch, Gustav Brecher, Oscar Fried, Ernst Decsey – und es wurde viel musiziert. Mahler arbeitete wieder. Einmal kam er mittags mit Tränen des Entzükkens aus seinem Arbeitshaus. Das Arbeitshäuschen stand im Walde, inmitten eines moosigen Gebirgsgrundes. Über Nacht waren nach einem warmen Regen unzählige kleine weiße Schwammerln aufgegangen. Mahler war mit Eiertänzen zu seinem Häuschen gelangt und so wieder zurück, nur um keines dieser kleinen Lebewesen, die ihn wie Kinder angemutet hatten, zu zertreten.

Den ganzen Sommer arbeitete er fieberhaft an den Orchesterliedern, mit den von Hans Bethge übersetzten chinesischen Gedichten als Texten. Die Arbeit vergrößerte sich unter seinen Händen. Er verband die einzelnen Texte, machte Zwischenspiele, und die erweiterten Formen zogen ihn immer mehr zu seiner Urform – zur Symphonie. Als er sich darüber klar war, daß dies wieder eine Art Symphonie sei, gewann das Werk schnell an Form und war fertig, ehe er es dachte.

Es Symphonie zu nennen, getraute er sich aber nicht aus dem

Aberglauben, den ich schon angedeutet habe; und so glaubte er, unsern Herrgott überlistet zu haben.

All sein Leid, seine Angst hat er in dieses Werk hineingelegt. ›Das Lied von der Erde‹! Es hieß im Anfang: Das Lied vom Jammer der Erde.

Einmal kam er schäumend vor Wut herunter. Ich müsse augenblicklich das Stubenmädchen entlassen, und er warf sich, einer Ohnmacht nahe, auf das Bett. Was war geschehen? Es hatte geklopft, das Mädchen hatte die Türe geöffnet, ein Fremder war eingetreten und hatte nach »Mister Mähler« gefragt. Das Mädchen, das den strikten Auftrag hatte, niemanden vorzulassen, hatte gesagt: »Der Herr Direktor arbeitet und ist für niemanden zu sprechen.« Der Mann hatte gefragt, wo er arbeitete, und das dumme Mädel hatte mit dem Finger nach der Richtung gezeigt, wo das Arbeitszimmer lag. Dieser Mann, Vertreter einer großen amerikanischen Klavierfirma, ging ruhig in den Wald, um »Mister Mähler« zwei weitere Klaviere anzubieten, obwohl wir schon zwei Flügel in New York hatten.

Er trat also an den Zaun und rief mit kräftiger Stimme: »How do you do?« Mahler, in konzentriertester Arbeit, fuhr auf, vor das Haus hinaus, schmiß den Kerl hinaus und und taumelte zurück, wo er einen Herzkrampf bekam. Schluchzend kam er zu mir. Er sagte, er habe das Gefühl gehabt, als sei er von der Spitze des Stephansdomes auf das Pflaster geworfen worden.

Diese aufregende Szene hatte aber noch ein heiteres Nachspiel. Als wir nämlich in diesem Herbst nach New York kamen, standen in der Halle des Hotels sechs Flügel in Reih und Glied, die auf Mahler warteten, und wir standen vor der Gewißheit, zwei Klavierfabrikanten tödlich beleidigen zu müssen. Der Agent hatte von seinem Empfang bei Mahler nichts verlauten lassen, sondern nur seinem Chef berichtet, daß Mahler gerade auf seine Instrumente besonderen Wert lege.

Ich hatte unterdes die Villa in Maiernigg am Wörthersee verkauft, weil wir nicht daran denken konnten, je wieder dahin zu gehen. So reiste ich im Herbst noch einmal allein hin, verpackte alles, auch Möbel aus Mahlers Kindheit, von denen ich wußte, daß sie ihm besonders lieb waren, und nahm Abschied von einem Ort, der uns so viel Leid gebracht hatte.

Im Herbst dieses Sommers, da unser Haus zu viele Gäste beherbergte, verfielen wir auf den Gedanken, diesem allen zu entfliehen und eine zwecklose Lustreise zu machen, was in unserer Ehe noch nicht vorgekommen war. Wir wählten die neueröffnete Tauernbahn und fuhren nach Salzburg, wo wir im Hotel Nelböck ein großes Gartenzimmer bezogen. Wir fühlten uns wie auf einer Hochzeitsreise und bedauerten es sehr, daß ich mich für die nächsten Tage bei meinem Freunde Burckhard angesagt hatte. So fuhr ich also nach Sankt Gilgen, und Mahler blieb in Salzburg. Ich wußte Burckhard schwer krank. Er sagte mir beim Empfang: »Wie schlecht muß es mit mir stehen, wenn Mahler Ihnen erlaubt, zu mir zu fahren.« Und er hatte recht. Burckhard war immer ein Punkt der Eifersucht für Mahler, aber nur in geistiger Beziehung. Max Burckhard war in den letzten Jahren vor meiner Verheiratung mein Berater gewesen. Er war der Gesinnungs-Antipode Mahlers. Er predigte Nietzsches Herrenmoral, und er durfte es, denn er war das alles, was er sagte, ohne jede Phrase. Burckhard war sowohl als Burgtheaterdirektor wie als Segler auf stürmischer See, als Hofrat und Richter im Obersten Verwaltungsgericht wie als kühnster Bergsteiger, Radfahrer – überall war er der Stärkste, Furchtloseste. Für ihn gab es überhaupt kein Hindernis. Er war ein Heide, haßte das Christentum, liebte die Antike, lebte als Strolch verkleidet in Sizilien mit Räubern und Dieben, sprach jeden Dialekt sofort so täuschend, daß niemand in ihm den weltgewandten Parkettmenschen erkennen konnte. »Der Tod«, sagte er, »ist nur für die da, die an ihn glauben. Ich glaube einfach nicht, daß er existiert, und infolgedessen kann er für mich nicht da sein.«

Nun ist es selbstverständlich, daß Mahler – von einer entgegengesetzten Seite daherkommend – dieses so beschaffene Wesen fremd anmuten mußte. Ebenso wie Burckhard sich vielfach durch Mahler irritiert fühlte. Den letzten Winter nun hatten wir bemerkt, daß Burckhard nach Debatten – und es waren immer ziemlich heftige Debatten, die Mahler mit Burckhard ausfocht – jedesmal zum Fenster lief, um es schnell zu öffnen, und wir sahen dann seinen erglühten Kopf sich rasch hinausbeugen, was mich erschreckte. Ich machte Mahler, der es nicht bemerkt hatte, darauf aufmerksam, daß wir einen Schwerkranken vor uns hatten, und von da an war Mahler zu ihm ein Verwandelter. Er mied Gespräche, die zum »Krach« führen mußten, und auf einmal zeigte es sich, da die Liebe eingekehrt war, war vollstes Einverständnis da!

So also war ich nach Sankt Gilgen gekommen. Ich fand Burckhard in einer trostlosen Lage. Er erzählte mir: »Wissen S', ich bin auf dem Weg, blind zu werden. Jeden Morgen brauche ich fünfzehn bis zwanzig Minuten, bis ich die Augenlider heben kann, und eines Tages werde ich die Augen nicht mehr aufmachen können, und dann werde ich eben blind sein.« Er schlief jetzt meist tief im Walde in einer Hütte, denn wenn ihm schlecht sei, dann solle das niemand sehen. »Wir sollten von den Tieren lernen, die, wenn's an das Verenden geht, sich im Gebüsch verkriechen und allein sein wollen, wenn's sterben!«

Von seiner Villa aus hatte er eine Zugbrücke in sein Wasserhaus am Wolfgangsee bauen lassen. Dort hatte er Schnellsieder, Cakes, Konserven. Wollte er niemand (nicht einmal seine alte Wirtschafterin) sehen, dann zog er die Zugbrücke auf und hatte nur Wasser ringsum. So blieb er oft viele Tage verschollen.

Am nächsten Tag wollte mir Mahler ein Auto schicken, das mich nach Salzburg zu ihm bringen sollte. Wie groß war meine Freude, als Mahler aus dem Auto stieg, und nun überredeten wir Burckhard, gemeinsam mit uns nach Salzburg zu fahren. Er tat es. Aber kurz vor Salzburg wurde er nervös und bat plötzlich, mitten auf der Strecke aussteigen zu dürfen. Dies war das letzte Mal, daß diese beiden Menschen einander gesehen haben.

In Salzburg machten wir die schönsten Ausflüge – Königssee etc. – ruhig, ohne Strapazen, denn wir zitterten beide um Mahlers

Herz. Seit wir wußten, daß er einen doppelseitigen Klappenfehler hatte, hatten wir einfach Angst vor allem. Er blieb fortwährend stehen, wenn wir einen Spaziergang machten, und zählte die Pulsschläge. Oft am Tage bat er mich, die Herztöne zu hören, ob sie rein klängen, erregt seien oder ruhig. Mich hatte seit Jahren das zischende Geräusch erschreckt, das beim zweiten Schlag sehr laut zu hören war, und seit langem ahnte ich, daß sein Herz nicht gesund sein *könne*.

Darum hatte ich ihn immer beschworen, die übermäßigen Radtouren, Bergbesteigungen sowie das von ihm leidenschaftlich betriebene Unterwasserschwimmen zu unterlassen. Nun geschah nichts mehr dergleichen, im Gegenteil: Mahler hatte nun einen Schrittzähler in der Tasche, er zählte Schritte und Pulsschläge, und sein Leben war eine Tortur für ihn geworden.

Dieser Sommer, voll Kummer um das verlorene Kind, voll Sorgen um Mahlers Gesundheit, war der schwerste und traurigste, den wir erlebt hatten und zusammen erleben sollten. Alles, jeder Ausflug, jeder Versuch, sich abzulenken, mißlang. Das einzige, was ihn rettete, war die Arbeit. Er plagte sich mit dem ›Lied von der Erde‹ und den Skizzen der Neunten ab.

Im September war die Uraufführung der Siebenten Symphonie in Prag. Mahler war vorausgefahren, ich wie immer mit den administrativen Arbeiten unserer Herbstübersiedlung beschäftigt. Viele Freunde waren nach Prag gekommen. Geheimrat Neisser, Berliner, Gabrilowitsch, und die Jungen dort: Alban Berg, Bodanzky, Keussler, Klemperer, alle halfen Mahler, Korrekturen in die Partitur und die Stimmen zu übertragen, denn es zeigten sich ihm bis zur Generalprobe Unstimmigkeiten im Klang, so daß er unausgesetzt abänderte, solange vor der Drucklegung noch eine Möglichkeit hierfür vorhanden war. Immer waren Jünger da, wie sonst überall bei den verschiedenen Anlässen der Uraufführungen seiner Symphonien, um zu helfen.

Ich kam zu den letzten Proben allein an. Mahler war sehr übermüdet. Er hatte mir Berliner an die Bahn geschickt, was mich sehr erschreckte, und empfing mich im Bett liegend. Er war nervös und fast krank. Sein Zimmer war übersät mit den ausgeschriebenen Orchesterstimmen. Er änderte damals unbarmherzig. Natürlich nicht in der Komposition, sondern nur in der Instrumentation. Seit der Fünften Symphonie war er dauernd mit sich unzufrieden; die Fünfte wurde fast für jede Aufführung uminstrumentiert, die Sechste, Siebente immer wieder vorgenommen. Es war eine Wende. Erst bei der Achten war er seiner wieder sicher, und im ›Lied von der Erde‹, das ja posthum ist, – ich kann mir nicht vorstellen, daß er da auch nur eine Note geändert hätte, so ökonomisch ist er darin vorgegangen.

Damals in Prag aber war er zerfetzt von Zweifeln, mied die Geselligkeit der Musiker, die er sonst sehr suchte, ging nach dem Nachtmahl immer gleich zu Bett, um am Morgen die Spannkraft für die Proben zu haben. Einmal begleitete Artur Bodanzky ihn ins Zimmer, ich blieb noch eine Stunde mit unseren Freunden. Bodanzky kam bald zurück. Er hatte Tränen in den Augen und sagte mir leise: »Nie werde ich ein Weib lieben, wie ich Mahler liebe!«

Mahlers Zustand besserte sich, er wurde während der Proben immer zuversichtlicher.

Die Siebente wurde vom Publikum kaum verstanden – es gab so etwas wie einen Achtungserfolg. Wenig später ging Mahler nach München, die Siebente einzustudieren und zu dirigieren. Meine Mutter kam auf seine Einladung zu ihm. Da ich wieder für Amerika einzupacken hatte, benützte ich dazu wie immer seine Abwesenheit und verlor so viele große Augenblicke unserer Gemeinschaft.

Diesmal fuhren wir über Hamburg. Vor der Abfahrt gab es noch unliebsame Auseinandersetzungen zwischen Mahler und seiner Schwester Justine. Diese hatte bei ihrer Heirat aus Ahnungslosigkeit oder wirklicher Begierde, alles zu besitzen, was er geschrieben hatte, unter vielen andern Büchern und Manuskripten ein Jugendmanuskript, ›Rübezahl‹, von Mahler mitgenommen (das Libretto, das er in Wettbewerb mit Hugo Wolf geschrieben hatte), wozu sie seine Erlaubnis nicht besaß, denn er wollte es vernichtet haben. Er suchte nach diesem und anderen, die auf dieselbe Art verschwunden waren, und konnte nichts finden. Plötzlich einmal, gelegentlich eines Mittagessens bei Rosés, sieht er ein verloren geglaubtes Manuskript *Lipiners* in Justinens Bücherkasten. Große Aussprache zwischen Bruder und Schwester, Justine schwört, sie habe sonst nichts mehr. Eines Tages aber kommt Roller und sagt uns: »Gestern hat mir Justi ein Jugendwerk Mahlers zu lesen gegeben.« Und nun kommt etwas sehr Merkwürdiges. Mahler verlangte von mir, daß *ich* das Manuskript von ihr zurückfordern solle, denn er wolle nicht mit ihr sprechen, bevor er sein Manuskript wieder habe.

Sie schwor, sie habe es verbrannt! Ich mußte dies Mahler sagen, der kein Wort davon glaubte. Ich mußte es ein zweites Mal von ihr zurückverlangen, schon mit seiner Drohung, daß sie ihn sonst vor seiner bevorstehenden Abreise nach Amerika nicht mehr zu sehen bekomme; Justi schwor beim Leben ihrer Kinder, ihres Mannes, sie habe es verbrannt. Ausgeschmückt mit tausend kleinen Details, wie: Das Manuskript sei so stark gewesen, daß Arnold es hatte zerreißen müssen, um es in den Ofen hineinzubekommen etc. Mahler blieb starr und sagte immer ganz ruhig: »Sie lügt.« Er reiste ab, ohne sie gesehen zu haben. Ich blieb zurück. Justine saß bei mir, wir sprachen wieder über die Sache, und sie sagte plötzlich: »Natürlich habe ich es nicht verbrannt, ich habe es ihm sofort nach seiner Abreise geschickt, er findet es schon in Bremen vor, wenn er ankommt.«

Wir trafen uns in Hamburg, von wo wir diesmal über Cuxhaven Europa verließen. So befeuernd die Abreise über Cherbourg, durch die Schiffsmusik, die die ungeheure Marseillaise gespielt hatte, für uns gewesen war, so betrüblich war die Musik im Hafen von Cuxhaven. Denn dort spielten die gemütvollen Deutschen »Es ist bestimmt in Gottes Rat, daß man vom Liebsten, das man hat, muß scha-i-den, muß scha-i-den.« Alle Passagiere weinten denn auch laut, wie auch wir. Es war zuviel für uns!

Wir hatten unser dreijähriges Kind das erste Mal mit und zu

dessen Betreuung eine alte Engländerin, die dem Kinde immer japanischen Stoizismus verordnete. Wir saßen im kleinen Tender, und der große Dampfer kam auf. Das Kind jubelte. Die Miß trat nahe heran, hielt seine Hände und sagte warnend: »Don't be excited! Don't be excited!« Mahler, das hören, hinstürzen, das Kind auf den Arm nehmen, auf die Schiffsbrüstung setzen, so daß außen ihre kleinen Füße herunterbaumelten, war das Werk einer Sekunde. Und nun rief er, ein über das andere Mal: »So und jetzt sei aufgeregt, aufgeregt sollst du sein!« Und das Kind jauchzte.

In New York wohnten wir diesmal nicht im Majestic wie das erste Mal, sondern dieses und die nächsten drei Jahre im Savoy Hotel, wo fast alle Sänger der Metropolitan Opera wohnten, Caruso, Sembrich etc.

Mahler, der sich körperlich ausgezeichnet befand, dirigierte im Winter 1908–1909 ›Figaro‹, ›Pique Dame‹, ›Fidelio‹. Alles vollkommen neu einstudiert. ›Pique Dame‹ war Première für New York. Im ›Figaro‹ sangen die Sembrich, die Farrar, die Eames und Scotti. In der ›Pique Dame‹ debutierte Slezak in der Metropolitan. Für den ›Fidelio‹ hatte sich Mahler die Wiener Dekorationen von Roller nach Amerika kommen lassen und die große ›Leonoren‹-Ouvertüre vor dem letzten Bild gespielt, wie in Wien.

Zwei Damen der New Yorker Gesellschaft, Minnie Untermeyer und Mrs. Sheldon, verließen gemeinsam begeistert das Haus. Auf dem Heimwege berieten sie einen neuen Einfall, und binnen wenigen Tagen hatten sie hunderttausend Dollar gesammelt, mit denen sie ein Mahler-Orchester zu gründen gedachten. Dies kam Mahler sehr gelegen; er fühlte sich in der Metropolitan nicht mehr sehr wohl. Conried lag im Sterben, und man hatte Gatti-Casazza von der Mailänder Scala kommen lassen, der nun Direktor der Oper wurde und Toscanini mitbrachte. Die schönen Zeiten der deutschen Opernhegemonie waren vorbei. Allerdings hätte es Mahler in der Hand gehabt, die Metropolitan zu leiten, hatte aber abgelehnt.

Ja, Toscanini hatte es sich kontraktlich ausbedungen, den ›Tristan‹ als erste Vorstellung zu dirigieren, den ›Tristan‹, der von

Mahler einstudiert war! Mahler, müde des Kampfes, hatte den ›Tristan‹ abgegeben, und Toscanini hatte sofort den von Mahler neueinstudierten ›Tristan‹ vollkommen umstudiert. Das war eine große Kränkung für Mahler, und seine Freude an der Oper in New York war dahin. Die Kabel, die damals zwischen der Metropolitan und Gatti-Casazza gewechselt worden waren, um Toscanini zu bekommen, hatten wir alle gelesen. Toscanini forderte den ›Tristan‹ als wichtigstes Ziel, als Bedingung für das Engagement, und Mahler übergab ihm das Werk. Kein Wort des Dankes. Nur, vom ersten Augenblick an, verachtungsvolles Ignorieren Mahlers. Bei seinen Proben enthielt sich Toscanini nicht häßlicher Invektiven gegen Mahler. Er erzählte dem Orchester fortwährend, Mahler könne das nicht, Mahler *verstehe* den ›Tristan‹ nicht!! Wir waren dann in der Première. So vernuanciert, wie Toscanini Wagner machte – das war damals enervierend. Heute ist er sehr ruhig geworden!

Mit Lust ergriff Mahler deshalb die neue Möglichkeit. Sofort war ein Komitee zusammengestellt. Die Damen: Draper, Untermeyer, Sheldon, Schelling waren der Board, und wir reisten, einen neuen, gar nicht anstrengenden Kontrakt in der Tasche, ab. Mahler hatte als Konzertdirektor ein eigens für ihn geschaffenes Orchester. Dies war immer sein Traum gewesen. –

So war ich einmal bei einem Ladies-Lunch in einem Frauenclub eingeladen. Einem herrlichen Gebäude, von White erbaut, mit warmem Schwimmbassin und kostbarster Einrichtung. Alle Frauen waren ungeheuer elegant, wie man das nur in Amerika sehen kann, und als letzte kam, in Bluse und Rock, mehr als unscheinbar, schlampig und verschlissen, ein kleines Persönchen. Sie wurde jubelnd empfangen, und niemand schien ihren sonderbaren Aufzug zu bemerken. Es war Natalie Curtis. Ein wunderbares Wesen, von der ich noch sprechen werde. Da habe ich dieses wirklich demokratische Amerika gleich kennen und lieben lernen können. Aller Reichtum versank vor dieser Armut, die alle ehrten, weil ein kreatives, höchstbegabtes Geschöpf dahintersteckte.

Damals war auch Carl Hauptmann, Gerhart Hauptmanns älterer Bruder, mit seiner jungen Frau auf der Hochzeitsreise in New York angekommen. Er machte einen unbeholfenen, nicht übermäßig begabten Eindruck. Sah ein bißchen wie eine Ziege aus, schon durch seinen langen, dünnen Bart. Er war sehr nervös, anscheinend kränklich, und die junge Frau fühlte sich damals nicht sehr glücklich. Sie war Malerin und kam aus der Freiheit. Er war hypochondrisch und quälte sie. Er war rührend zu Mahler, aber er interessierte uns nicht. Der Vergleich mit Gerhart fiel zu sehr zu seinen Ungunsten aus. –

Bildhauer Bitter wohnte mit Frau und Kindern auf einem Abhang der Pallisade. So heißen die Felsabstürze am Hudson, auf der gegenüberliegenden Seite von New York. Wir fuhren über den Hudson und kamen dann irgendwie auf einer Höhe an, wie, weiß ich nicht mehr. Das Atelier und das davon getrennte Wohnhaus lagen überhängend und halsbrecherisch über der Klippe. Der Bildhauer kam uns, mit Tellermütze als Koch weiß angezogen, entgegen und briet den Schadefisch für uns; nach Art der Indianer, auf einer gegen das offene Feuer gelehnten Ebenholztafel. Diese nette Idee, das ganze Milieu, war so überaus reizend, daß Mahler gar nicht weg wollte. Vor dem Auseinandergehen wurde noch ein großes Atelierfest für Silvester besprochen.

Am Weihnachtsabend saß Friedrich Hirth, der große Sinologe, die ganze Nacht bei uns und erzählte uns bis zum Morgen die wunderlichsten chinesischen Geschichten. Wir hatten die Empfindung, nicht in der Wirklichkeit zu sein. Am ersten Feiertag waren wir bei Marcella Sembrich eingeladen. Die Sembrich, Caruso etc.; auch dieser so ganz andere Theaterzirkel war uns lieb, obwohl ein Verkehr mit diesen Menschen immer an der Oberfläche hängen blieb; aber Caruso war auch menschlich ein Genie! Alle hatten sie ein instinktives Empfinden für Mahlers Bedeutung und ordneten sich sowohl auf der Bühne als auch im Privatverkehr ihm vollkommen unter. Der Christbaum bei der Sembrich fing Feuer, und wir wären alle um ein Haar im zehnten Stock oben verbrannt.

Die Neujahrsnacht kam, und mit ihr das lang vorbereitete Fest bei Bitters. Mahler mußte allein hingehen, da ich krank war. In der Nacht erhob sich ein solcher Blizzard, daß ich voll Angst um ihn trotz hohem Fieber nicht vom Fenster wegging. Kein Mensch weit und breit, kein Wagen, kein Tier. Hie und da rollte ein Mensch über die Plaza und hielt sich verzweifelt an den Sträuchern des Centralparkes fest, einige schoben sich an den Häusermauern entlang. Endlich um zwei Uhr kam Mahler vollkommen erledigt an. Er war gleich nach zwölf von Bitters weg, hatte bei der Landungsstelle des Ferryboats einen Omnibus bestiegen, der voll Besoffener war. War voll Ekel ausgestiegen und hatte nach vieler Mühe ein Hansom bekommen. Doch mußte Mahler nach wenigen Minuten aus dem Wagen herauskriechen, weil das leichte Gefährt umgeweht worden war. Beim Zahlen verlor er seinen Zwicker von der Nase. Der Zwicker war in einen Schneehaufen geweht worden, und der so Erblindete und der Kutscher, der weinselig war, suchten nun im rasenden Sturm, bis sie den im Schnee eingesunkenen Zwicker entdeckten; und dann hatte sich Mahler, zwei Straßen weit vom Hotel, eine halbe Stunde mit den Händen an den Häusern entlang gezogen – bis er in die Eingangstüre des Hotels hineingeweht worden war.

Kein Europäer hat eine Ahnung von der Wildheit eines Blizzards. Jeder diesen Naturvorgang Gewohnte flüchtet so lange ins Haus, bis alles vorbei ist, denn niemand kann dem standhalten.

NEUE WELT

1909

So hatten wir inmitten einer fremden Welt unsere eigene aufgebaut, die sich europäischer als Europa selbst gebärdete. Eines Abends waren fünf Menschen bei uns, die alle im Zwischendeck herübergekommen waren; teils auf der Flucht, teils aus Geldmangel. Bitter war ein Militärflüchtling, Fraenkel ein Bettler gewesen, etc. Wir verbrachten eine äußerst farbige Nacht damit, uns die Erlebnisse der ersten Tage von ihnen erzählen zu lassen. Mahler wurde wieder freier und jünger, das Leid wurde blässer, eine harmlose Freude lag über uns, als wir im Frühjahr in Paris ankamen.

Tage der herrlichsten Ruhe, des gewonnenen Zieles. Carl Moll hatte eine ausgezeichnete Idee zur Ausführung gebracht. Er bestellte Mahlers Büste bei Rodin. Sophie Clemenceau aber mußte es so einrichten, als ob Rodin den Wunsch ausgesprochen hätte, Mahler modellieren zu wollen, weil ihn sein Kopf so interessiere. Mahler glaubte es – mit etwas Mißtrauen –, aber er sagte zu, was er unter anderen Umständen niemals getan hätte, und es begannen die wunderbarsten Sitzungen.

Rodin verliebte sich in sein Modell, so daß er, als wir abreisen mußten, ganz unglücklich war; er wollte noch lange an Mahler weiterarbeiten. Seine Art zu arbeiten war anders als die anderer Bildhauer, denen ich Gelegenheit hatte zuzusehen. Er machte erst große Flächen in der beiläufigen Form seines Modells und trug dann kleine Lehmkugeln, die er beim Reden beständig wutzelte, auf. Er nahm also nicht aus dem großen Lehmklotz heraus, sondern er trug auf das kleine Modell auf. Waren wir dann weggegangen, so glättete er die frisch entstandenen Unebenheiten. Und am nächsten Tag wurde wieder aufgetragen. Fast niemals habe ich ein Instrument in seiner Hand gesehen. Er sagte, Mahlers Kopf sei eine Mischung von Franklin, Friedrich dem Großen und Mozart. Infolge dieser Ähnlichkeit kam es zu dem Irrtum, daß irgendein Kustos des Musée Rodin in Paris die letzte Mahler-Plastik mit der Bezeichnung: »Mozart« aufstellen konnte. Rodin zeigte mir nach dem Tode Mahlers den Marmorkopf und fragte mich, ob er nicht vollkommen ähnlich sei.

Während er arbeitete, harrte immer eine der Geliebten Rodins im Nebenzimmer. In allen seinen vielen Ateliers hatte er diese sonderbare Einrichtung. Überall wartete ein Frauenzimmer mit lila Lippen geduldig viele Stunden auf ihn, denn er kümmerte sich wenig um sie, ja er sprach nicht einmal in den Pausen mit ihnen. Wie unerhört stark aber muß seine Faszination auf sie alle gewesen sein, daß sie sich, ohne die Contenance zu verlieren, so behandeln ließen. Es waren Damen der sogenannten Gesellschaft. In Meudon aber wartete ein ganzes Leben lang seine eigene Frau!

Er zeigte uns voll Trauer seine Balzac-Entwürfe, die nie zur Ausführung gekommen sind. So ist Paris, so ist Wien, so sind alle großen Städte, diese Eiterbeulen einer kranken Welt.

Piquart, damals Kriegsminister, gab uns ein Déjeuner im Ministerium, in dem er wohnte. Madame Romazotti, seine alte Freundin, ersetzte die fehlende Hausfrau. Painlevé, die beiden Clemenceaus, Baron L'Allemand und wir waren die Gäste. Piquart hatte schon in Straßburg, wo wir ihn 1905 kennenlernten, den stärksten Eindruck auf uns gemacht. Nun hörten wir von seinen Freunden seine Geschichte.

Er war als junger Offizier im Generalstab nach Tunis gesandt worden. Dort bekam er einen Pariser Akt mit dem Vermerk, ihn schnell zu erledigen. Er sah den Akt durch, fand Lücken und retournierte den Akt zur Revision. Er bekam ihn bald mit einer Ermahnung zur schnellen Erledigung wieder und sandte ihn augenblicklich mit der Begründung, daß hier ein Unrecht geschehe, ununterschrieben zurück. Es war – die Verurteilung Dreyfus'. Oberst Henry, der, wie man heute weiß, der eigentliche Schuldige war und die Fäden der Intrige in der Hand hatte, mußte nun gegen den nicht willfährigen Piquart etwas unternehmen. Er setzte eine

Hausdurchsuchung bei ihm durch, um irgend etwas Belastendes zu finden, ihn kassieren zu lassen und irgendeine bequeme Kreatur an seine Stelle setzen zu können. Er fand im Schreibtisch Piquarts nichts anderes als ein paar armselige alte Liebesbriefe des jungen Offiziers an die Frau des Gerichtspräsidenten von Rennes. Henry entwendete diese Briefe und sandte sie an den ahnungslosen Ehemann. Piquart wanderte, trotz mangelnden Schuldbeweisen, ins Gefängnis, die Frau wurde, obwohl das Ganze jahrelang zurücklag, von ihrem Gatten aus dem Hause geworfen. Piquart behandelte sie als seine Gattin, obwohl sie unterdessen eine alte Frau geworden war.

Piquart suchte nicht die geringste Annäherung an Dreyfus, die aber dieser eilig anstrebte. Piquart hatte aus Menschlichkeit, aus Gerechtigkeitsfanatismus gehandelt, der Mensch Dreyfus war ihm gleichgültig, eher unsympathisch. Es ging ihm um die Wahrheit – ebenso wie Zola, der sein »J'accuse« in die Welt rief, ohne Dreyfus zu kennen.

Alles andere weiß die Welt. Dreyfus wurde nach jahrelanger Verbannung unschuldig befunden und von der Teufelsinsel zurückgeholt, Piquart nach dem Selbstmord des Obersten Henry und nach dreijähriger schwerer Gefängnisstrafe in Freiheit gesetzt, und beide, Dreyfus und Piquart, wurden an einem Tage vor der ganzen Armee rehabilitiert und befördert. Piquart erzählte noch, daß er sich sehr ungern mit Dreyfus zusammen habe feiern lassen.

Als wir jetzt beim Ministerium vorfuhren, öffnete sich das Tor, innen standen zu beiden Seiten Ehrenwachen in großer Gala und grüßten, als Mahler und ich hindurchgingen, militärisch. Oben auf der Stiege stand Piquart und freute sich kindlich dieses Einfalls. »Dies ist Brauch, wenn Souveräne kommen. Sie sind in meinen Augen dasselbe!« rief er Mahler zu.

Jeder bekam nun sein Leibgericht, sorgfältig von Piquart abgelauscht. Nach Tisch zeigte Piquart eine kleine Golddose. Er drückte auf eine Feder, der Deckel fuhr auf und ein juwelenbesetzter Vogel sprang aus der Dose auf den Deckel und sang entzükkend. Piquart betrachtete diesen Vogel mit den Brillantaugen; mit Rührung in der Stimme sagte er: »Dies war die einzige Musik in den drei Jahren meiner Gefangenschaft. Ein Amerikaner hat ihn mir anonym ins Gefängnis geschmuggelt. Ich durfte weder Noten noch Bücher von meinen Freunden empfangen. Einmal im Monat war Besuchstag, da durfte ich zehn Minuten hinter einem Gitter, belauscht natürlich, mit meinen Angehörigen sprechen. Zweimal wollte man mich vergiften. Ich wußte das und hatte mir angewöhnt, jeden Bissen gegen das Licht zu halten, und so kam ich immer wieder darauf. Ein andermal war das Essen mit Glasscherben durchsetzt. Gott sei Dank, das alles liegt hinter mir!«

Damals trug er die kleine Dose wieder behutsam hinaus. Für Mahler hatte er eine verehrende und väterliche Liebe zugleich, obwohl er nur ein paar Jahre älter war, aber er war der Abgeklärtere, Fertige. Piquart wurde, nachdem das Kabinett umgebildet worden war, Divisionskommandant in Amiens. Beim Einreiten stieg sein Vollblüter, und Piquart konnte sich nur durch große Geistesgegenwart im Sattel halten. Bald darauf während einer großen Parade geschah dasselbe, und beim letzten Defilé stürzte das Pferd zum dritten Mal und so unglücklich, daß Piquart sterbend nach Paris gebracht wurde und in den Armen der alten treuen Muttergeliebten verschied. Sein Leichenbegängnis war eine der größten Kundgebungen, die Paris veranstaltet hat. Sollte ein Volk die Größe einer solchen Seele verstanden haben?

Ich war durch Zufall im Kino, als Piquarts Leichenbegängnis gezeigt wurde. Es war mir sonderbar schmerzlich zumute, daß ich mir den Freund in diesem Katafalk vorstellen mußte. Piquart starb nach Mahlers Tod.

In Paris waren wir damals Gäste des Polizeipräsidenten in seiner Loge in der Grande Opéra. Es war eine Galavorstellung des ›Tristan‹. Mit uns General Piquart und die Clemenceaus. Es sangen die Grandjean und van Dyk. In zweiten Akt im Tag- und Nacht-Gespräch sprang immer der Singende auf und ging zum Souffleurkasten, von wo van Dyk mit weit offenen Armen ins Publikum den leisen Gesang über das süße Wörtchen »und«

schrie. Das war zuviel. Mahler stand auf, und keine Rücksicht auf den Polizeipräsidenten oder auf Piquart und die andern verwunderten Augen brachte ihn dazu, auszuharren. Er konnte das nicht ertragen. Und so gingen wir.

Ich war damals hochgradig nervös, und als ich nach Wien zurückgekehrt war, wurde mir ein Aufenthalt in Levico verordnet. Ich brachte Mahler erst nach Toblach und ging dann mit dem Kinde nach Levico. Tief melancholisch saß ich nächtelang auf meinem Balkon, sah weinend auf die lustige, hellgekleidete Menge, deren Lachen mir weh tat, sehnte mich zum Verrücktwerden nach irgend etwas, nach Liebe, nach Leben, nach einem Fenster, heraus aus dieser eiskalten Gletscheratmosphäre. Wir korrespondierten täglich über abstrakte Dinge, Mahler hatte Angst um mich, und endlich kam er selbst.

Ich fuhr ihm nach Trient entgegen, er stieg aus dem Coupé aus, und ich erkannte ihn nicht. Der Friseur in Toblach hatte ihn vor der Abfahrt, wo er sich besonders schön machen lassen wollte, vollkommen glatt geschoren. Er hatte Zeitung gelesen und es nicht gemerkt. Er war unkenntlich häßlich, wie ein Bagnosträfling, ohne die beiden ausladenden Seitenhaarbüsche, die seinem ungeheuer langen, hageren Gesicht die richtige Formation gaben. Ich konnte mich nicht gewöhnen und mein Fremdheitsgefühl nicht überwinden, so fuhr er nach zwei Tagen betrübt wieder weg.

Mahler hatte wieder fieberhaft im Sommer gearbeitet. Er hatte die Neunte vollendet, ohne sie jedoch zu nennen; und auch im Winter hatte er seine Wiener Lebensweise beibehalten, die ganzen Morgen dem Durchfeilen der Komposition und der Instrumentierung zu widmen.

Glücklich, daß er wieder arbeiten konnte und, wie er fühlte, besser denn je, war seine Stimmung wunderbar. Störend unterbrochen nur einmal durch den Besuch von Richard Strauss und Gattin. Telegramme flogen erst irritierend hin und her, von jenseits der Alpen: welches Wetter bei uns sei, was das Barometer anzeige etc., und endlich war alles klar genug, Straussens waren in Toblach eingetroffen und erwarteten uns zum Nachtmahl. Mahler war schon am Nachmittag hinuntergegangen, und Frau Pauline hatte ihn auf dem Hauptplatz vor dem Hotel mit folgenden, über die Menge hinweg geschrienen Worten empfangen: »No, wie geht's, Mahler? Wie wars in Amerika? Dreckig, was? Haben S' hoffentlich viel zurückgelegt?«

Mahler drängte das Ehepaar ins Haus und weiter in ihr Zimmer und ging bald davon und uns entgegen. Er hatte keinen Humor für solche Situationen, war angewidert. Es war ihm leid um jede verlorene Stunde. Wir, meine Mutter, Roller und ich, kamen. Mit Straussens war, wie sich beim Abendessen herausstellte, noch ein fremder Herr gekommen. Es war der Nachbar aus Garmisch, der aus Dank dafür mitgenommen war, daß er zu den Arbeitszeiten Straussens seine Hunde einsperrte und selber keinen Lärm machte. Und da hatten wir das tiefste Mitgefühl. Hatten doch auch wir in Maiernigg Nachbarn gehabt, eine brave, aber äußerst banale Familie, mit der wir Freundschaft heucheln mußten, damit sie ihre hunderterlei »Viecher« (es gab Hühner, Gänse, Hunde natürlich und einen scheußlich singenden baritonalen Hausfrauenbruder) unschädlich machten. Zu alledem war der Hausherr noch taub, und nur das chorische Schreien der Familie nötigte ihm manchmal ein verstehendes Lächeln ab. Alle diese Morde an der Musik Mahlers mußten mit Besuchen, mit Theaterkarten, Logen in der Oper, kurz mit einer dauernden Aufmerksamkeit abgekauft werden. Wir hatten also begriffen.

Dieser Herr Oberst aus Garmisch nun war vollkommen ahnungslos. So verwechselte er beständig alles. Meine Mutter hielt er für Mahlers Frau, mich für Rollers Gattin. Frau Strauss war sehr nervös an diesem Abend. Der »Bub«, ein halbwüchsiger Junge, bekam erst ein Kopfstück, dann ein Glas Milch. Strauss wollte die Sitzordnung machen, um das verlegene Herumstehen zu beenden. So lud er Mahler durch eine Handbewegung ein, sich neben seine Frau zu setzen. Aber Pauline rief: »Aber nur wenn S' net wieder so zappeln, denn dös vertrag i net!« Mahler, der im Begriff gewesen war, sich zu setzen, stand auf und setzte sich an das andere Ende des Tisches. Strauss sofort zu ihm, und beide überließen es nun uns, mit ihr fertig zu werden. Sie überbot sich an diesem Abend an Exaltation. Gelangweilt und müde traten wir den Heimweg an.

Am ersten Oktober wurden die Zelte abgebrochen. Die Wiener Wohnung in der Auenbruggergasse war durch den verlängerten Aufenthalt in New York unnötig geworden. Ich verpackte alle Möbel und Bücher, und unser ganzer beweglicher Besitz wanderte ins Depot. Mahler nahm von der Wohnung Abschied, wo er acht Jahre seines Lebens verbracht hatte, und ging nach Mähren, um die letzte Feile an das ›Lied von der Erde‹ zu legen.

Es war immer mein Bestreben, von Mahler allen Alltag fernzuhalten. Er hat niemals eine Übersiedlung oder die Einpackerei auf eine Reise auch nur von ferne gesehen. Nur für unsere erste Reise, die Hochzeitsreise, wollte er mir helfen, behauptete, Packen sei ein leichtes, nahm einen Koffer, und stellte alles innen aufeinander wie einen kleinen Turm. Ich legte den Koffer auf die Seite, und alles stand auf dem Kopf. Von da ab überließ er all das in Zukunft mir allein. –

Mahler kam erst aus Mähren, als mein Kind und ich von einer kleinen Mandeloperation wiederhergestellt waren, wohnte einige Tage bei meiner Mutter und fuhr nach Amsterdam, wo er seine Siebente dirigierte. Wieder hatte Mengelberg die Aufführung so vorbereitet, daß Mahler diese schwere Symphonie fast ohne Probe machen konnte. Er kam einen Tag nach mir in Paris an.

Im Oktober ging es wieder nach Amerika. Immer, wie beim ersten Mal, konnten wir uns der Tränen über die Großartigkeit des Schauspiels bei der Ankunft in New York nicht erwehren. Niemals erwartete uns dort ein naher Mensch, und doch regte uns diese Ankunft, die einzig in ihrer Art auf der Welt ist, so auf, daß uns beim Hinuntergehen aus dem Schiff die Knie zitterten, und nicht einmal die äußerst unangenehme Zollsekkatur konnte uns diese freudige Erwartung nehmen.

Diesmal kam Mahler als Konzertdirigent und freute sich, daß er mit dem Theater nichts mehr zu tun hatte. Es war so eingerichtet, daß Mahler immer eine Woche ruhig in New York blieb, ein oder zwei Programme einstudierte und die Woche darauf diese Programme zweimal in New York, zweimal in Brooklyn aufführte und später dann größere Reisen machen sollte, sobald er erst ein reicheres Programm hatte. Es kamen Philadelphia, Springfield, Buffalo, kurz die näheren Städte (die musikalisch von New York gespeist wurden) in Frage.

Mahler dirigierte jetzt nur einmal in der Metropolitan Opera, mit Erlaubnis des neuen Komitees, das diesmal die Unkosten für Mahlers Reise und Aufenthalt zu tragen hatte. Er dirigierte, und zwar zum letzten Mal, ›Die verkaufte Braut‹ von Smetana. Destinn als Marie, Jörn als Hans – es war eine fabelhafte Aufführung. Aber die Amerikaner liebten das Rustikale nicht sehr. Auch das Hartgermanische wie etwa der ›Ring‹ ging ihnen nicht nahe. ›Tristan‹, ›Meistersinger‹ waren ihre Lieblinge unter den Werken Wagners.

Für eines dieser Konzerte hatte Mahler aus Suiten von Bach vier besonders schöne Stücke ausgewählt und miteinander verbunden. Den bezifferten Baß arbeitete er aus, spielte ihn wunderbar am Cembalo mit, während er den Taktstock fest unter den Arm eingeklemmt hielt. Der Verleger Schirmer bot ihm den Druck an, und Mahler hatte die größte Freude an der Arbeit und Ausgestaltung dieses Werkes. Diese Bach-Suite hat er in vielen Konzerten gespielt, eigentlich mehr für uns als für andere. Jedesmal veränderte er frei seine Cembalobegleitung und examinierte mich nachher genau über jede Wendung. Es dürfte kaum vorgekommen sein, daß mir etwas entgangen ist. Die Kritik dort behandelte es nicht als Sakrileg, das war später den europäischen Bonzen vorbehalten.

Marcella Sembrich feierte ihren Abschied von der Bühne. Alle Künstler wetteiferten an diesem Abend, noch einmal mit ihr musizieren zu dürfen. Deshalb wurde keine ganze Oper, sondern einzelne Akte oder Szenen, die ihre Glanzstücke gewesen waren, aufgeführt. Caruso, Bonci, die Farrar, Eames, Scotti, alle Dirigenten, auch Mahler, alle gaben ihre Leistungen als Geschenk für diese unvergleichliche Künstlerin. Mahler dirigierte einen Akt ›Figaro‹. Sie selbst sang alle ihre Rollen noch ein letztes Mal, jung und stimmlich vollkommen auf der Höhe. Zum Schluß, nachdem sie sich dreißig- bis vierzigmal vor dem großen Vorhang verbeugt hatte, hob sich dieser, und ein Lorbeerhain über die ganze Bühne hin wurde sichtbar. Alle Kollegen standen um einen Tisch im Halbkreis, an dem ein Herr saß, der sogleich aufstand und der Sembrich entgegenkam, die verlegen rückwärts ging. Es war der Bürgermeister der Stadt New York. Er überreichte ihr vor dem offenen Vorhang, vor einem stehenden, unentwegt applaudierenden Publikum eine große Reihe der herrlichsten Perlen, mit einer Ansprache, in der er ihre Künstlerschaft, ihre Wohltaten pries, und dann kamen alle andern Kollegen mit ihren Geschenken. Nachher hatte sie uns alle zu einem großen Ball geladen. Wir trugen in unseren Händen ungeheure Silber- und Goldgegenstände, die sie bekommen hatte – es gab keine andere Art von Transport. Im Hotel überraschte das ganze Opernorchester die Sembrich mit einem Tusch und spielte die ganze Nacht zum Tanz auf, zum Dank dafür, weil sie nach dem Erdbeben von San Franzisko, bei dem das ganze Orchester um seine Instrumente gekommen war, so lange auf ihr Honorar verzichtet hatte, bis alle Instrumente wieder angekauft waren. Sie eröffnete damals den Ball mit Paderewski, mit dem sie eine polnische Mazurka tanzte.

Nicht lange nachher gab das Opernensemble einen Abend zum Abschied der Sembrich von New York. Das ganze Personal war anwesend, auch außenstehende Künstler wie zum Beispiel Paderewski. Der Abend fand in den Festsälen des Plaza Hotels mit allergrößtem Pomp statt. Caruso zeichnete hinter aller Rücken seine meisterhaften Karikaturen und zeigte sie immer dem »Andern«, nie dem Vergewaltigten, denn sie waren oft von einer beleidigenden Schärfe. Von Mahler machte er viele und zeigte sie mir, war aber nicht zu bewegen, sie Mahler zu zeigen. Er sagte: »Erst sagt man, man ärgere sich nicht darüber, dann sieht man's und ist böse. Das ist mir zu oft passiert.« Wir kamen nun in die ältesten, sogenannten adeligen Familien, die sich von der ›Mayflower‹ herleiten. Mein Tag war ausgefüllt und eingeteilt, so unendlich groß war unser Kreis geworden. Die Angloamerikaner sind ganz anders als die Romanen, unter denen ein Fremder immer fremd bleibt. Sie nehmen einen wirklich in ihr Herzlichstes auf. Man ist zu Hause, man nimmt teil an ihren Freuden. Sie helfen einem, wo es nur geht. Ich sollte dies später noch sehr oft erfahren. Mahler tat mit, wo es ihm Spaß machte, und es machte ihm mehr Freude, als man annehmen konnte. Er ließ nie ein Dinner aus, das allerdings ganz anders vor sich geht als bei uns. Man ist für 7 Uhr 15 oder 7 Uhr 30 geladen, bekommt ein ausgezeichnetes Essen, viel besser natürlich als im Hotel, die Unterhaltung ist gewandter, sonst ebenso seicht oder ebenso tief wie in Europa, je nachdem man Glück mit den Menschen hat, die man trifft. Nach Tisch begeben sich die Herren ins Rauchzimmer, die Damen bleiben zusammen. Um 10 Uhr ist man zu Hause, ohne ermüdet zu sein, mit neuen Gesichtern und Typen beladen, die sich's nun ihrerseits nicht entgehen ließen, uns einzuladen, wodurch sich die Kette unserer Verpflichtungen ins Endlose ausbreitete. Wir saßen dann noch immer eine Stunde auf und unterhielten uns über die Eindrücke, die jeder von uns gehabt hatte.

Am 15. November, ein Tag, den ich mir genau gemerkt habe, weil er so schön war, fuhren wir hinaus nach Oysterbay, einem Küstenstrich, der zu einem großen Teil Besitz der Familie Roosevelt war. Es war ein herrlicher, klarer Tag, wir mußten mit irgendeiner kleinen Bahn fahren, wurden in irgendeiner, für uns namenlosen Station von einem Privat-Cab erwartet, und nun gings über sandige Dünen zum Wohnsitz der Mrs. West-Roosevelt. Wir hielten vor einer sehr hohen Grundmauer, die dieselbe Höhe hatte wie unser Cab, damit man leicht aussteigen könne, und befanden uns vor dem schönsten alten grauen Holzhaus, das je auf einer Anhöhe gestanden hat, rings gleichsam umgeben vom Meer. Der Anblick war so überwältigend, daß Mahler und ich vergaßen, die Hausfrau zu begrüßen.

Die Hall, die Zimmer, alles atmete Kultiviertheit und Vornehmheit. Wir waren sofort daheim. Frau Roosevelt führte uns zum Hause ihres Schwagers Theodore Roosevelt, der gerade auf einer Löwenjagd in Afrika war. Auch sein Haus, wiewohl viel weniger persönlich als das alte Holzhaus, lag herrlich hoch auf einem Hügel, eingesäumt vom blauen Meer. Wir konnten durch das ganze Haus sehen, denn rund herum liefen Glasveranden, direkt aus den Zimmern heraus, und Frau Roosevelt sagte von ihrem Schwager, dies sei symbolisch für die Gestalt Theodores; so klar und offen wie dieses Haus, durch das man immer durchschauen könne, sei sein ganzes Leben.

Nach einem Dinner bei Otto H. Kahn sollten wir eine Séance bei Eusapia Palladino sehen. Wir fuhren in zwei Autos: Mahler, die beiden Kahns, ein Engländer, Fränkel und ich. Wir stiegen am Broadway vor einem dumpfen Proletarierhaus aus, hoch oben landete der Lift in einer Art Mansarde-Etage. Menschenleer. Wir fingen an zu untersuchen. Das Lokal der Palladino war für die Séance hergerichtet, aber sie war nicht da. Neben diesem geräumigen Zimmer tobte eine liederliche Weingesellschaft. Sie gröhlten, warfen Gläser an die Wand, aber wir sahen nichts. Gegenüber war eine Wohnung, leer, aber angefüllt mit Gerümpel von früheren Bewohnern. Daneben das glitzernde Schild einer Agentur für mechanische Klaviere. Wir hörten dort fortwährend Läufe über Klaviere rasen, aber als wir durch das Guckloch in den Raum hineinsahen, war er menschenleer. Dieses Spukhaus machte uns Grauen. Dazu kam, daß Mrs. Kahn eine weiße Atlastoilette mit weißen Schuhen anhatte, mit Perlenketten, die bis auf den Boden hingen. Das Bild in seiner Skurrilität war in dieser Umgebung geradezu kitschig. Endlich kam die Palladino.

Ein Kopftuch wie eine Bäuerin um das Gesicht, das schwammig, rot und versoffen aussah. Sie begrüßte uns kurz und herablassend. Ging schwankend an uns vorüber in das große, mattbeleuchtete Zimmer. Wir folgten. Schon bevor sie gekommen war, waren wir von den zwei Sekretären, die später den Verlauf der Sitzung als Protokollführer mitschrieben, aufgefordert worden, das Zimmer und vor allem den kleinen Alkoven, der sich hinter ihrem Sessel anschloß und mit einem schwarzen Vorhang verdeckt war, zu untersuchen. Die Wände darin waren schwarz tapeziert. Es gab ein Fenster, das auf ein niedriges Hausdach zeigte, auf dem der Mond lag. Nichts irgend Verdächtiges. Frischer Schnee.

Ohne Umstände nahm sie Platz, und die beiden Herren und ein Fräulein verdunkelten das Zimmer, so daß nur jeder der Schreibenden eine rote Lampe vor sich hatte. Wir setzten uns verlegen nieder und reichten einander die Hände. Es dauerte nicht lange, so verfiel sie in Krämpfe; ihr Gesicht begann matt zu leuchten. Sie atmete schnell. Neben ihr saßen der Engländer und Fraenkel, die beide die Hände und Knie umklammert hielten. Fraenkel zählte den Puls, und bei allen Manifestationen konstatierte er laut eine rasende Pulszahl. Sie verlangte, daß alle fortwährend »va bene« sagten, und wenn einer von uns nachließ, bat sie böse, doch fortzufahren. So kam es dazu, daß der Engländer an ihrer Seite mit fortwährendem »va bene«-Lallen in Trance verfiel und für die Beobachtung ungeeignet wurde.

Wir alle fühlten Betastungen, sahen phosphoreszierende Luftkörper sich um uns bewegen, und sie berührten uns. Ich griff danach und hatte etwas und nichts in der Hand. Die Palladino herrschte Mahler an, sich das Kabinett hinter ihr anzusehen. Er öffnete den schwarzen Vorhang. Alles war dort in Phosphorglanz getaucht – alles in Bewegung. Eine Mandoline flog durch die Luft auf ihn zu und verletzte ihn leicht an der Stirne. Er ließ hastig den Vorhang herunter, war verstört, und die Palladino murmelte, Mahler sei in Gefahr. Fast mitleidig hieß sie ihn sich jetzt neben sie zu setzen. Der Tisch hob sich bis zur Zimmerdecke, bei dem leisesten Wort aber, das kalt von einem von uns gesprochen wurde, fiel er jäh herab. Der schwarze Vorhang bauschte sich nach vorn, über unsern Tisch hin, wie von einer unsichtbaren Hand geweht, die Mandoline und leichte Holzgeräte glitten über den Tisch, an dessen Rand wir immerzu unsere Finger kreuzten. Wieder griff ich, trotz Abwehrgeschrei in das ballonartig aufgebauschte Tuch, wieder die materiell-unmaterielle Fühlung.

Wir gingen alle still und mit großer Nachdenklichkeit weg. Eine Nachdenklichkeit, die viele Tage anhielt. Nach einer Woche sagte Mahler: »Vielleicht ist das Ganze nicht wahr, und wir haben es nur geträumt!« Das war sehr merkwürdig, denn in den ersten Tagen nachher konnte er sich nicht genug daran tun, immer neue Details in seinem Gedächtnis aufzufinden; und plötzlich – nur geträumt?

Oft gingen Mahler und ich zu Mrs. Havemeyer, die in einem Feenpalast wohnte (von Tiffany erbaut) und Musiknachmittage arrangierte. Zu diesen Haydn- und Brahms-Quartetten gingen wir nun freilich nicht, wohl aber sofort immer in die Galerie mit den herrlichsten Meisterwerken. Acht Rembrandts, viele Goyas etc. Aber der Comble: die einzige Landschaft Grecos, Toledo, und sein Kardinal. Diesen Kardinal hatte uns mein Stiefvater Moll so oft in Photos gezeigt und in den Farben beschrieben, daß Mahler, als Mrs. Havemeyer das erste Mal das Bild vorführte, in die Worte ausbrach: »Das habe ich schon irgendwo einmal gesehen!« Die Sammlerin erblaßte. Es gibt nichts Furchtbareres, als gerade das einem solchen Menschen zu sagen, dessen Wertgefühl für seine Sammlung weniger durch die Schönheit der Objekte als vielmehr durch den Umstand, daß es Unika seien, diktiert ist. Vergeblich suchte ich nun Mahler an die Beschreibungen Molls zu erinnern, er blieb hartnäckig dabei, er müsse dieses Bild schon gesehen haben. Ich erklärte es der armen Frau, die sich schon betrogen wähnte und fürchtete, daß irgendwo, ihr unbekannt, ein zweiter »Kardinal« existiere.

In dieser langen Galerie, deren Licht durch ein Velum abgedämpft, diffus auf die Bilder fiel, sind wir viel auf und ab gegangen und haben mit Vergnügen von weit her Musikfetzen vernommen; unanstrengend und unambitiös. Mahler hatte nicht eigentlich Sinn für bildende Kunst, er kam zu deutlich von der Literatur her. Aber allmählich durch vieles Sehen und ungeheuren Lerneifer für alles, was es gab, bekam er Freude an rein malerischen Werken, ja sogar für ein Urteil; Moll, Klimt, Roller, Kolo Moser wetteiferten miteinander, seine Lehrmeister zu sein, bei allem höchsten Respekt, den sie hatten.

Als Mahler sein Orchester bekommen hatte, traf eine Karte von Louis Tiffany ein, der ihn bat, den Proben versteckt beiwohnen zu dürfen, da er menschenscheu sei. Mahler willfahrte seiner Bitte sofort. Kurze Zeit darauf kam eine Einladung zu ihm, und Mrs. Havemeyer, die Mittlerin, brachte uns dahin. Wir stiegen bei einem großen Palais aus, gingen über eine herrliche Königsstiege hinauf und durch die Halle, weiter eine kleine Treppe empor, längs der alt-sudanesische, vollkommen eingerichtete Negerhütten rechts und links in die Wand eingelassen waren. Endlich standen wir oben. In einem Riesensaal, der uns unermeßlich schien. Im Halbdunkel sahen wir bunte, leuchtende Gräser hängen, ein wunderbares Licht blütenhaft verstreuend. Auf einer Orgel wurde das Vorspiel zu ›Parsifal‹ gespielt. Wir hörten später, daß ein Enkel des Dichters Shelley der Künstler war. Wir wähnten uns allein. In der Mitte des Saales brannte ein schwarzer Kamin mit vier Kolossalöffnungen, in deren jeder andersfarbige Flammen züngelten. Wir blieben wie angewurzelt stehen.

Ein Mensch mit einem wunderbaren Kopf näherte sich und murmelte unverständlich: es war Tiffany, der nie sprechende, und ehe wir's uns versahen oder Mahler gar hätte eine Antwort sagen können, war er verschwunden. Nachher erfuhren wir, daß Tiffany Haschischraucher und nie ganz bei sich war. Er machte den Eindruck eines Verzauberten, wie alles hier. Der Kamin ging ins Endlose, oben sah man keine Decke, aber an den Seiten, hoch oben, waren Tiffanygläser transparent in der Mauer angebracht, die von außen her beleuchtet waren. Wir flüsterten miteinander, es schien uns, als könne man durch diese Licht-Blumenflächen ins Paradies fliegen. Die Musik schwieg, leises Stimmengewirr verriet eine große Gesellschaft. Lautlos gingen Diener umher mit schönen Gläsern voller Champagner, auf Tabletts, die nicht klirrten. Palmen, Sofas, schöne Frauen in merkwürdigen flimmernden Gewändern... Wir waren wie im Traum. Tausend und Eine Nacht in New York.

Mit dem Musikverleger Schirmer und seiner Frau fuhren wir einst nach einem Dinner, wie es verabredet war, down-town, ins Chinesenviertel. Neben dem Chauffeur saß der unvermeidliche Detektiv. Wir bogen von den belebten Straßen in immer stiller werdende, endlich dunkle, enge, unheimliche Gassen ein. Wir stiegen aus; der Detektiv mit dem geladenen Revolver in der Tasche. Zuerst in eine Opiumhöhle. Ein Kerl mit einem ekelhaft weibischen Gesicht empfing uns in einem Vorraum, wo wir Geld erlegen mußten. Und er begann gleich ein langes Gespräch über seine Erfolge bei weißen Ladies. Er erzählte, er sei Schauspieler für Frauenrollen im chinesischen Theater. Bekanntlich darf eine chinesische Frau weder spielen noch auch im Theater zuschauen. Man sah es ihm übrigens an: es war das verdorbenste Mann-Weibsgesicht, das man sich vorstellen kann. Er zeigte eine Menge Photographien von Amerikanerinnen, die er... und er machte vielsagende Gebärden... Dann führte er uns weiter. Mehrere kleine, aber hohe Kammern, in der Mitte leer, mit großen Stellagen an den Wändern, in denen Tragbahren standen. Auf jeder lag, mit dem Kopf ins Zimmer hinein, ein duselnder Chinese; manche erhoben schwerfällig den Kopf, als wir nahten, sanken aber sofort wieder zurück. Grauenhaft scheußlicher Anblick. So werden die Berauschten mit einer kleinen Kopfwalze einfach da hineingeschoben und schlafen sich aus. Sind sie wach, so rufen sie und werden herausgezogen. Jeden Diebstahl, jeden Mord, jedes Verbrechen kann man einem Menschen in solchem Zustand antun, er fühlt etwas ganz anderes. Dabei mutet das Ganze an wie ein Brotladen mit Menschenlaiben.

Weiter. Nun ein hohes Kartenhäuschen in die Höhe. Oben ein üppiges Gemach für Fremde hergerichtet. Eine Menge Pfühle. Und neben jedem eine Opiumpfeife. Um Geld rauchte ein Chinese sofort eine Pfeife, und wir waren Zeuge seines langsamen Eindämmerns unter Augen- und Gliedmaßenverdrehungen. Wir sollten auch rauchen, schauderten aber davor zurück. Weiter. Das Theater. Recht lieb, aber es wurde nicht gespielt. Wird aber gespielt, so darf kein Europäer dabeisein. Weiter. In den stinkigen Gassen schlüpften diese langebezopften Ratten schnell und behende die Mauern entlang. Mahler sagte: »Da fällt es mir schwer zu glauben, daß das meine Brüder sind.«

Weiter: Kleine Läden, kleine Gasthäuser, aber alles lautlos. Endlich am Ende des Viertels das Lokal irgendeiner frommen Sekte. Großer Saal. Hinten saß einer mit einem Fanatikergesicht und spielte Choräle auf einem Harmonium, mit winselnder Gewalt. Bänke voll abgemagerter Menschen. Nun hörten wir: Für das Anhören und Mitsingen einiger Choräle, Belohnung – eine Schale Kaffee und eine Semmel. Arme, arme Gesichter! Wir drückten uns fort. Feindliche Augen folgten uns, lange hörten wir noch die Mißtöne dieser hungrigen Sänger.

Weiter: Durch das Judenviertel. Es war Nacht geworden. Aber alles lebte hier, handelte, schrie. Der Rassenunterschied war ungeheuer, aber die Juden arbeiten hier mit Tag- und Nachtschicht, um keine Stunde zu versäumen. Die ganze Straße war durch alte Kleider und Hadern verunstaltet. Die Luft hing voller Speisegerüche. Ich fragte Mahler leise mit seinen Worten: »Sind *das* unsere Brüder?« Er schüttelte verzweifelt den Kopf.

Aufatmend bogen wir endlich in eine lichte Gasse für unseresgleichen ein. Sollte es doch nur Klassen- und keine Rassenunterschiede geben?

Wir gingen viel in Oper und Sprechtheater. Mahler hatte natürlich überall Ehrenlogen und -plätze. So gerieten wir einmal in das Stück eines ganz unbekannten jungen Autors namens Macquay. Dieses Stück hieß ›The scarecrow‹, war eine Art Spiegelmystik-

Idee mit alten Märchenmotiven durchwirkt, ungemein talentiert, phänomenal aufgeführt. Zu diesem Stück gingen wir dreimal. Wir wären zehnmal gegangen, wenn es nicht abgesetzt worden wäre, weil es außer uns kein Publikum hatte.

Der Zigarrenhändler Hammerstein hatte eine ausgezeichnete Oper ins Leben gerufen. Dies war die Manhattan Opera, die lange Zeit besser war als die große Metropolitan. Dort sahen wir die Mary Garden als Salome, ebenso unvergleichlich wie als Louise und als Mélisande, während Perrier und Dufranne Pelleas und Golo gaben. Die Inszenierung, den Dirigenten hatte sich Hammerstein aus Paris verschrieben. Nie hätte ein Deutscher die Aufführung zuwege gebracht. Mahler hatte die ›Louise‹ von Charpentier in Wien selber dirigiert, aber erst, als ich sie in Paris mit irgendeinem französischen Durchschnittsdirigenten hörte, begriff ich sie ganz. In Wien war das Orchester zu materiell gewesen – der Walzer dominierte, in Paris aber ist es nur dic unartikulierte, ewig wache Musik dieser Stadt, und darüber liegen die Melodie und das Drama.

Dies mag auch Mahler dazu bewogen haben, immer einen italienischen Dirigenten für die italienische Oper anzustellen: Spetrino und Guarneri. Es ist nur selbstverständlich, daß sie die italienische Verve und das Brio im Rubato besser heraus hatten als der begabteste Nord- oder Süddeutsche.

Mochte Toscanini den ›Tristan‹ noch so wohlausgefeilt dirigieren, Wagner kam uns unter seiner Leitung immer übernuanciert vor. Vielleicht ist dies die Zukunft der Operntheater, die unter dem Repertoire der achtzig klassischen Opern keuchen. Vielleicht wird es einmal, wie einst, nationale Stagioni geben, die von Land zu Land Austausch unterhalten und so echte Boten einer echten Kunst sind. Italienische Ensembles in Deutschland, währenddem das ganze deutsche Ensemble in Paris oder Mailand gastiert.

STÜRME

1910

Der Maler Groll, ein feinsinniger Künstler, der unter Indianern gelebt hatte, ihre Sprache kannte und uns viel von ihnen erzählte, brachte uns Joseph Weiß, den Pianisten. Ein viereckiger Schädel, kahl, nur in der Mitte gekennzeichnet durch ein kleines Büschel Haare, braune Augen, die aus schmalen Schlitzen stachen, verrieten Wahnsinn oder Genialität. Er war der größte Klavierspieler, den Mahler, nach seiner eigenen Aussage, je gehört hatte. Er spielte uns diese ganze Neujahrsnacht vor. Wir saßen still, viele Stunden.

Er hatte sich die schönsten Lieder von Brahms für Klavier gesetzt und sang sie so, klangvoller als irgendein Sänger. Die Passacaglia von Bach – alles war originell, ohne das Wesen des Kunstwerks zu verletzen. Mahler interessierte dieser Mensch so, daß er in unserem Hotelzimmer ein Trio arrangierte. Er bat den wunderbarsten Hornisten der Oper, namens Reiter, und seinen Konzertmeister Spiering zu uns, und Weiß sollte den Klavierpart spielen. Mahler und ich saßen auf dem Sofa und fühlten uns wie König Ludwig von Bayern.

Der erste Satz war wunderschön, doch schon zu Anfang des zweiten begann Weiß willkürlich zu spielen, es irritierte ihn anscheinend, daß er sich irgendwie unterordnen sollte. Kurz, es kam zu Reibereien, und die beiden andern erklärten, nicht weiter mit ihm spielen zu wollen. Weiß, bei dem kein Zureden half, sprang auf und verließ ohne Gruß das Zimmer. Mahler setzte sich zum Klavier und spielte nun das ganze Trio – man konnte das Horntrio von Brahms gewiß selten so vollendet hören.

Nachdem die beiden Musiker gegangen waren und er ihnen nun unten aufgelauert hatte, kam Weiß wieder, bat um Entschuldigung, war sehr witzig, verhöhnte die beiden andern, behauptete, ihre dummen Gesichter hätten ihn so aus der Stimmung gebracht, versuchte den Eindruck zu zerstören, und Mahler, der sich vorgenommen hatte, ihm in New York weiterzuhelfen, faßte neuen, aber wie man sehen wird, vollkommen unbegründeten Mut.

Wir luden unsere Freunde Kneisel, den eminenten Geiger, und den Bildhauer Bitter ein, um ihnen Weiß vorzuführen. Aber wie schrecklich mißlang dies! Nach Tisch bat man ihn zum Klavier, er wollte nicht, dann setzte er sich widerwillig und spielte eine halbe Stunde eigene, ganz schreckliche Kompositionen, endlich getraute sich Mahler, ihn leise zu bitten, irgendeinen Brahms vorzuspielen. Doch da kam er gut an! Wer seine Kompositionen nicht würdigen könne, der könne auch keinen Brahms verstehen! Man hörte noch eine Weile diesem wütenden Hämmern zu, dann begannen ruhig alle zu sprechen, was Weiß aber nicht zu bemerken schien! Der Abend war verdorben, aber Weiß, der sich dann wieder zu uns gesellte, war so heiter, so geistreich, daß Mahler ihm verzieh und trotz Warnungen von allen Seiten mit Weiß vereinbarte, daß er im nächsten Konzert das A-moll-Konzert von Schumann spielen solle. Ich hatte das Gefühl, daß es Mahler ganz besonders interessierte, diesen ungezügelten Wildling zu zügeln.

Weiß war am Verhungern. Mahler hatte ihm ein großes Honorar beim Komitee ausbedungen. Weiß schien glücklich, die Proben verliefen über Erwarten gut. Die Generalprobe kam. Weiß war nervöser als sonst. Er spielte den ersten Satz trotzdem sehr gut, wenn auch ohne den ihm eigenen Elan. Dies und noch einige Tempoeigenmächtigkeiten rügte Mahler. Weiß sagte leise ein paar Impertinenzen, die Mahler absichtlich überhörte. Mahler wollte ihm helfen, und während Weiß voll Selbstüberwindung den zweiten Satz begann, rief ihm Mahler zu: »Sehr schön!« Jetzt war's um Weiß geschehen. Er nahm die Noten, warf sie Mahler zu Füßen und schrie: »So viel wie Sie bin ich noch lange!« und gebärdete sich wie ein Wahnsinniger. Das Orchester glaubte Mahler schützen zu müssen und warf sich auf Weiß; Mahler bat, ihn nicht anzurühren, aber Weiß mußte sofort den Saal verlassen.

Die Probe wurde abgebrochen und Mahler kam halb wütend, halb belustigt nach Hause, sein stärkstes Gefühl war aber im Grunde Mitleid mit Weiß. Und nun begann die Jagd nach einem Spieler des A-moll-Konzerts. Aber es war zufällig niemand anwesend außer einem jungen Pianisten. Ich will seinen Namen der verdienten Vergessenheit entreißen, er hieß Gallico, und dieser übernahm ohne Probe seinen Part, den er allerdings so schlecht spielte, daß Mahler vor Zorn und Scham kaum dirigieren konnte. Das Konzert war besonders gut besucht, denn die Morgenblätter hatten als größte Sensation die Nachricht gebracht, daß Mahler sich mit Weiß geprügelt hätte. Alles war voll von grausigen Bildern: »Weiß hits Mahler on the head.« Aus Mahlers Kopf stoben Funken! Es war höchst peinlich. Knapp vor Anfang war Weiß mit einem Advokaten erschienen, um zu Protokoll zu geben, daß er sich zum Spiel gemeldet, Mahler ihn aber abgelehnt habe, so daß er das Honorar bekommen müsse. Mahler schaute ihn nicht einmal an. Später allerdings sagte er: »Ich hätte den Kerl doch spielen und Ehre Ehre sein lassen sollen.« Damit war unsere Freundschaft mit Weiß zu Ende. Weiß kam bald darauf in eine Nervenheilanstalt, doch soll es ihm jetzt wieder gutgehen.

Mahler hatte auf Bitten der Komiteedamen seine Erste Symphonie angesetzt. Sie war ausgezeichnet studiert, und er kam seelenruhig zur Aufführung. Aber welches Entsetzen: Die Damen hatten, um ihn zu ehren, das Podium bekränzt, die Geigen nach hinten und unten placiert, ihn erhöht und das Blech ganz vorn um ihn herum postiert. Er trat ahnungslos heraus und konnte nichts mehr tun als stillhalten. Diese Aufführung war eine wahre Marter für ihn und mich. Es war eine Symphonie für Schlagwerk. Ohrenzerreißend! Wir bewunderten das Publikum, das ruhig sitzen blieb und zum Schluß sogar pflichtschuldigst applaudierte; so groß war immerhin schon der Nimbus um Mahler und – die Ahnungslosigkeit der Hörer.

Nachher hatte Mahler alle Orchestermitglieder in das Klublokal ›Arion‹ eingeladen und blieb bei ihnen, siebzig an der Zahl, bis tief in die Nacht. Er kam sehr fröhlich heim und sagte, er habe sich als Vater aller dieser Kinder gefühlt.

Unsere Freunde, Kneisel (er war der Primarius des ersten Quartetts von New York), Hassmann, der verbummelte Wiener Maler, Fraenkel, der schöne Crosby, das Ehepaar Schelling, der Mann ein höchst begabter Komponist, die Frau sehr graziös, Prinz Troubetzkoy, der Bruder des Bildhauers, ein wilder, schöner russischer Kerl, den man fürchten mußte, traf man ihn mit seiner Koppel Wölfe in den Straßen New Yorks, Schindler, ein recht begabter Musiker, mit dem besten Willen, uns zu managen, und viele andere, deren Namen mir entfallen sind, füllten unsere Loge. Lernten wir Menschen kennen, die uns gefielen, dann nahmen wir sie mit, und so bekam diese Loge etwas ungemein Buntes und Interessantes. Einmal erschien auch Carlo di Fornaro, ein Journalist, der aus Mexiko kam, viel von Porfirio Díaz erzählte, der damals noch Präsident von Mexiko war; von seinen Grausamkeiten, seinem unbeugsamen Trotz, seiner versklavenden Herrschernatur. So hatte Díaz einmal nach einen Streik die zurückkehrenden Arbeiter von Soldaten, die hinter den offenen Fabrikstoren postiert waren, erschießen lassen. Jetzt reiste Fornaro im Land umher und untersuchte die Gefängnisse der Staaten von Nordamerika, um alle Mängel anzuprangern. Er erschlich sich den Eintritt zu diesen verschlossenen Burgen durch Verkleidungen oder indem er mit falschen Pässen von Menschen, die Vergehen politischer Art begangen hatten, deren Strafe antrat. Fornaro war Journalist aus übergroßem Ethos.

So kam auch Poultney Bigelow, ein aristokratischer Engländer, der mit Kaiser Wilhelm dem Zweiten zusammen erzogen worden war, jetzt fürstlich in New York lebte und uns mit allen Literaten der Stadt zusammenbrachte. Doch konnten wir damit nicht viel anfangen, uns trennte unüberbrückbar die Sprache. Und wenn wir auch schließlich leidlich Englisch sprachen, wie kann das genügen, wenn ein Gespräch von höherer Bedeutung angeschnitten wird; sofort steht man rettungslos draußen. Bigelow hatte ein kritisches

Buch über Wilhelm den Zweiten geschrieben und war daraufhin für immer vom deutschen Hof verbannt worden.

Es kam Natalie Curtis, dieses furchtlose Wesen, die mit ihrem Bruder jahrelang, unter freiem Himmel schlafend, unter Indianern gelebt und ein ausgezeichnetes Buch über indianische Volksmusik geschrieben hatte. Sie alle waren unsere Freunde. Wir waren nun dort mehr zu Hause als in Wien. Dort, wo man Mahler ohne Kritik – bis auf einen Kritiker-Bösewicht namens Krehbiel – liebte und wo er nicht beständig auf die Schulter geklopft wurde, wie ihm dies in Wien bis zum letzten Tag seines dortiges Wirkens geschehen war.

Die Arbeit, die er jetzt hier zu leisten hatte, war ein Kinderspiel gegen seine Pflichten in Wien. Proben nur an jedem zweiten Vormittag. Oft holte ich ihn ab, wir gingen dann zu Fuß nach Hause. Er hat vieles aufgeführt, nur um es selbst zu hören oder kennenzulernen, unbekümmert darum, ob es dem Publikum paßte oder nicht. So hat er die ›Holländer‹-Ouvertüre und die Pariser Fassung der ›Tannhäuser‹-Ouvertüre sechsmal nacheinander dirigiert, weil er sich in diese Stücke verliebt hatte.

Durch Freunde kam ich zu Dana Gibson. Dies ist der berühmte Zeichner, der den Begriff »Gibson-girl« in die Welt gebracht hatte. Seine wunderschöne, aber äußerst leer-mondäne Frau zeigte mir die Bilder ihrer Schwestern, eine immer schöner als die andere. Sie und ihre Schwestern waren von je seine einzigen Modelle gewesen. Sie zeigte mir ihr raffiniertes Schlafzimmer: Altgeschnitzes Bett, Baldachin – innen über das Ganze ein Spiegel. Und es wunderte mich nicht, als sie mich in ihrem eigenartigen, pompösen Auto fragte: »Wie kann eine so schöne Frau wie Sie einen so häßlichen, alten, ja unmöglichen Mann heiraten wie Mahler?« Alle meine Beweisführungen und Argumente nötigten ihr ein geringschätziges Lächeln ab. Sie war goldgesponnene Schönheit – unzerbrochen, unreflektiv. Luxus und Reichtum schienen ihr der einzig mögliche Rahmen für ihre Schönheit.

Damals war die Première der ›Elektra‹ von Strauss im Manhattan Opera House. Diese Oper mißfiel Mahler derart, daß er mittendrin weggehen wollte. Wir blieben und gestanden uns nachher einmütig, daß wir uns selten so gelangweilt hätten. Das Publikum entschied gegen uns. Es wurde ein Erfolg. Einige nannten es sehr charakteristisch »awfully nice‹. Die Aufführung war, wie alles bei Hammerstein, glänzend. Er sparte weder Geld noch Mühe, um sein Theater hochzuhalten. Die junge Labia, die Dekorationen, alles herrlich!

Anfang April reisten wir nach Paris. Sofort begannen die Proben zur Zweiten Symphonie, die im Châtelet aufgeführt werden sollte. Pierné hatte sich dafür eingesetzt, ohne die Musik zu kennen. Unsere Freunde General Piquart, L'Allemand, die Clemenceaus, Painlevé waren täglicher Umgang und Freude.

Das Studium der Symphonie interessierte Mahler sehr. Der Chor faul, aber unerhört talentiert. Niemand kam zur Zeit zur Probe, und die Sänger gingen auch wieder weg, wann es ihnen paßte. Bei der Aufführung dann sangen sie fehlerlos und mit schönem, metallenem Ton.

In der Zeit der Proben gab Pierné Mahler zu Ehren einen Abend, wozu er Debussy, Dukas, Gabriel Fauré, Bruneau und die Clemenceaus geladen hatte. Debussy imponierte durch stark persönliches Wesen und große Schönheit des Kopfes. Er war mit seiner zweiten Frau da, die als sehr reich galt. Er saß bei Tisch neben mir. Von allen Speisen nahm er sich nur eine Gabelspitze voll auf den Teller. Frau Pierné nötigte ein wenig. Sein Gesicht verzog sich wie im Schmerz. Er war aber nicht etwa schlank, sondern ein breitschultriger, gewichtiger Kerl.

Leise erzählte mir Dukas, daß sie als Buben (sie waren Schulkollegen), wenn sie von ihren Müttern Geld zum Einkauf des Gabelfrühstücks bekamen, alle immer die größten Tortenschnitten nahmen, ausgenommen Debussy, der sich allein immer die kostbarsten und kleinsten Stücke aussuchte, weil ihm schon als Kind vor großen Quantitäten ekelte. Am selben Abend erzählte man uns dort, daß Debussy seine erste Frau fast zu Tode malträtiert habe. Er scheint sie aus der Jugend mitgeschleppt zu haben. Beide waren sehr arm. Sie konnte das Leben mit ihm nicht ertragen und ohne ihn auch nicht. Und so nahm sie Gift. Debussy kommt nach Haus, findet sie am Boden liegend, ohnmächtig. Er geht ruhig an sie heran, leert ihre Taschen aus, nimmt das Geld an sich und holt erst dann den Arzt. Die Frau aber war im Starrkrampf gelegen und hatte alles gehört und gesehen. Sie war, nach ihrer Rettung, von ihrer Liebe geheilt und leitete die Scheidung ein. Sie selbst verbreitete diese Geschichte in ganz Paris. Was daran wahr, was unwahr, niemand kann das mehr wissen.

Mahler fühlte sich dort unwohl und fremd, und er fühlte richtig. Die Aufführung kam. Es war eine Matinée. Ich saß mit Clemenceaus und meiner Mutter, die uns nach Paris entgegengekommen war. Aller Augen hingen an der Loge der Gräfin Greffulhe, die mit Abbé Perosi in ihrer Loge erschienen war, was für das Publikum das weitaus Wichtigste war.

Plötzlich sah ich mitten im zweiten Satz von Mahlers Zweiter Symphonie, wie Debussy, Dukas und Pierné sich erhoben und weggingen. Dies war deutlich genug. Sie äußerten nachher, es sei ihnen zu schubertisch gewesen; auch dieser aber sei ihnen fremd, zu wienerisch, zu slawisch.

Der Erfolg beim Publikum konnte Mahler nicht über die Bitternis hinweghelfen, von den bedeutendsten französischen Komponisten dermaßen mißverstanden, ja mißachtet worden zu sein.

Am Abend vorher waren wir bei ›Ariane et Barbebleu‹ gewesen. Mahler, der nach dem ersten Akt wahrhaft hingerissen war, folgte gerne dem Rat L'Allemands, hinter die Bühne zu gehen und Dukas ein paar nette Worte zu sagen. Nach dem letzten Akt war Mahler so gelangweilt, daß er froh war, seiner Regung gleich gefolgt zu sein, denn nachher hätte er es nicht mehr tun können. Seine Noblesse der bezeigten Anerkennung war aber von Dukas nicht erwidert worden.

Von Paris reisten wir diesmal nach Rom. Wir fanden dort unsern Freund Mengelberg, der seine Konzerte hinter sich hatte und nur dort blieb, um mit Mahler beisammen zu sein. Dieser gute Freund war, ohne es zu wollen, schuld an einem wirklich unangenehmen Vorkommnis.

Er ermahnte nämlich Mahler, mit dem Orchester ja recht streng zu sein, da es diesmal ein zusammengewürfeltes, ganz undisziplinierters Ensemble sei, das nur mit Strenge, ja mit Drohungen und Schimpfworten aus seiner Lethargie zu reißen sei. Er hatte aber nicht mit Mahlers ohnedies nicht allzu großer Zartheit gerechnet. Mahler ließ sich dies nicht zweimal sagen. Mit dem Wörterbuch in der Hand beschimpfte er dieses allerdings elende Orchester. (Das gute, das Mengelberg in seinen früheren Konzerten gehabt hatte, war der vorgerückten Saison halber schon auf Urlaub in Südamerika.) Bei den Worten Mahlers, er wisse nicht, ob er es mehr für »stupidità« oder für »indolenza« halten solle, sprangen einige Mitglieder auf und verließen den Probesaal. Nur mit Mühe konnte Mahler zu Ende dirigieren, denn das ganze Orchester leistete passive Resistenz. Der Erfolg war demnach auch mäßig, und sofort nach dem Konzert sagte Mahler das zweite ab. Verstimmt kamen wir nach Wien zurück, wo die Affäre bereits, vollkommen entstellt, die Blätter und Gemüter füllte.

SOMMER
1910

Ich brachte Mahler nach Toblach und mußte auf ärztliche Verordnung nach Tobelbad gehen, meine kranken Nerven auszukurieren. Mahler blieb, von alten verläßlichen Dienstboten betreut, in Toblach, wo er begann, die Zehnte zu skizzieren. Ich war sehr krank und konnte einfach nicht weiter – von dem ewig währenden Hetztreiben, das ein solcher Riesenmotor wie Mahlers Geist bedingt, völlig aufgerieben.

In Tobelbad lebte ich wie immer, wenn ich irgendwo allein war, vollkommen einsam. So einsam und melancholisch, daß der Leiter der Anstalt, besorgt um meinen Zustand, mir junge Leute vorstellte, die mich auf meinen Spaziergängen begleiten sollten. Der Künstler X... war mir besonders sympathisch, und es bestand für mich bald kein Zweifel, daß er mich liebte und meine Gegenliebe erhoffte. Ich reiste ab. Mahler holte mich in Toblach von der Bahn und war plötzlich verliebter als je zuvor. Sei es nun, daß die Liebe dieses fremden Mannes mein Selbstbewußtsein wieder ins Gleichgewicht gebracht hatte, kurz, ich war nun zukunftsfreudiger und glücklich, wünschte mir aber keinen neuen Zustand.

Nach acht Tagen ungefähr kommt ein Brief von diesem jungen Mann, in dem er mir schreibt, daß er ohne mich nicht leben könne, und daß ich, wenn ich nur das geringste Gefühl für ihn hätte, alles verlassen und zu ihm kommen möge. Dieser Brief, der an mich gerichtet war, trug auf dem Kuvert deutlich die Anschrift »An Herrn Direktor Mahler«. Niemals ist aufgeklärt worden, ob der Jüngling im Fieberwahn gehandelt hatte oder ob es unbewußt sein Wunsch gewesen war, diesen Brief direkt an Mahler selbst gelangen zu lassen.

Mahler saß am Klavier, las den Brief, rief mit erstickter Stimme: »Was ist das?« und reichte mir den Brief. Mahler war und blieb davon überzeugt, daß X... diesen Brief absichtlich an ihn geschickt hatte, um, wie er sagte, bei ihm um meine Hand anzuhalten.

Was jetzt kam, ist unsagbar! Endlich durfte ich alles aussprechen: Wie ich mich jahrelang nach seiner Liebe gesehnt hatte und wie er, in seinem ungeheuren Missionsgefühl, mich einfach übersehen hatte. Er fühlte zum ersten Mal in seinem Leben, daß es auch so etwas wie eine innere Verpflichtung gegen den Menschen gibt, dem man sich nun einmal verbunden hat. Er fühlte plötzlich Schuld.

Wir gingen tagelang unter lautem Weinen nebeneinander her, bis meine Mutter kam, die wir in unserer Not zu Hilfe gerufen hatten.

In diesem mit größter Ehrlichkeit vor uns aufgedeckten Konflikt fühlte ich urstark, daß ich Mahler nie verlassen könne. Als ich ihm das sagte, wurden seine Mienen wie verklärt, er konnte keine Sekunde ohne mich sein, ekstatisch vor Liebe!

Seine Briefe aus dieser Zeit mögen alles sagen, was ich hier verschweige. Er riß mich zu sich, – aber ich hatte mich ja niemals ganz entfernt. Nun war er eifersüchtig auf alles und alle. Er, der vorher eine geradezu beleidigende Gleichgültigkeit gegen alle diese Empfindungen an den Tag gelegt hatte. Unsere Zimmer, die nebeneinander lagen, mußten nun immer offenstehen. Er mußte mich atmen hören. Ich wachte oft des Nachts auf, er stand im Finstern vor mir. Ich erschrak wie vor einem abgeschiedenen Geist. Jeden Tag mußte ich ihn jetzt aus seinem Arbeitshaus zum Essen holen. Ich tat das sehr vorsichtig, denn in dem Übermaß seiner Angst, er könne mich verlieren, habe mich vielleicht schon verloren, lag er oft auf dem Erdboden der Hütte und weinte. Denn so, sagte er, sei er der Erde näher. Wir sprachen, wie wir nie miteinander gesprochen hatten. In Wahrheit hatte meine grenzenlose Liebe nach und nach ihre Stärke und Wärme verloren. Mir, die ich außer dem meinen kein Frauenschicksal beobachtet hatte und unerhört naiv war, mir war es bei den stürmischen Werbungen des jungen X... wie Schuppen von den Augen gefallen. Ich wußte plötzlich, daß meine Ehe – keine Ehe –, mein eigenes Leben vollkommen unausgefüllt sei. Aber diese Wahrheit verhehlte ich nun Mahler, und wenn er sie auch *wußte* (ebensogut wie ich), so spielten wir – aus Schonung für ihn – beide diese Komödie bis ans Ende.

Ein Zwischenfall, an sich nebensächlich, rückte alles Seelische ins Körperliche. Meine Engländerin verheimlichte uns, um keine Umstände zu machen, daß sie eine schwere Angina habe. Da sie nun immer mit uns beisammen war, so steckte sie alle der Reihe nach an. Zum Schluß auch Mahler und am leichtesten, so schien es. Er wurde bald gesund und arbeitete wieder.

Es war Nacht. Alles schlief. Da erwachte ich, als ob mich Gott berührt hätte. Ich rief sofort nach Mahler – keine Antwort. Lief zu seinem Bett – leer. Stürzte in den Vorraum und fand ihn ohnmächtig neben der brennenden Kerze. Ich trug ihn ins Bett, rief meine Mutter, schickte den Diener mit dem Rad um den Arzt (einen ärztlichen Freund, der in Schluderbach wohnte) und gab Mahler unterdessen alles, was an Herzstärkendem im Hause war. Mahler belebte sich schnell, blieb aber längere Zeit blaß und kalt. Wir hüllten ihn in warme Tücher, frottierten ihn, hitzten Wasser für Wärmflaschen und Hand- und Fußbäder, und als um fünf Uhr früh der Arzt kam, war alles geschehen, was zu geschehen hatte, und Mahler brauchte jetzt nur Ruhe.

Auf einer Spazierfahrt sah ich verborgen unter einer Brücke den jungen X... der, wie ich nachher von ihm hörte, schon lange in der Gegend weilte, um mich irgendwo zufällig zu treffen und so die Antwort auf seinen Brief zu erzwingen.

Mein Herz blieb stehen, nur vor Schreck, nicht vor Freude. Ich sagte es sofort Mahler, und er sagte: »Ich selber hole ihn her.« Er ging augenblicklich nach Toblach hinunter, fand ihn sofort und sagte: »Kommen Sie!« Weiter wurde nichts gesprochen.

Es war unterdessen Nacht geworden. Wortlos gingen sie den weiten Weg, Mahler mit einer Laterne voraus, der andere hinterdrein. Pechschwarze Nacht. Ich war in meinem Zimmer geblieben. Mahler kam sehr ernst zu mir herein. Nach langem Zögern ging ich zu X... Die kurze Unterredung, die ich mit ihm hatte, unterbrach ich nach wenigen Minuten, weil ich plötzlich Angst um Mahler bekommen hatte. Mahler ging im Zimmer auf und ab. Zwei Kerzen brannten auf seinem Tisch. Er las in der Heiligen Schrift. Er sagte: »Was du tust, wird recht getan sein. Entscheide dich!« Aber ich hatte ja keine Wahl!

Am nächsten Morgen fuhr ich nach Toblach, wo sich X... verabschieden sollte, brachte ihn an seinen Zug und fuhr schleunigst nach Hause. Mahler kam mir auf halbem Weg entgegen. Er hatte eine solche Angst gehabt, daß ich vielleicht doch mitgefahren wäre. X... telegraphierte von jeder Station seiner Rückreise. Lange Anrufe folgten und Beschwörungen, und Mahler verwendete dies alles in den wunderschönen Gedichten aus jener Zeit.

War ich oft in den letzten Jahren verzweifelt gewesen über mein verfließendes Leben, so hätte ich mir doch ein Leben ohne Mahler nie und nimmer vorstellen können. Am wenigsten mit einem andern Manne. Ich hatte wohl manchmal daran gedacht, fortzugehen, allein, irgendwohin, neu anzufangen, aber immer ohne Wunsch nach irgendeinem Menschen. Mahler war und blieb mir der Zentralpunkt meines Daseins.

Er aber war im Innersten aufgewühlt. Damals schrieb er alle jene Ausrufe und Worte an mich in die Partiturskizze der Zehnten Symphonie. Er erkannte, daß er das Leben eines Psychopathen geführt hatte, und entschloß sich plötzlich, zu Sigmund Freud zu fahren (der sich damals in Leiden in Holland aufhielt). Er schilderte Freud seine sonderbaren Zustände und Sorgen, und Freud schien ihn wirklich beruhigt zu haben. Freud hatte ihm nach seiner Beichte die heftigsten Vorwürfe gemacht: »Wie kann man in einem solchen Zustand ein junges Weib an sich ketten?« so fragte er.

Zum Schluß sagte er: »Ich kenne Ihre Frau. Sie liebte ihren Vater und kann nur *den* Typus suchen und lieben. Ihr Alter, das Sie so fürchten, ist gerade das, was Sie Ihrer Frau anziehend macht. Seien Sie ohne Sorge! Sie lieben Ihre Mutter, haben in jeder Frau deren Typus gesucht. Ihre Mutter war vergrämt und leidend, dies wollen sie unbewußt auch von Ihrer Frau!«

Und wie recht hatte er in diesen beiden Fällen! Gustav Mahlers Mutter hieß Marie. Er wollte, als wir uns fanden, mich Marie umnennen, obwohl er das »R« schlecht aussprechen konnte, ihm also der Name Marie Schwierigkeiten machte, und wollte mich, als er mich kennenlernte, »verlittener« haben – dies seine Worte. Meine Mutter hatte ihm damals auf seine Klage, daß ich leider noch wenig Trauriges erlebt habe, geantwortet: »Beruhige dich, das kommt schon durch das Leben!«

Ich wieder habe wirklich immer den kleinen, untersetzten Mann mit Weisheit und mit geistiger Überlegenheit gesucht, als den ich meinen Vater gekannt und geliebt hatte.

Freuds Darlegungen beruhigten Mahler. Von seiner Mutterfixierung allerdings wollte er nichts wissen. Vor solchen Vorstellungen floh er.

In diesen stürmischen Tagen ging ich einmal mit unserem kleinen Kinde, genannt Gucki, spazieren. In die Nähe des Hauses zurückgelangt, blieb ich wie erstarrt stehen: Ich hörte meine Lieder spielen und singen. Meine armen vergessenen Lieder. Der Sarg mit diesen Geschöpfen war eine Mappe, die ich immer im Frühjahr an unseren Sommerort und im Herbst wieder nach Wien mitgeschleppt hatte; ich war mit dieser Sache niemals fertig geworden. Nun kam ich sehr beschämt und etwas geärgert ins Zimmer, aber Mahler kam mir mit einer solchen Freude entgegen, daß ich nicht zu Worte kommen konnte.

»Was habe ich getan? Diese Lieder sind gut. Einfach ausgezeichnet! Ich verlange, daß du sie überarbeitest, und wir werden sie herausgeben. Ich ruhe jetzt nicht eher, als bis du wieder zu arbeiten anfängst. Gott, war ich damals eng!«

Und er spielte sie wieder und wieder. Ich mußte mich sofort hinsetzen und daran arbeiten, wo es fehlte, nach zehnjähriger Pause! Ja, er verstieg sich zu Versprechungen und Ausrufen, die ich wegen ihrer Überschätzung meines Talentes hier nicht aufschreibe.

Als ich im Sommer nach Toblach gekommen war, berichtete mir Mahler, daß Direktor Hertzka von der Universal Edition dagewesen sei; er habe die ersten Symphonien Mahlers aus dem Verlag Waldheim & Eberle übernommen und diese vier Symphonien, die mit der Gestehungssumme von 50000 Kronen (10000 Dollar) gebucht waren, seien nun fast aktiv gewesen, es fehlte nur noch die Summe von 2500 Kronen. Nun aber wollte die Universal Edition auch die Werke Bruckners übernehmen und großzügige Propaganda dafür machen. Dies könne aber nur geschehen, wenn Mahler seine Symphonien aufs neue mit 50000 Kronen belasten ließe.

Mahler fand das gut und richtig. Er übernahm das neue Passivum aus Liebe zu Bruckner, ohne einen Moment darüber nachzudenken, daß er sich dadurch auf weitere fünfzehn Jahre um jeden Gewinn geschädigt hatte. Es ist »selbstverständlich«, daß Mahler aus dem Gewinn bei den Werken Bruckners nie einen Kreuzer bekam – und auch nie erwartet hat. Das war ein großes Geschenk an seinen tiefverehrten toten Freund.

In diesen Tagen kam Oscar Fried zu Besuch. Mahler war unglücklich darüber. Er wollte damals kein fremdes Gesicht sehen und ärgerte sich über alles und jedes. Auch konnte er sich so wenig überwinden, daß er sich in der Zeit von Frieds Anwesenheit sofort ins Bett legte, wenn er mittags und abends in der Dämmerung aus seinem Arbeitshäuschen kam. Durch die Tür befahl er mir (er lag im Bett), Fried meine Lieder vorzuspielen. Ich tat es gezwungen.

Als ich mit dem Vorspielen eines Liedes fertig war, rief er herein, wie Fried dieses Lied gefallen habe, worauf Fried in seiner schnoddrigen Art etwas wie »begabt« oder »sehr nett« sagte. Mahler tobte, und nur mit Mühe konnte ihn meine Mutter, die an seinem Bett saß, davon zurückhalten, daß er aufsprang, um Fried hinauszuwerfen.

Ich, die ich mit Fried beim Klavier saß, hörte die furchtbarsten Invektiven gegen Fried deutlich durch die dünne Wand; ob er sie auch gehört hat, weiß ich nicht. Als ich nach einer Weile in Mahlers Zimmer kam, hatte er noch sein zorniges Gesicht, sprach von »Esel«, dem nie so etwas eingefallen sei, »Frechling«, der froh sein könne, wenn ihm so eine Melodie einfiele – kurz, er war nicht zu beruhigen. Fried kam an diesem Abend nicht dazu, ihm die Hand zu geben, und als am nächsten Morgen Fried meine Mutter konsterniert in seinem schnoddrigen Berlinerisch fragte: »Frau Moll, ich glaube, ich muß wech?« sagte sie ruhig: »Ich glaube auch, lieber Fried.«

Die wenigen Tage, die Oscar Fried damals bei uns verbrachte, waren so neu wie komisch. Mahler sah plötzlich mit andern Augen: Bis dahin hatte es ihn wenig gestört, daß Fried z. B. niemals ein Buch in der Hand hatte, um zu lesen. Jetzt kam er immer plötzlich aus seinem Waldhaus gestoßen und fand Fried jedesmal auf einem Schaukelstuhl pendelnd, hinter mir sitzend, die ich an meinem Schreibtisch arbeiten wollte.

Frieds fortwährendes Reden störte mich, aber Mahler, der den etwas banalen, aber genialischen Kerl sonst gern gehabt hatte, war er plötzlich unerträglich. Er nahm Fried zu einem Spaziergang mit und setzte ihm, wie er mir sofort danach sagte, ernst zu, daß er mehr lesen, mehr nachdenken, mehr an sich arbeiten solle usw. Fried wurde es heiß unter den Füßen, und er ging.

Vor der Abreise Frieds gab es noch ein großes Rencontre. Erstens über Hugo Wolf, den Fried liebte, den Mahler aber *zu genau* kannte, als daß er ihn hätte lieben können. So sagte Mahler wörtlich: »Von den tausend Liedern von Wolf kenne ich nur 344 – aber die gefallen mir nicht.«

Dann kam das Gespräch auf die Ohrenbeichte. Ich war katholisch erzogen worden, damals aber gerade etwas freidenkerisch, schon durch Burckhard e tutti quanti. Mahler verteidigte die Ohrenbeichte, und auch Fried stimmte ein hohes Lied darüber an. Ich als Katholikin war die einzige, die leise Vorbehalte hatte. Ich war ja die einzige, die so oft gebeichtet hatte.

In der Nacht erwachte ich. Eine Erscheinung schreckte mich auf. Mahler stand im Finstern vor mir: »Würde es dir eine kleine

Freude machen, wenn ich dir die Achte widmete?« Eine kleine Freude hatte er gesagt! Ich: »Tu es nicht, du hast nie einem Menschen etwas gewidmet, es könnte dich reuen!« Aber er: »Ich habe jetzt eben in der Dämmerung den Brief an Hertzka geschrieben.«

Mahler begann eine lange Korrespondenz mit dem Direktor der Universal Edition, Hertzka, wegen des Widmungsblattes der Achten, das ihm nicht schön und bedeutend genug ausfallen wollte. So gingen diese merkwürdigen leidenschaftlichen Tage hin, und Mahler mußte zu den Proben nach München abreisen.

Wir nahmen Abschied wie auf Jahre, und Mahler nahm meinen Ring – seinen Ehering – und steckte ihn an seinen Finger. Ich sollte nach acht Tagen nachkommen. Die ganze Schwere des Erlebten lastete auf mir. Ich fühlte mich glücklich – und auch wieder nicht. Alte Wunden behalten Narben!

Ich kam nach München. Lange telegraphische Gedichte waren hin und her gegangen. Mahler hatte ein schönes Appartement im Hotel Continental gemietet, alle Zimmer hatte er mit einer Unzahl von Rosen geschmückt. Meine Mutter fand in ihrem Zimmer den Klavierauszug der Achten Symphonie auf ihrem Tische vor. Er trug die Widmung: »Unserem lieben Mamerl, die ja immer zu allem gehört und die mir Almscherl geschenkt hat – von ihrem Gustav, dessen Dankbarkeit nie erlöschen kann. – München, 9. September 1910.«

Er holte mich von der Bahn ab. Sah elend und verfallen aus. Er hatte in den ersten Tagen in München einen Rückfall seiner Angina gehabt, war im Bett gelegen, und ich hatte ihn nicht pflegen können. Die Proben machten ihn sehr glücklich. Dem unverfrorenen Leichtsinn des Konzertunternehmers Emil Gutmann hatten wir alle es zu danken, daß dieses Konzert überhaupt zustande kam. Denn er erpreßte Mahlers Erlaubnis zu dieser Aufführung mit erlogenen Telegrammen nach New York. Er ließ Mahler glauben, daß alles schon gedruckt sei und die Vorproben in Wien längst begonnen hätten. Dabei war noch nicht eine Stimme ausgedruckt. Als das Mahler bekannt wurde, wollte er sofort absagen, aber da waren die Proben wirklich schon im Gange.

Eine Menge Freunde waren gekommen, doch hielten wir uns ziemlich abseits.

Die Achte mit dem Widmungsblatt, das schon fertig gedruckt war, lag zu meinem Empfang auf dem Tisch. Mahler wartete nur darauf, was seine alten Freunde zu der Sache sagen würden. Denn egozentrisch, wie er war, glaubte er, seine Freunde müßten seine Freude erkennen und teilen. Aber diese Freunde sagten nichts. Mahler sah sich allein und fühlte, wie gleichgültig ihnen alle seine Empfindungen, sein Glück waren und wie einzig und allein ihnen nur ihre eigene Erhöhung duch ihn wichtig war. Seine Schwester, der er deshalb zürnte, wies er von meiner Zimmertüre weg, als sie mich besuchen wollte. »Alma hat keine Zeit für dich.« Eine Gräfin I., die aus spaßigen Gründen sich damals feindlich gegen mich verhielt (sie war mir nämlich böse, daß Mahler die Sängerin G. nicht erhört hatte), lehnte er brüsk ab. Eine Stunde später stand ein goldener Becher voll Rosen in meinem Zimmer als Reuegeschenk von ihr. Aber Mahler war nicht mehr der Ahnungslose, im Gegenteil wartete er jetzt überhitzt nur, ob man mir auch genug Ehre und Wärme entgegenbringe.

ACHTE SYMPHONIE
AM 12. SEPTEMBER 1910

Die Spannung der ganzen Stadt München und aller Fremden, die zu dieser Aufführung gekommen waren, war ungeheuer. Schon die Generalprobe hatte alle in Verzückung versetzt. Aber bei der Aufführung überstieg dies alle Grenzen. Bei Mahlers Erscheinen auf dem Podium erhob sich das ganze Publikum von den Sitzen. Lautloses Schweigen. Es war die ergreifendste Huldigung, die je einem Künstler bereitet wurde. Ich saß in einer Loge fast ohnmächtig vor Erregung.

Mahler, dieser göttliche Dämon, bezwang hier ungeheure Massen, die zu Lichtquellen wurden. Unfaßbar groß das innere Erlebnis für jeden, der dabeisein durfte. Unfaßbar groß auch der äußere Erfolg. Alles stürzte sich auf ihn. Ich wartete hinter der Bühne, tiefergriffen, bis die vehemente Brandung zerschellt war. Dann fuhren wir, die Augen voll Tränen, ins Hotel. Im Foyer warteten unsere Freunde: Reinhardt, Roller, Neißers, Erler, Berliner, Clemenceaus und Paul Stefan.

Drinnen an der Tür stand J. L. aus New York, ein reicher Irrer. »Seit... seit... seit... Brahms ist so etwas Großes nicht geschrieben worden.« Er rang nach Atem und versperrte den Weg. Gewalt half. Wir gingen fast über ihn hinweg. Mahler ertrug keine Art von Schmeichelei. Anerkennung von Menschen, die nichts von Musik verstanden, machte ihn hart.

Ein großer Saal war für die Festgäste Mahlers reserviert. Mahler und ich wollten uns eben niederlassen, als seine ganze Familie uns umringte. Da steckte er mir einen Zettel zu, auf den er geschrieben hatte, dies sei kein Familienfest, ich solle zuerst aufstehen und mich anderswohin setzen, er komme mir sofort nach. Ich tat es und setzte mich zu Geheimrat Neißers, die mit Erler, Berliner und Klenau beisammen waren. Kaum saß ich, als schon Mahler lachend ankam. Und so hielten wir es den ganzen Abend, waren ungebunden, und Mahler heimste von allen Ehren und Jubel ein.

Wunderbar war diese lauwarme Nacht, die wir bis zum Morgen redend verbrachten, neben uns das liebe schlafende Kind, unsere Gucki.

Am nächsten Tage sagte der Physiker Berliner, Mahlers Freund, zu mir: »Alle, Almschi, jubeln Gustav zu, du aber hast für die Achte gelitten. Du sollst eine Freude haben. Morgen früh kommst du mit Gustav in das Hotel ›Vier Jahreszeiten‹ in das Zimmer der Frau Neißer, dort wartet eine Überraschung auf dich.«

Morgens also fuhren wir pflichtschuldig dahin und fanden eine große Ausstellung von kostbaren Schmucksachen. Alle von Fritz Erler entworfen; mir aber gefielen sie nicht. Sie waren allzu zeitgebunden. Johannesknöpfe aus Elfenbein geschnitzt, aneinandergereiht als – Halskette! Oder ein Christuskopf als – Anhänger! Ganz abseits lagen drei Barockperlen an einer goldenen Kette, und die wählte ich.

Mahler und ich fuhren gleich darauf mit dem Auto hinaus aus der Stadt in die Ebene. Allein nun war Mahler verstimmt. Er neidete Berliner den Einfall und wollte ihm die Perlen abkaufen, um sie mir schenken zu können. Dies wollte nun ich nicht. Die liebe Idee sollte Berliner bleiben, der sie erdacht hatte. Mahler fragte mich immer wieder: »Gefällt es dir denn wirklich? Hast du wirklich so eine Freude damit?« Aber die hatte ich nun, daran war nichts zu ändern. Es war das erste Schmuckstück, das ich in meinem Leben erhalten hatte.

Mahler hatte keine Ahnung davon, was einer jungen Frau Freude machen könnte. Als wir uns verlobten, sagte er: »Andere Leute begehen die Geschmacklosigkeit und schenken sich Ringe, aber du willst doch das ebensowenig wie ich?« Ich sagte sofort, daß mir diese Gebräuche blödsinnig vorkämen.

Wir heirateten, aber Mahler wußte gar nicht, daß man seiner Frau ein Hochzeitsgeschenk zu machen habe, und es hat ihn auch niemand darauf aufmerksam gemacht. Ich bekam die Kinder, und es war keine Rede mehr von derlei Dingen. Ich verwaltete die Einkünfte und hatte genug zu sparen, damit die Schuldenlast sich verkleinere; an Schmuck oder überhaupt irgendeinen Zierat des Lebens konnte nicht gedacht werden. Nach den amerikanischen Einkünften, da wäre es wohl gegangen... Und nun Berliner!

Vor der ersten Gesamtprobe hatte sich etwas Peinvolles abgespielt. Der Arrangeur hatte es auf Mahlers Wunsch hin übernommen, das Orchester davon zu benachrichtigen, daß Rosé als Ehrenkonzertmeister die Achte mitspielen wollte. In seiner Feigheit hatte er diese Mitteilung aber unterlassen. Mahler glaubte die Sache geregelt und telegraphierte an Rosé, der sofort aus Wien kam. Wir gingen ahnungslos mit ihm in die Probe. Das Orchester hielt es für einen Affront gegen seinen Konzertmeister, und in dem Moment, als sich Rosé niedersetzen wollte, erhob sich das ganze Orchester und verließ seine Plätze. Mahler stand starr.

Rosé steht langsam auf, bittet Mahler, sich nicht aufzuregen, und schreitet ernst mit seiner Geige vom Podium herunter durch den ganzen Saal zu uns her. Dies war entehrend und blamabel, aber die vornehme Haltung, die er dabei an den Tag legte, brachte die Blamage sofort auf die Seite der andern.

In Wien angekommen, galt unsere erste Sorge nach der neuerlichen Attacke Mahlers Hals. Da Mahler sehr schmerzempfindlich war, wagte es Dr. P. nicht, ihm die Mandeln herauszunehmen, sondern kauterisierte sie nur, so wie es ein Jahr früher bei mir mit gutem Erfolge geschehen war. Wir glaubten ihn damit geschützt zu haben, und Mahler selbst wollte keinen tieferen Eingriff.

Wir wohnten wie immer bei meiner Mutter. Des Abends hatten wir wie einst Schönberg und Zemlinsky wieder zu uns gebeten. Schönberg nahm mich beiseite und sagte: »Ich gelobe Ihnen, nie mehr mit Mahler zu streiten... und er kann von heute ab mich anschreien, soviel er will, ich werde nie mehr beleidigt sein!« Ich erschrak mehr, als daß ich mich freute. »Mein Entschluß steht fest, ich werde von nun ab so handeln, *weil ich ihn liebe!*«

Ich erinnere mich eines Gespräches zwischen Mahler und Schönberg, in dem Schönberg die Möglichkeit vorzeigte, eine Melodie nur durch das Klingenlassen *eines* Tones durch verschiedene Instrumente (also Schwingungsskalen) zu erzeugen, was Mahler heftig ablehnte.

Anfang November 1910 trafen wir einander in Cherbourg. Er von Bremen, ich von Paris kommend, auf dem großen Schiff der letzten Reise. Die Fahrt nach Amerika war uns nichts Absonderliches mehr. Am 15. wurde abgefahren und am 25. November kam man in New York an. Es war ein Kinderspiel. Diese zehn Tage genossen wir als Ruhezeit. Es waren wunderschöne Tage – jedesmal!

Ich habe Mahler auf dieser Reise zweimal photographiert. Es sind die letzten Aufnahmen von ihm. Seit dem vergangenen Sommer wendete er viel Sorgfalt auf seine äußere Erscheinung. Modische Westen, schöne Anzüge, schöne Schuhe. Sein Gesicht war ja so schön! Sein Körper elastisch und ebenmäßig – er hatte es leicht, gut auszusehen.

Er pflegte jetzt zu sagen: »Man muß nicht unter den Tisch spucken, um Beethoven zu sein!«

Nun sollten in Amerika die Tourneen auf weitere Strecken ausgedehnt werden. Seattle, Buffalo, Springfield. Also: erste Woche Studium, zweite Woche Konzerte in New York und Brooklyn, dritte Woche diese kleinen Fahrten ins Land, alles mit *einem* Programm, so daß nur alle drei Wochen neu studiert werden mußte. Also größere Ausbeutung des studierten Programms. Dies wäre für viele Dirigenten eine Erleichterung gewesen. Für Mahler nicht. Denn er vertrug das Reisen schlecht.

Am 7. Dezember fuhr Mahler mit dem Orchester nach Springfield, und ich am 9. nach Buffalo nach, wo wir uns treffen wollten.

Ich kam sehr früh an. Er hatte mir, der Verabredung gemäß, seinen Konzertmeister Spiering an die Bahn geschickt. Ich holte Mahler vom Hotel ab, wo wir eine kurze Rast machten, und wir fuhren dann mit einer Kleinbahn nach Niagara, von wo wir uns mit einer vorsintflutlichen Kalesche zu den Fällen begaben.

Eine kalte Wintersonne glitzerte auf allen Zweigen, die rund mit Eis umgeben waren, und als wir nun vollends vor die Fälle und dann mit dem Lift unter die Fälle gelangt waren, da schmerzten die Augen vor übergroßem Grünlicht. Das Donnern der Wasserfälle, die unter der Eisdecke rasen, alle Bäume am Ufer, die durch den fortwährenden Gischt weithin vereist sind, die weiße unübersehbare Ebene, dies alles war traumhaft schön!

Dann rafften wir uns auf und suchten irgendeinen Ort, wo man essen könne, doch merkwürdig, nichts Komfortables, nichts Verlockendes war da. Endlich saßen wir in irgendeinem kleinen Wirtshaus, in dem ein Eisenofen brannte und es nach Galoschen und tauenden Kleidern roch. Alle Menschen waren dahin gepilgert. Wir waren ihnen einfach gefolgt. Der alte Kellner kam, sein Gesicht erhellte sich: »Es freut mich, Mr. Mahler, Sie hier bedienen zu dürfen. Das letzte Mal war es in Wien bei Hartmann (einem großen Restaurant der Ringstraße), aber das ist lange her!« Und nun waren wir geborgen, denn der alte Mann wußte in seiner Freude gar nicht, was er alles tun sollte, um Mahler zu ehren.

Es war nicht leicht für einen Menschen wie Mahler, der in Europa überall bekannt und populär war, plötzlich drüben sich dem Inkognito gegenübergestellt zu sehen. Man hat die armutüberdeckte Jugend vergessen, und es fällt einem schwer, eine unabgehobene Figur in der Masse zu sein.

Dann also wieder das Wägelchen, wieder die kleine Bahn und endlich Buffalo, mit erfrorenen Händen und Füßen, Mahler legte sich sofort ins Bett, weil er abends zu dirigieren hatte. Er stand nach einstündiger Ruhe vollkommen erfrischt auf. Ich hatte das Programm dieses Konzertes viermal gehört und blieb im Hotel. Außerdem war ich die Nacht durchgefahren und sehr früh angekommen.

Mahler kam in gehobener Stimmung gleich nach dem Konzert zu mir ins Hotel, wo sein einfaches Abendessen seiner harrte. »Du«, sagte er, »heute ist es mir klargeworden, die artikulierte Kunst ist größer als die unartikulierte Natur.« Er hatte die Pastoral-Symphonie dirigiert. Größer, erhabener war ihm die Natur in Beethovens Musik erschienen als der ganze Niagarafall!

Am nächsten Morgen hatte Mahler sein drittes Konzert in der Nähe irgendwo zu dirigieren. Ich fuhr deshalb am Morgen allein zurück, weil ich das kleine Kind nicht zu lange mit der Wärterin allein lassen wollte. Ich las auf seine Bitte wieder auf der Fahrt die ›Karamasows‹. Von New York aus telegraphierte ich ihm: »Reise mit Aljoscha prachtvoll.« Worauf er sofort antwortete: »Reise mit *Almjoscha* noch viel prachtvoller.«

Mahler hatte die Gewohnheit, einen Einfall, der ihm besonders gefiel, Tage, Wochen, ja oft Monate lang ständig zu wiederholen, darüber nachzudenken und mit vielen Varianten darüber zu sprechen. So sagte er jetzt immer wieder: »Alle Geschöpfe in der Natur schmücken sich unausgesetzt für Gott. Jeder Mensch hat also nur *eine* Pflicht, vor Gott und den Menschen so schön als möglich zu sein in jeder Weise. Häßlichkeit ist eine Beleidigung Gottes!«

Ich hatte Mahler im Anfang, als das Komitee gegründet wurde, davor gewarnt, den Damen eine zu wichtige Stimme bei der Programmwahl einzuräumen. Aber Mahler hatte gelacht und gemeint, es sei ihm ganz recht, wenn andere für ihn das Programm machten, dann habe er noch weniger zu tun. Aber dies sollte sich bitter rächen.

Mahler hatte in New York, wie leider übrigens auch in Wien, einen Ohrenbläser im Orchester sitzen. Der Mann hier hieß Jonas, war lungenleidend und schlich sich mit der Schilderung seiner Leiden in Mahlers Vertrauen ein. Bald aber drehten sich diese Gespräche nur mehr um die Orchestermitglieder und deren böswillige Bemerkungen über Mahler. Und nun kam Mahler täglich verärgert mittags nach Hause, denn Jonas begleitete ihn jetzt immer und überall wie sein Schatten. Mahler machte ihn zum Inspektor des Orchesters, und die Wut der Mitglieder, die die Zusammenhänge ahnten, zeigte sich an ihrem immer unfreundlicheren und unfreudigeren Betragen gegen Mahler. Mag sein, daß dieser Mann aus Liebe gehandelt hat, dann war dies aber eine schlecht dienende Liebe. Mahler wurde ausfallend gegen das Orchester, gereizt und unduldsam. Verschiedene Mitglieder beschwerten sich bei Komiteedamen. Einstimmig forderte das Orchester die Entfernung des Jonas. Mahler widersetzte sich. Ich riet ihm, unbedingt darauf einzugehen, aber nichts half. Dies sei sein einziger Freund, den wolle er nicht verlieren, sonst stünde er vollkommen verlassen da. Das ganze übrige Orchester hasse ihn. Soweit war es also gekommen!

Vor Weihnachten kam ein leichter Rückfall der Angina; die Krankheit verschwand schnell und beunruhigte uns nicht, obwohl sie uns hätte sehr beunruhigen müssen.

WEIHNACHTEN

1910

Tage vorher schon hatte Mahler das Scheckbuch an sich genommen, was er sonst aus Angst, er könne es verlieren, sorgfältig mied, und war mit gewichtiger Miene aus dem Hause gegangen. Ich wußte: jetzt fühlte er Weihnachten, jetzt freute er sich auf das Schenken, auf die Aufregung, kurz auf das, was mir zehn Jahre so sehr gefehlt hatte. Der Abend kam. Ich hatte, wie immer, einen großen Baum, viele Lichter, Geschenke für Mahler und die kleine Gucki, und ich wurde nun knapp vor der Bescherung von Mahler gezwungen, das Wohnzimmer zu verlassen, weil er darin zu tun habe. Nach einer Weile kam das Kind und verlangte für den Papa eine Spitzendecke. Ich wunderte mich, gab aber das Verlangte. Auf einmal ging die Türe auf, und Vater und Tochter luden mich Arm in Arm ein, ihnen zu folgen.

Ich kam in das lichte Weihnachtszimmer, aber wer faßt mein prophetisches Grauen, mein eisiges Erschrecken: auf einem Tisch ganz für mich allein hatte Mahler seine Gaben aufgebaut, das Spitzentuch darüber gebreitet und diesen Hügel mit rosa Rosen von oben bis unten zugedeckt. Ich riß das Tuch herunter, beruhigte Mahler, der traurig daneben stand, und beruhigte so auch mich, die eine schreckliche Ahnung nicht loslassen wollte. Dann aber freute ich mich unbeschreiblich über all die kleinen Herrlichkeiten, die er mit seltenem Geschmack ausgesucht hatte. Und er hatte hauptsächlich lauter solche Dinge gewählt, die er sonst nicht leiden mochte, wie Parfum, das er haßte und *ich liebte* etc.; zwei Bons, die dabeilagen, will ich ihrem Wortlaut nach hierher setzen.

Bon
zur Vergütung von 40 Dollar
auf einem schönen Bummel

durch die
Fifth Av.

für
Herrn Gustav Mahler mit seinem Almschili
lustwandelnd durch die Gefilde.

Bon
zum Ankauf eines
Solitärs
im Werthe von über 1000 Dollar

Gustav Mahler
New York
Weihnachten
1910

Die vielen einfarbigen rosa Rosen füllten bald das ganze Zimmer. Wir blieben ganz allein diese Weihnachten. Wir wollten es so.

Arm in Arm sind wir viel damals spazierengegangen, oder ich schickte ihn mit Gucki allein aus, Müdigkeit vorschützend, damit er sein Kind, in das er sich mehr und mehr verliebte, kennenlerne. So gingen sie im Central Park, sich mit Schnee bewerfend, spazieren, und ich sah sie fast die ganze Zeit von meinen Fenstern im Savoy Hotel aus dem neunten Stock.

Er kollationierte immer im Winter seine Sommerarbeiten; diesmal war es noch immer die Neunte, denn die Zehnte war nicht fertig, und er hatte eine Art Scheu, sich damit zu befassen. Fast täglich spielte er mir in diesen zwei letzten Jahren aus dem ›Lied von der Erde‹ vor. Ich kannte es auswendig, bevor es das erste Mal erklang. Gucki stand einmal neben ihm und schaute ernsthaft zu. Er radierte Note um Note weg. Sie sagte: »Papi, ich möchte keine Note sein.« Er: »Warum denn nicht?« – »Weil du mich dann auch ausradieren und wegblasen könntest.« Diese Antwort gefiel ihm so, daß er sofort zu mir kam und es mir erzählte.

Unser Salon war ein runder Eckraum mit drei Riesenfenstern. Die Ecke umspannte das enorme Mittelfenster. Neunter Stock. Unter uns gerade die Plaza voll Bewegung, Trubel ohne wahrnehmbaren Lärm. Vor uns der ungeheure Central Park mit seinen Seen und Teichen. Ein grandioses Bild.

Diese letzte Neujahrsnacht war Fraenkel bei uns. Wir saßen an dem großen Fenster. Milchig lag unten New York in unabsehbarer Weite. Fünf Minuten vor 12 begannen von allen Fabriken, allen Dampfschiffen in den Häfen die Sirenen, von allen Kirchen die Glocken einen Orgelton von so ergreifender Schönheit zu tönen, daß wir drei, die wir uns hier liebten, uns wortlos die Hände gaben und weinten. Keiner wußte warum.

DAS ENDE

1911

Eine junge Amerikanerin kam jetzt oft zu mir und versuchte, mich zum Okkultismus zu bekehren. Sie brachte Bücher von Leadbeater und der Besant. Immer ging ich sofort, wenn sie weg war, zu Mahler und erzählte ihm wortgetreu, was ich vernommen hatte. Es war damals neu und interessierte ihn. Wir begannen, mit geschlossenen Augen Farben in uns zu erzeugen. Dies und vieles andere von den Okkultisten Verordnete betrieben wir so eifrig, daß die kleine Gucki einst von uns getroffen wurde, wie sie mit geschlossenen Augen im Zimmer auf und ab ging und auf unsere Fragen, was sie da tue, antwortete: »Ich suche grün!«

Um diese Zeit wurde einmal vom Haustelephon der Besuch der Sängerin Alda Gatti-Casazza und einer Mrs. G. gemeldet. Ich holte sofort Mahler, doch sagten sie schon bei der Türe, sie seien einzig und allein zu mir gekommen. Alda hatte irgendwo meine gedruckten Lieder gesehen und wollte nun eines in ihrem demnächst stattfindenden Konzert singen. Mahler war sofort Feuer und Flamme. Er redete der Alda zu, alle fünf Lieder zu machen, die in diesem Heft beisammen sind. Dies aber konnte sie nicht mehr, weil das Programm schon feststand. Er wurde ganz böse: »Sie soll eben anderes auslassen!« Ich protestierte, und man verblieb dabei, daß Mahler selbst ihr das eine Lied einstudieren solle.

Wir gingen, der Verabredung gemäß, ein paar Tage später ins Hotel Waldorf-Astoria, wo sie wohnte, und Mahler studierte ihr mit aller Sorgfalt das Lied ein. »Ist es dir so recht?« fragte er fortwährend vom Klavier her. Ich aber war damals so verschüchtert, daß ich kaum zu antworten wagte. Ich bat leise, er möge mich nicht mehr fragen, er wisse es ja ohnedies besser. Wir waren sehr eins damals.

Aber im Komitee der Philharmonie brodelte es, und Mahler

merkte nichts davon. Sie redeten ihm jetzt Programme ein, die er nicht machen wollte, wurden scharf, wenn er sich wehrte. Der Geiger Jonas hatte das Orchester schon so verhetzt, daß Renitenz laut wurde, und Mahler fühlte sich unsicher. Die Gewohnheit, wegzuschieben, was ihm nicht genehm war, verhinderte es, daß er klar sah, bis er eines Tages, Mitte Februar, zu Mrs. Sheldon gebeten wurde, die an der Spitze des Board stand. Dort fand er mehrere Herren vom Komitee vor. Man nahm ihn scharf ins Gebet. Er hatte sich in den Augen der Damen allerlei Mißgriffe zuschulden kommen lassen. Er verteidigte sich, doch Frau Sheldon rief irgendeinen Namen, eine Portière hob sich und ein Advokat trat ein, der (wie sich später herausstellte) die ganze Zeit mitgeschrieben hatte. Nun wurde offiziell ein Protokoll aufgenommen, Mahlers Kompetenzen festgelegt, und er war so fassungslos und wütend, daß er mit einem Schüttelfrost nach Hause kam. Langsam nur kehrte die Freude an der Arbeit ihm zurück. Er beschloß, diese Weiber alle zu ignorieren, bis auf eine: war doch Frau Untermeyer da, dieser Engel, die immer Unheil verhütete, immer half. Damals war sie verreist, sonst wäre das Ganze nicht möglich gewesen.

Jonas wurde also jetzt mitten in der Saison entlassen, was Mahler als Affront gegen sich empfand. Das ganze Orchester hatte es verlangt. Mahler dirigierte weiter, mit Groll im Herzen gegen das Orchester und gegen das Komitee. Im Grunde hatten diese Frauen recht.

Am 20. Februar stellte sich wieder Fieber ein, Halsschmerzen, Belag, und Mahler wollte unbedingt am 21. dirigieren. Fraenkel sollte helfen. Fraenkel warnte, aber Mahler behauptete, so oft mit Fieber dirigiert zu haben, daß der Arzt nachgeben mußte. Wir fuhren, er sorgfältig eingehüllt, zur Carnegie Hall. Mahler dirigierte. Er brachte an dem Abend unter anderem auch ›Wiegenlied am Grabe meiner Mutter‹ von Busoni zur Uraufführung.

In der Pause fühlte er sich sehr matt, hatte Kopfschmerzen, überwand sich aber und dirigierte das Konzert zu Ende. Das letzte Konzert! Wir fuhren wieder mit allen Vorsichtsmaßregeln nach

Hause und Fraenkel mit, der ihn sofort untersuchte. Das Fieber war geschwunden, und Mahler machte die lustigsten Witze, daß er eben nur so zu kurieren sei etc. Beruhigt trennten wir uns alle an diesem Abend. Er bekam Aspirin, und am nächsten Morgen schien es besser, ja in wenigen Tagen war die Angina weg. Aber das Fieber war zurückgekehrt. Erst leise, dann immer stärker werdend, in zackigen Kurven. Nach acht Tagen war sich Fraenkel über die Natur dieser Krankheit im klaren. Ich hatte ihn eines Abends hergebeten, Mahler hatte eine Art Kollaps. Fraenkel beruhigte ihn und mich und kam am nächsten Morgen mit ergrautem Haar wieder. Mahler und ich haben also das Phänomen selber gesehen, daß ein Mensch in wenigen Stunden weiß wird. Er sagte es mir lange nachher, in dieser Nacht hatte er seinen liebsten Freund begraben.

Ich kannte nicht die Größe der Gefahr. Sonst hätte ich diese drei Monate nie ausgehalten. Diese drei Monate mit ihrem wechselnden Wohlergehen und Schwächerwerden waren schon ohne dieses Wissen kaum zu ertragen, sie waren entsetzlich. Oft war Mahler vollkommen von seiner Genesung überzeugt, oft verzweifelte er und hatte Todesangst. Wenn es ihm gutging, machte er Witze über seinen wohl nahen Tod. »Wenn ich abkratze, dann bist du jetzt eine gute Partie, jung bist du, schön bis du, also wen werden wir heiraten? – »Keinen«, sagte ich, »rede nicht so!«

»Na warte, wen hätten wir denn? X... ist zu langweilig, Y... zu monoton, bei allem Geist«, usw. So scherzte er dann immer: »Aber es ist doch besser, ich bleibe bei dir.« Mit Tränen in den Augen mußte ich über seine Witze lachen.

Er legte mir seine retouchierten Partituren von Beethoven, Schumann und die anderer Symphonien ans Herz: »Sind viel wert«, sagte er. »Laß sie drucken!«

Oft stand er auf und ging in das Wohnzimmer, einen großen Ecksalon, legte sich auf ein großes, bequemes Sofa, und ich mußte ihm dann vorlesen.

Sooft ich ausging, lief mir der Policeman, der den belebtesten

Platz New Yorks, den Plaza Platz, innehatte, nach und fragte: »How is Mr. Mahler?« Dann brachte er mich heil über den Platz und wünschte alles Gute. Nirgends in meinem Leben habe ich so viel echte Wärme, so viel Herzenstakt gesehen wie in Amerika.

Schindler, der Alda Casazza begleiten sollte, kam, um von mir die Tempi des Liedes zu erfahren. Mahler lag im Nebenzimmer. Er wütete über die dilettantische Art, mit der Schindler zuwege ging, und als nun gar Schindler, nachdem wir fertig waren, begann, mir Mussorgsky-Lieder vorzuspielen, pfiff er, damit ich komme, und verlangte, daß ich Schindler sofort entferne. Er fand es taktlos, nach meinem Lied sofort mir etwas anderes vorzuspielen. Er sagte das mit sehr drastischen, nicht wiederzugebenden Worten.

Oft kamen Frauen und Freunde, die mich jetzt mit dem Auto zum Spazierenfahren abholten, weil ich überhaupt nicht mehr von Mahlers Bett wich. So auch Fraenkel; ich hatte ihn nicht erwartet, und er wollte mich ein wenig spazierenführen. Ich war froh, denn nun hatte ich Gelegenheit, mein Lied zu hören. Ich hatte eine Eintrittskarte für einen versteckten Galerieplatz bei mir, Mahler und ich verständigten uns leise, so brachte mich Fraenkel hin, erstaunt, daß ich in ein Konzert ging, was doch wochenlang nicht vorgekommen war. Ich sagte ihm aber nicht, wohin ich ging, noch daß eines meiner Lieder gesungen würde, und verließ ihn schnell, ehe er fragen konnte. Das Lied mußte wiederholt werden. Mahler wartete unterdessen in höchster Spannung auf mich. Er sagte mir, er sei bei seinen eigenen Aufführungen nie so aufgeregt gewesen wie bei dieser. Als er meine Erzählung vernommen hatte, sagte er immer wieder: »Gott sei Dank!« Und wurde ganz übermütig vor Freude.

Mahler war mir jetzt wie ein kleines Kind anheimgegeben. Er aß nicht mehr allein, jeden Bissen steckte ich ihm in den Mund, in der Nacht schlief ich angezogen in seinem Zimmer. All das war uns so zur Gewohnheit geworden, daß Mahler mehr als einmal sagte:

»Du, wenn ich gesund werde, das wollen wir beibehalten. Du wirst mich immer so füttern, es ist zu angenehm.«

Von allen Seiten kamen Diener, die Essen brachten. Alle Delikatessen der Erde füllten jetzt unsern Tisch. Freunde schickten sie, aber auch ganz fremde Menschen. Jeden Tag freute sich Mahler von neuem, was heute wieder käme. Da Nahrung das Wichtigste war, aß Mahler Tag und Nacht, zu jeder Stunde. Nach acht Tagen wurde auf Veranlassung Fraenkels eine Blutuntersuchung gemacht, die das Ergebnis erbrachte: Streptokokken. Mahler und ich, gleich harmlos dieser Krankheit gegenüber, deren Namen wir bis dahin nie gehört hatten, waren durch diese Diagnose nicht erschreckt.

Es wurden zweimal Blutpunktionen an ihm vorgenommen. Das erste Mal kam ein Arzt aus dem Montefiore-Hospital. Er muß ziemlich ungeschickt gewesen sein, denn das ganze Bett war voll Blut, der Boden, das Badezimmer. Mahler schrie Fraenkel an: wenn noch eine Blutprobe gemacht werden müsse und es käme wieder so ein schmutziger Kerl, so werfe er ihn die Treppe hinunter. Die zweite Punktion wurde von einem Arzt des Rockefeller-Institutes gemacht. Da allerdings merkte man schon eine Minute später nicht, daß eine Blutabzapfung stattgefunden hatte.

Seltsam war es, daß nach jeder Blutabnahme Mahler fast fieberfrei war und ein mehrere Tage andauerndes subjektives Besserbefinden eintrat. Wahrscheinlich hätte man überhaupt einen Aderlaß machen müssen.

Wir hatten jede Woche Konsilien mit den ersten Ärzten New Yorks. Man versuchte Kollargol-Einläufe. Mahler pflegte im Scherz von »seinen Viecherln«, wie er die Bakterien nannte, zu reden, »die wieder einmal tanzten oder schliefen«.

Fraenkel sagte damals oft: »Wenn Mahler nicht der berühmte Mahler, sondern irgendein Beliebiger wäre, was könnte man nicht alles versuchen! Bluttransfusion vor allem; oder Kochsalzinjektionen! Aber bei Gustav Mahler darf man nichts versuchen. Muß warten, ob die Natur die Kraft hat, zu überwinden. Denn wenn ihm etwas geschieht, ich kann es nicht verantworten!«

Fraenkel und ein Konsilium der ersten Ärzte New Yorks wollten Mahler unbedingt nach Europa zu einem großen Bakteriologen schicken, Paris oder Wien, Metschnikow etc. Meine Kräfte waren zu Ende. An Mahlers Bett wurde ich ohnmächtig. Fraenkel und Dr. Brettauer, ein hervorragender Arzt und unser Freund, trugen mich in mein Bett, und beide verlangten von mir, daß ich augenblicklich ein Kabel an meine Mutter senden solle, das sie herbeirief. Ich tat es, und Mahler war sehr zufrieden. Er sah in der Zeitung nach: »In sechs Tagen ist sie bei uns.« Wir wußten, Mama werde noch am selben Tag in Wien abreisen und mit dem schnellsten Schiff kommen. Wir wußten, sie werde keine Strapazen, keine Mühe scheuen, um zu Mahler zu kommen, wenn er sie rufe. Und sie kam mit dem Schiff, das wir errechnet hatten.

Die Beziehung Mahlers zu meiner Mutter und umgekehrt war eine derart innige, daß ich in früheren Jahren immer den Witz gemacht hatte, wenn Mahler zu Mama käme und sagte: »Du, ich habe Alma umbringen müssen«, sie einfach geantwortet hätte: »Hast sicher recht gehabt, Gustav«, ohne zu fragen, warum. Dies war aber ein dummer Witz, denn ich war glücklich, daß sie immer nur ihm recht gab, wenn es auch manchmal unbequem für mich war. Es konnte nichts Schöneres geben, als wenn wir drei allein beisammen waren. Ich konnte mich nun etwas schonen, und meine Mutter übernahm einen Teil der Pflege bei Tag. Nachts blieb ich nach wie vor neben seinem Bett wachend. Professionelle Pfleger hatten wir dreimal versucht in der letzten Zeit, alle entfernte Mahler sofort. Einer knarrte mit den Schuhen, einer schnarchte, und zum Schluß kam eine Pflegerin. Er verbat es sich sofort, daß sie ihn ansehe, das wolle er nicht. Sie solle bei ihren Verrichtungen seitwärts schauen. Und diese Frau war wichtig, denn ich hatte nun mit meinem traurigen Sinn vierzig Koffer zu packen, und Mahler sollte nichts davon merken. Ich machte es denn auch so, daß ich immer, wenn ich bei ihm war, beim Hinausgehen unauffällig eine Menge Dinge von ihm zum Einpacken mitnahm. So daß Mahler zuletzt ein vollkommen leeres Zimmer verließ, ohne es bemerkt zu haben.

Einmal kochte Mama Kompott und stellte den Spirituskocher zwischen zwei offene Fenster. Er explodierte, und in einem Nu waren alle Vorhänge in Brand, die Fenstersimse und der Teppich. Ich verlor augenblicklich den Kopf. Hinter einer Tür der todkranke Mahler, hinter der anderen das schlafende Kind, noch dazu hinter einem Vorhang, der brannte und über das ganze Zimmer wehte, im neunten Stock. Ich stürzte zum Telephon, war aber nicht imstande das Wort »Feuer« auszusprechen. Aber an der Todesangst in meiner Stimme erkannte die Telephonistin die Gefahr und schickte sofort einige Herren aus der Office und Hausdiener hinauf zu uns in den neunten Stock; sie erbrachen die Türen, denn es war abends und schon alles zum Schlafen bereit und wir von allen Seiten eingesperrt. Meine Mutter und die Engländerin rissen die Vorhänge herab und schütteten alles Wasser, das sie fanden, auf das Feuer; sie hatten es fast gelöscht, als die Helfer kamen. Ich ging sofort zu Mahler, der seelenruhig im Bett lang und es nicht begreifen konnte, daß ich mich so aufgeregt hatte – wegen eines Feuers.

Meine Mutter hatte Mahler immer seine Lieblingsspeisen auf dem Spirituskocher gekocht. Dieses Mal aber war es für sie selbst gewesen. Er sagte nichts anderes als: »Die arme Mama, den ganzen Tag kocht sie für mich, einmal will sie für sich etwas richten und hat so ein Malheur. Die Arme!«

Niemand im Hause machte uns nur den leisesten Vorwurf. Am nächsten Tag wurde alles repariert, wir bezahlten keinen Cent für den großen Schaden, den wir gemacht hatten, denn das Hotel war versichert, und die Art der Menschen dort ist in allem unvergleichlich großzügig.

Die Kabine war besorgt, alles war gepackt, Mahler wurde angezogen. Eine Tragbahre war bestellt, doch Mahler wies sie zurück. Am Arm von Fraenkel wankte er totenbleich zum Lift. Der Liftboy kam, er hatte sich versteckt, damit Mahler sein verweintes

Gesicht nicht sehen solle, und führte Mahler das letzte Mal hinunter. Unten war die Riesenhalle des Hotels menschenleer. Fraenkel führte Mahler zum Auto der Mrs. Untermeyer, das am Seitenportal wartete, und sie fuhren voraus an den Pier. Ich mußte zurück zur Office, um unsere Rechnung zu zahlen und den Managern für alles zu danken, denn sie waren aufopfernd gewesen in diesen Wochen. Alle kamen, alle gaben mir still die Hand. »Wir haben die Halle leeren lassen, damit Mr. Mahler keine fremden Gesichter sehe.« Heiliges Amerika! So eine Tat feinsten Taktes haben wir die ganze Zeit nachher in Europa nicht erlebt.

Ich kam auf das Schiff, Mahler war bereits im Bett, Fraenkel daneben. Er gab mir noch einmal alle Instruktionen, riet mir, nicht den Schiffsarzt zu holen, und verabschiedete sich kurz und schwer von Mahler. Er wußte, daß er ihn nicht wiedersehen werde. Die Kabinen waren voll mit Geschenken und Blumen von Freunden und Fremden. Meine Mutter und ich teilten uns wieder in die Pflege.

Mahler ließ keinen fremden Menschen an sich heran, und wir taten alles für ihn in trauriger Bereitschaft. Da seine Leiden hauptsächlich darin bestanden, daß er einmal Untertemperatur, dann wieder hohes Fieber hatte, das er selbst, ohne Mittel, durch starkes Schwitzen aus dem Körper trieb, so mußten unsere Kabinen einmal überheizt, dann wieder eiskalt sein. Ich fieberte bereits auch jeden Abend, machte mir aber keine Gedanken darüber. Vollends im Schiff war das gefährlich, denn ich lag unter dem Fenster, und wenn Mahler es wünschte, dann wurde das Fenster geöffnet, und die Eisluft kam gerade über meinem Bett herein. Es war Ende April.

An Bord stand er fast täglich auf, und wir führten oder trugen ihn vielmehr auf das Sonnendeck, wo der Kapitän ein großes Stück für Mahler hatte abgrenzen lassen, ungesehen von allen übrigen Passagieren. Wir zogen ihn an und aus, hoben ihn, gaben ihm alle Speisen zart in den Mund, er brauchte selbst keine Bewegung zu machen. Busoni war mit auf dem Schiff. Er schickte täglich lustige, verrückte Kontrapunkte zur Unterhaltung für Mahler, und

Wein. Busoni war von echter Herzlichkeit. Er und ich gingen einmal, als Mahler schlief, auf dem Deck auf und ab und sprachen nur von ihm, den er liebte. Wir blieben stehen und sahen über die Reling ins Meer. Busoni sagte: »Merkwürdig, wie doch die Deutschen sind! Nie verstehen sie den Lebenden! Mahler zum Beispiel hat noch absolut keine Genieabstempelung. Das schwankt so. Sie wissen im Grunde nichts von ihm. Aber wenn er – einmal nicht mehr sein wird – ja dann!«

Mahler sah erschütternd schön aus. Ich sagte ihm immer: »Heute bist du wieder Alexander der Große.« Schwarze, strahlende Augen, das weiße Gesicht, die schwarzen Locken, ein blutroter Mund. Erschreckend schön!

Die Fahrt ging gut vorüber. Zum Ausschiffen in den Tender in Cherbourg hatte der Kapitän uns wieder eine große Vergünstigung erwiesen. Er wartete, bis Mahler (geführt von meiner Mutter und mir, hinter unsern Reisekoffern, die wir um ihn herum aufgetürmt hatten) im Tender angekommen und bequem auf einen Liegestuhl gebettet war, und dann erst durften die andern Passagiere ins Schiff strömen, konnten aber von Mahler nichts sehen.

Im Hafen großes Gedränge. Wir blieben ruhig sitzen, wir hatten unser Coupé bestellt, und als alles ruhig war, dann erst führten wir Mahler langsam zu den Waggons, die sehr weit draußen standen. Ein Offizier von der Hamburg-Amerika-Linie bat, ob er statt meiner Mahler führen dürfe, ich sähe so schlecht aus. Und als es Mahler bejahte, überließ ich ihn meiner Mutter und diesem Herrn und eilte zum Zoll, wo unsere vierzig Koffer meiner harrten.

Als ich sagte, daß mein Mann schwer krank sei, wurde ich schnell abgefertigt und rannte zum Zug. Da ich aber die Nummer des Coupés nicht wußte, so mußte ich durch alle Waggons laufen, doch alle waren leer. Am Ende eines Waggons standen zwei betrunkene Träger und behaupteten, sie hätten meinen kranken Mann getragen, ich solle sie bezahlen. In meiner Bestürzung zog ich meine Portemonnaie heraus, und sie zwangen mich, ihnen den ganzen Inhalt zu geben. Mir war alles gleichgültig. Ich rannte weiter. Endlich fand ich Mahler, der bereits behaglich in einem schnell von meiner Mutter gemachten Bett lag.

Auf dem Schiff hatte Busoni uns erzählt, daß ein junger Österreicher auf dem Dampfer sei, der Mahler und mir seine Dienste anbieten lasse. Ich ließ ihm sagen, auf dem Schiff benötige ich keine Hilfe, es könnte aber bei der Landung möglich sein. Bei der Landung aber war er nicht zu sehen, obwohl er der einzige auf dem Tender gewesen war, der über die Koffer hinweg nach Mahler geäugt hatte, weshalb sich Mahler umgedreht hatte, um nicht von ihm gesehen zu werden. In Cherbourg aber sahen wir ihn eiligst zum Zollamt laufen. Als ich dorthin kam, war er eben fertig. Nun dachte ich, er werde mir helfen. Keine Ahnung! Er verschwand, und ich fand ihn bei Gucki, laut Märchen erzählend. Mahler fühlte sich gestört und bat, ich möge den jungen Mann ersuchen, aufzuhören.

Wir kamen in Paris um fünf Uhr früh an. Auf der Strecke war mein Stiefvater zu uns eingestiegen, der uns aus Paris entgegengefahren war. Zimmer waren bestellt und gerichtet. Man erwartete uns im Hotel Elysée. Todmüde fielen wir alle ins Bett. Schlaf, Ruhe, Hoffnung auf irgend etwas! Morgens erwachte ich; es war sieben Uhr. Mahler saß auf dem Balkon. Vollständig angezogen und rasiert, und läutete nach dem Frühstück. Ich traute meinen Augen nicht.

»Ich habe es immer gesagt, in Europa werde ich sofort gesund sein. Ich will am Vormittag ausfahren, und in wenigen Tagen, wenn wir uns von der Reise vollkommen erholt haben, fahren wir zwei nach Ägypten.«

Ich starrte ihn noch immer an. War das ein Wunder? Seit Monaten keine Handreichung allein gemacht! Ja, vom Schiff noch hatten meine Mutter und ich ihn mehr getragen als geführt, und nun?! – Ich ließ Mama und Moll, der mit abgöttischer Liebe an Mahler hing, holen. Alle lachten und weinten vor Glück. Mahler schien gerettet.

Er sprach beim Frühstück sehr aufgeregt von zukünftigen Inszenierungen. ›Der Barbier von Bagdad!‹ Das wäre herrlich! Und er entrollte einen genialen Plan, wie man dieser Oper helfen könne. Sprang auf (ich hatte würgende Angst in der Kehle) und befahl abrupt, ein Elektromobil kommen zu lassen. Wie ein Gesunder stieg er ein und – ein Todkranker stieg er nach einer Stunde Fahrt aus.

Im Bois war er bleich und bleicher geworden, nachdem erst sein Entzücken über die Schönheit des Tages keine Grenzen gefunden hatte, hatte zum Schluß seinen Kopf auf Mamas Schulter, die mit ihm im Fond des Wagens saß, gelehnt und mit geschlossenen Augen, wortlos fuhr er dem Endziel zu. Wir trieben den Chauffeur an zu rasen, so schnell er könne, wir hatten Todesangst um Mahler. Endlich, endlich war man im Hotel!

Er wurde sofort ins Bett gelegt, hatte Schüttelfrost, dann Kollaps. Telephon, Arzt, Kampferinjektion. Die erste. So endigte der so herrlich begonnene Aufstieg des ersten Tages in Europa.

Mahler sprach lange allein mit meiner Mutter, während ich bei dem Kinde weilte, das über all diesen Schrecknissen sehr vernachlässigt worden war. Er wollte nicht, daß ich hörte. Meine Mutter saß an Mahlers Bett und versuchte, ihn aus seiner furchtbar traurigen Stimmung zu reißen, was ihr aber nicht gelang. Unter Tränen bat er sie, daß er, falls ihm etwas zustoße, neben seiner kleinen Tochter in Grinzing begraben werde. Er wolle ein ganz einfaches Begräbnis, keinen Pomp, keine Reden. Er wolle einen einfachen Grabstein und nichts solle darauf stehen als der Name »Mahler«. »Die mich suchen, wissen, wer ich war, und die anderen brauchen es nicht zu wissen.« Mit Almschi könne er darüber nicht sprechen, es wäre für beide zu schrecklich.

Meine Mutter und er weinten sehr. Es war das einzige Mal, daß Mahler während der ganzen Krankheit in einer so trostlosen Stimmung war. Moll kam, er bat auch diesen wieder, ihn im selben Grabe wie unser Kind zu beerdigen und mich nicht zu verlassen.

Ich kam herein. Sogleich schwieg er. Doch sah ich seine Tränen. Aber er begann weiter zu sprechen. Und dieses ganze Gespräch, das nun folgte, war eine bewegliche Klage gegen seine Jugendgenossen und gegen seine frühere Umgebung. »Wie Spinnen haben sie mich umstrickt! Sie haben mein Leben gestohlen! Man hat mich isoliert! Aus Eifersucht und Neid! Aber auch ich bin schuld. Warum habe ich es geschehen lassen? Ach, ich habe Papier gelebt!« und das sagte er immer wieder vor sich hin: »Ich habe Papier gelebt!«

Nun suchten wir der Ärzte habhaft zu werden, die uns Fraenkel aufgeschrieben hatte, aber es war knapp vor Ostern, niemand erreichbar. Der einzige Bakteriologe, den wir auftreiben konnten, war Chantemesse. Er kam, verlangte sofortige Überführung in ein Sanatorium Dr. Duprès in der Rue Dupont. Dieses feinste und beste aller damaligen Pariser Sanatorien war, im Vergleich mit unseren Krankenhäusern, etwas primitiv. Es waren wunderbare Gartenzimmer da, aber überhaupt keine Bedienung. Doch war dies Mama und mir schon zu einer so lieben Gewohnheit geworden, daß wir kaum jemand Fremden hätten helfen lassen.

Jetzt ging es abwärts. Deutlich sichtbar. Schwäche wechselte mit Erregungszuständen. Doch sprach Mahler gern und viel. Er las bis in die letzten Tage hinein nur philosophische Bücher während der Krankheit. ›Das Problem des Lebens‹ von Eduard von Hartmann. Dieses Buch war zum Schluß nur noch ein Gerippe, weil er es vollkommen zerrissen hatte, um es leichter lesen zu können, und immer nur ein paar Seiten in seinen kraftlosen Händen halten konnte. Es ist das letzte Buch, das er gelesen hat.

Mahler bangte in diesen letzten Tagen seines ungetrübten Geistes um die Zukunft Schönbergs. Er sagte: »Wenn ich gehe, hat er niemand mehr.« Und ich versprach ihm, alles zu tun, was ich könne. Ebenso versprach ihm Moll, Schönberg beizustehen.

Diese Äußerung Mahlers hatte Moll einigen Freunden nach dem Tode Mahlers erzählt, und diese beschlossen sofort, eine größere Summe zu sammeln und mir zur jährlichen Verteilung an Musiker zur Verfügung zu stellen. Ich hatte mir zu Kuratoren Strauss, Busoni und Walter gewählt, die mußten aber öfters auf mein Bitten die Zinsen an Schönberg vergeben. Die Stiftung ist durch Krieg und Inflation leider wertlos geworden.

Chantemesse, der berühmte Bakteriologe, machte nun eine Reinkultur mit Mahlers Blut und – o Ärzte! Nach ein paar Tagen erschien er mit dem Mikroskop strahlend. Sollte ein Wunder geschehen sein? Er stellte das Mikroskop auf dem Tisch ein: »Schauen Sie, Madame Mahler, so fabelhaft habe ich selber die Streptokokken noch nie entwickelt gesehen. Sehen Sie diese Schnüre – es sind Algen.« Er wollte erklären, glänzen! Aber ich konnte nichts hören. Fast bewußtlos vor Schmerz verließ ich ihn. Und meine Mutter trug von diesem Schock ein schweres Leiden davon.

Ich saß an seinem Bett, es war eine Stunde der Besserung. Wir besprachen, was wir nach seiner Genesung machen würden. »Nach Ägypten gehen. Nichts als blauen Himmel sehen!« Ich sagte: »Wenn du jetzt gesund wirst, dann aber hab ich genug vom Leid. Erinnerst du dich, als du mich kennenlerntest und ich dir zu glücklich war. Jetzt wollen wir heiter und schön leben, denn gelitten habe ich nun genug. Ich will mich nicht weiter ›verinnerlichen‹.« Er lächelte sanft und streichelte mein Haar. »Ja, du hast recht! Gott gebe es, daß ich gesund werde, dann kann es noch schön werden.«

Aber der Zustand verschlechterte sich, und ich telegraphierte in meiner Herzensangst an den damals berühmtesten Arzt, Professor Chvostek in Wien, er möge augenblicklich kommen. Er kam am nächsten Morgen. Ich instruierte ihn sogleich, wie er Mahler zu behandeln hätte, und er ging ins Krankenzimmer. Laut polternd: »Na, Mahler, was machen Sie denn da für Geschichten? Das kommt vom vielen Arbeiten. Na, jetzt müssen Sie ein halbes

Jahr, vielleicht sogar ein Jahr ausspannen. Das haben S' jetzt davon. So darf man an seinen Nerven nicht sündigen!« Mahler, der ihn mit wachsendem Staunen betrachtet hatte, wurde immer strahlender: »Also ich werde wieder arbeiten können?« – »Natürlich, warum denn nicht? Nur den Kopf nicht hängen lassen, es ist kein Grund dazu. Heute abend reisen wir zusammen nach Wien.«

Mir sagte Chvostek, daß er den Transport je eher je lieber habe, da man nie wissen könne, was noch dazukommen könne, und Mahler dann womöglich nicht mehr transportfähig wäre. Trotzdem nahm er mir nicht allen Mut.

Aber als ich zurück ins Zimmer kam: eine solche Freude habe ich noch nie an einem Menschen gesehen. Mahler rief immer wiede: »Der süße Mensch, der süße Chvostek! Wann ist es Abend? Wann können wir reisen?« Und es schien wieder, als bessere die ungeheure Freude den ganzen Zustand. Er konnte die Zeit nicht erwarten. Wir packten unterdessen fieberhaft. Moll war weggelaufen, um Schlafcoupés zu besorgen. Mama sollte mit unserem Kinde nach Wien nachkommen. Mahler war lang vor der Zeit angezogen, selig, verklärt.

Im Rettungswagen Chvostek und ich mit ihm, dann auf der Tragbahre. Die Reisemütze war schief gerutscht – so hilflos. Ich nahm sie ihm ab. Das herrliche Gesicht hatte mich verstanden. Dann diesmal auf der Bahre ins Coupé. Schreckliche Enge. Und gleich ins Bett. Moll, Chvostek und ich hielten abwechselnd Nachtwache. In der Nacht: »Bist du bei mir? Du bist ein Engel!« Nach einer Weile: »Etwas ramponiert kommen wir diesmal in Wien an. Aber es wird schon wieder werden!« Ich saß am Boden auf einem Koffer, meinen Kopf auf seiner Hand, die ich küßte. Mitten in der Nacht holte mich Chvostek, Moll sollte mich vertreten. Er sagte ernst: »Hoffnungslos! Man kann nur wünschen, daß es schnell geht, denn wenn er davonkäme, was nicht zu erwarten ist, so ist er für immer an den Rollstuhl gefesselt.« Aber ich sagte: »Lieber im Rollwagen als gar nicht, ich kann mir ein Leben ohne ihn nicht denken!«

Darauf Chvostek: »Aber das Sensorium trübt sich, und Sie werden nicht ein altes Kind spazierenführen wollen.«

Ich ertrug es nicht, bat Moll, mich wieder an meinen Platz kommen zu lassen. In jeder Station in Deutschland und dann in Österreich kamen Journalisten ans Coupé, um Bulletins über das Befinden einzuholen, und so kam Mahlers letzte Fahrt der Todesfahrt eines Königs gleich. Alle wußten sie auf einmal, wer er sei und welche Wichtigkeit es habe, wie es ihm um zehn Uhr dreißig, um elf, um zwölf Uhr gehe. Mahler ließ sich immer berichten, wer da sei und für welches Blatt, und es schien ihm eine gewisse Genugtuung zu bereiten. Zu mir sagte er immer wieder: »Mein wahnsinnig geliebtes Almschi.«

Wien, Rettungswagen, Sanatorium Löw, Riesenzimmer mit Veranda. Schon der Gang dahin, die Zimmer, alles ein Blumenhain. Mahler freute sich sichtlich. Und es kamen immer weitere. Und ich mußte alles an sein Bett bringen und es schön arrangieren. Ein weißer Korb kam: Von den Philharmonikern! »Von *meinen* lieben Philharmonikern!« sagte er immer wieder.

Mahler lag ganz ruhig. Das Sensorium trübte sich. Seine Schwester kam wieder. Mahlers Augen weiteten sich unnatürlich, er stammelte: »Wer ist die fremde Dame?« Und die Arme floh entsetzt.

Berliner war aus Berlin gekommen, der gute alte Freund. Er trat ans Bett, Mahler faßte seine Hand, erkannte ihn: »Mein lieber Freund!« Und drehte sich zur Wand. War es, um seine Bewegung zu verbergen?

Hundertmal rief er in diesen letzten Tagen: »Mein Almschi!« Und immer wieder »Mein Almschi!« mit einer Stimme, einem Ton, wie er es nie gesagt hatte und wie ich es nie mehr gehört habe. Und während ich es jetzt niederschreibe, kann ich die Tränen nicht zurückhalten.

Die kleine Gucki kam an sein Bett. Er umarmte sie und sagte: »Bleib mir brav, mein Kind!«

Wußte er, wußte er nicht –? Es war nicht zu erkennen, er lag, stöhnte. Große Geschwulst am Knie. Dann am Bein. Radiumsäcke wurden aufgelegt. Und die Geschwulst sog sich sofort auf. Am nächsten Abend wurde er umgebettet. Zwei Wärter hielten den ganz nackten Körper dieses zu Tode abgemagerten Menschen. Niemand hatte Scham. Christi Grablegung! Alle empfanden wir das gleiche!

Es kam der Sauerstoffapparat, weil Atembeschwerden eingetreten waren, Urämie und – das Ende! Chvostek wurde gerufen. Mit irren Augen lag Mahler da, seine Finger dirigierten auf der Bettdecke. Sein Mund lächelte, und er sagte zweimal: »Mozart!« Seine Augen wurden riesenhaft groß. Chvostek, den ich gebeten hatte, ihm eine große Dosis Morphium zu geben, damit er nichts fühlen solle, begann laut zu sprechen. Ich umklammerte seine Hände: »Sprechen Sie leiser, er könnte Sie hören!« – »Ah, er hört nichts mehr!«

Wie furchtbar ist in einem solchen Moment die Gleichgültigkeit des routinierten Arztes! Und weiß man, ob er es nicht doch gehört hat? Und sich nur nicht mehr rühren konnte?

Der Todeskampf begann. Man schaffte mich ins Nebenzimmer. Das Röcheln dauerte mehrere Stunden.

Um Mitternacht des 18. Mai, während ein orkanartiger Sturm tobte, verstummte das furchtbare, schreckliche Röcheln plötzlich. Er hatte seine liebe, herrliche Seele ausgehaucht! Die Stille, die jetzt eintrat nach dem stundenlangen Rasseln, war das Tötendste! Denn solange er noch atmete, war er ja da! Aber nun war alles aus!

Ich durfte nicht mehr in das Sterbezimmer. Moll war bis zum letzten Augenblick bei ihm gewesen. Ich wurde nachts aus meinem Zimmer neben dem seinen geholt. Die Ärzte verlangten es. Aber ich fühlte es wie eine Demütigung, daß ich nicht bei ihm bleiben durfte. Ich verstand es nicht. War ich plötzlich allein? Mußte ich ohne IHN weiterleben? Ich kam mir vor, wie aus einem rasenden Zug auf eine fremde Ebene geworfen. Was sollte ich nun noch auf Erden?

Ich lag auf der Hohen Warte, in Heiligenstadt. Die Glocken läuteten unausgesetzt. Ich hatte Mahlers Bild im Bett und sprach mit ihm. Noch war er über der Erde! Chvostek kam ungerufen zu mir heraus: »Ihre Lunge ist sehr angegriffen. Sie müssen sofort etwas für sich tun, sonst folgen Sie ihm bald!« Mama kam; seit langem lächelte ich das erste Mal: ich hoffte ihm zu folgen. Ich habe weiter gelebt!

Auf diesem Untergrund von Trauer konnte nie wieder ein ganz freies Lachen erstehen.

Sein Sterben, die Größe seines Gesichtes, das immer schöner wurde, nahe dem Tode – ich will und werde es nie vergessen! Sein wahrhaftes Ringen um die ewigen Güter, sein Erhobensein über jeder Alltäglichkeit, seine Wahrheitsseligkeit bis in den Tod sind das Beispiel eines heiligmäßigen Lebens.